入門 タイ語 の教科書

JN051875

中山 玲子

音声無料 ダウンロード

語研

『入門タイ語の教科書（ISBN978-4-87615-387-9）』
初版第１刷　正誤表

ページ		誤	正
p.12	北東部の地図	⑱が２つある	上側⑰の隣の⑱→⑲
p.30	表最上段	kɔɔ kày	khɔ̌ɔ khày
p.32	表最上段	khɔɔ	khɔɔ khwaay
p.49	表最上段　イギリスの発音記号	ʔaŋ-krit̀	ʔaŋ-krìt
p.49	小見出し（網掛け部分）	ほか ฤ/ฤๅ	ฤ/ฤๅ ほか
p.66	下３つの例文訳	とても	まったく，全然
p.74	下から３行目	…กัน kan を置きます。	…กัน kan（P249 参照）を置きます。
p.81	最初の例文の語注訳	喫茶店	本屋
p.82	３番目の例文の発音記号	yùu thîi boo-ri-sàt ʔee	yùu thîi bɔɔ-ri-sàt ʔee
p.86	パターン①　2.	yii-pùn	yîi-pùn
p.89	最下段の例文：下線の位置	งานเลี้ยงวันนั้นเป็นยังไง 先日のパーティーは…	งานเลี้ยงวันนั้น 先日のパーティーは…
p.94	「わずか～だけ」例文語注	บริษัท bɔɔ-ri-sàt 会社	不要
p.97	パターン②　1. 発音記号	ʔay-sa-kriim	ʔay-sa-khriim
p.110	２つめの例文	辛い	辛い（もの）
p.115	3．タイ文字	คุณอาทำหารไทย	คุณทำอาหารไทย
p.116	小見出し発音記号（網掛け部分）	yùu	khəəy
p.122	練習問題　パターン②　1.	lɛ̌ɛk	lɛ̂ɛk
p.123	パターン③　1	phrɯ́t-sa-ci-kaa-yon	phrɯ́t-sa-cì-kaa-yon
p.123	パターン④　2. 語注	แชื่อฟัง chɯ̂a faŋ 言うことを聞く	เชื่อฟัง chɯ̂a faŋ 言うことを聞く
p.152	２番目の例文	thâa pen khun khun ca	thâa pen khun (khun) ca
p.154	グレーの網がけ部分　発音記号	lɛ́ʔ	hâam
p.171	Ⅱ　2.	tôm-yam-kůŋ	tôm-yam-kûŋ
p.173	Ⅲ　1. 発音記号２行目	rót-fay-fás	rót-fay-fáa
p.176	第４課　パターン③　2.	lɛ́ɛw rɯ́ yaŋ yaŋ	lɛ́ɛw rɯ́ yaŋ
p.176	第５課　パターン①　3.	2 แก้ว sɔ̌ɔŋ kɛ̂ɛw	2 แก้ว/ที่ sɔ̌ɔŋ kɛ̂ɛw/thîi
p.177	第６課　パターン④　1.	wan phrɯ́-hàt-sa-bɔɔ-dii	wan phrɯ́-hàt-sa-bɔɔ-dii/pha-rɯ́-hàt-sa-bɔɔ-dii

（裏へ）

『入門タイ語の教科書（ISBN978-4-87615-387-9）』
初版第１刷　正誤表

p.177	第７課　パターン①　5.	ได้ dâay/ไม่ได้ mây dâay/ได้ dâay	ได้ไหม dâay máy/ไม่ได้ mây dâay/ได้ dâay
p.178	Ⅰ　パターン②　2.	nay ban-daa phǒn-la-máay	nay (ban-daa) phǒn-la-máay
p.180	11 課　Ⅱ　パターン②　2.	aa-hǎan	ʔaa-hǎan
p.188	5の訳	あなたの名前	あなた
p.199	2行目　「主夫」の発音記号	phɔ̂ɔ-baan	phɔ̂ɔ-bâan
p.205	会話に出てくる単語　7つ目	～たり…たり	～たり…たりする
p.211	会話に出てくる単語　10 番目	渋滞	渋滞（する）
p.215	例文の発音記号	rooŋb-rɛɛm	rooŋ-rɛɛm
p.221	12　発音記号	sà-mùt-sǒŋ-khraam	sa-mùt-sǒŋ-khraam
p.244	１２番目の例文 発音記号一部削除	khɔ̌ɔ sâap bəə ʔii-meew dûay	khɔ̌ɔ sâap ʔii-meew dûay
p.281	最上段	会話に出てくる単語	飲み物に関する語まとめ
p.296	デザートに関する語まとめ 12 番目「白玉」の発音	บัวลอยน้ำขิง	บัวลอยน้ำขิง
p.320	牛追い棒の発音記号　- 追加	ฏ ปฏัก tɔɔ patàk	ฏ ปฏัก tɔɔ pa-tàk
p.322	第１課 (4)	ผม phǒm, ครับ khráp	削除（ファーサイが女性のニックネームのため）
p.322	第１課 (4)	ファッサイ	ファーサイ
p.324	第３課（1）	หกโมงครึ่ง	แปดโมงครึ่ง
p.324	第３課（1）	6時半発チェンマイ行き	8時半発チェンマイ行き
p.326	第７課	p.302 － 203	p.302-303
p.326	1 (1)	ツアーバス／長距離バスで行きます。	行きたいです。
p.326	1 (2)	観光バスで行きます。	ツアーバス／長距離バスで行きます。
p.326	1 (3)	飛行機で行きます。	飛行機で行きます（行くほうがいいです）
p.327	第８課　(3)	肩が凝っています。	痛くありません。
p.327	第８課　(4)	肩が疲れた時です。	肩が凝っています。

(表へ)

初版第１刷　2024 年 11 月現在

はじめに

『入門タイ語の教科書』を手に取ってくださり，ありがとうございます。

　これから学習するタイ語は，東南アジアにあるタイ王国の標準語です。タイ・カダイ語族のタイ諸語に属します。日本語と同じ様に方言があり，各民族の言葉もありますが，タイ国民の多くがこの標準タイ語を話せます。

　タイ語には，日本語の高低アクセントとはまた違う，音の高さの変化「声調」が5つあります。音楽のようにきれいに聞こえるのはこの声調のためかもしれませんね。発音については，この声調が最重要とも言えるでしょう。よく聞いて，ご自分の発音をスマホなどで録音して比べてみるのも1つの手です。「意識して発音する」癖をつけましょう。

　また，タイ文字は発音を表す表音文字です。子音字と母音記号などを組み合わせて使います。日本では目にする機会が比較的少ないため，難しく感じるかもしれません。発音記号表記もありますが，これは補助的なものであって，タイでは使われていません。ですから，ぜひ文字にも挑戦していただきたいと思います。「タイの街で文字がわかった！」「動画に出てきた語が読めた！」など，きっと楽しく，嬉しい体験が待っています。

　文法編・会話編を通して，できるだけ皆さんにそのまま，または一部単語を入れ替えれば色々応用していただけるような文を取り上げるようにしたつもりです。繰り返し言って，書いて，覚えて使ってみてください。本書が楽しいタイ語ライフの一助になれば幸いです。

　本書の作成にあたり，ウィスッティカンヤー・トーシーチャルーン先生に色々とアドバイスをいただきました。コースィット・ティップティエンポン先生にもタイ語のチェックをしていただきました。厚く御礼申し上げます。また，初学者の視点から貴重なご指摘をくださり，そして辛抱強くお待ちくださった（株）語研編集部の西山美穂様にも深く感謝申し上げます。

2023 年 7 月

I 発音と文字編 การออกเสียง และตัวอักษร

7

4 順序を言う

5 A または B

6 なぜならば，それで《因果関係》

Ⅲ 会話編 การสนทนา

【吹き込み】カナンシン・アドゥン
　　　　　　ウィスッティカンヤー・トーシーチャルーン
　　　　　　中山 玲子

付属音声について（無料ダウンロード）

本書の付属音声は無料でダウンロードすることができます。
または，本文中の各 QR コードを読み取り再生することができます。

ダウンロードをする場合

下記の URL または右の QR コードより本書紹介ページの【無料音声ダウンロード】に
アクセスしてご利用ください。

https://www.goken-net.co.jp/catalog/card.html?isbn=978-4-87615-387-9

収録箇所に音声番号（**1**）を表示してあります。

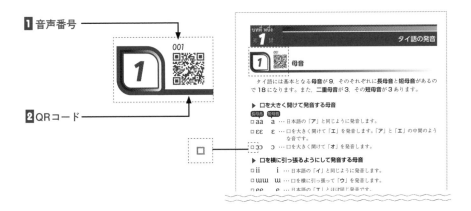

QR コードで再生する場合

本文中の各見出しに記載された QR コード（**2**）を読み取ると，その項目内の音声を聴
くことができます。音声収録部分に記号（□）を示している場合があります。

注意

◆ ダウンロードで提供する音声は ZIP 形式で圧縮されたファイルです。ダウンロード後に解凍（展開）してご
利用ください。Wi-Fi 接続でのダウンロードを推奨します。
◆ 音声ファイルは MP3 形式です。モバイル端末，パソコンともに，MP3 ファイルを再生可能なアプリ，ソフ
トを利用して聞くことができます。
◆ インターネット環境によってダウンロードできない場合や，ご使用の機器によって再生できない場合があり
ます。
◆ 本書の音声ファイルは，一般家庭での私的使用の範囲内で使用する目的で頒布するものです。それ以外の目
的で複製，改変，放送，送信などを行いたい場合には，著作権法の定めにより著作権者等に申し出て事前に
許諾を受ける必要があります。

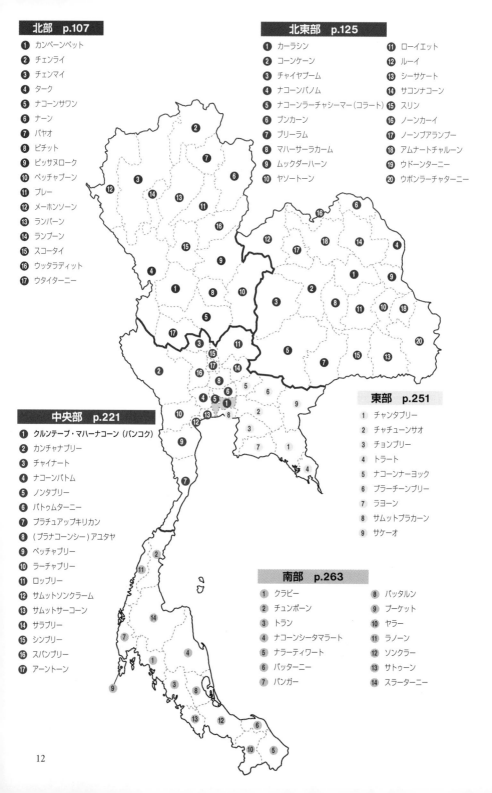

I

発音と文字編

บทที่ หนึ่ง

第1課

タイ語の発音

1 母音

001

タイ語には基本となる**母音**が9，そのそれぞれに**長母音**と**短母音**があるので18になります。また，**二重母音**が3，その**短母音**が3あります。

▶ 口を大きく開けて発音する母音

長母音　短母音

□ aa　a … 日本語の「**ア**」と同じように発音します。

□ ɛɛ　ɛ … 口を大きく開けて「**エ**」を発音します。「**ア**」と「**エ**」の中間のような音です。

□ ɔɔ　ɔ … 口を大きく開けて「**オ**」を発音します。

▶ 口を横に引っ張るようにして発音する母音

□ ii　i … 日本語の「**イ**」と同じように発音します。

□ ɯɯ　ɯ … 口を横に引っ張って「**ウ**」を発音します。

□ ee　e … 日本語の「**エ**」とほぼ同じ発音です。
[i] や [ɯ] ほど唇を横に引く必要はありません。

▶ 唇を丸めて発音する母音

□ uu　u … 口を丸くして「**ウ**」を発音します。

□ oo　o … 口を丸くして「**オ**」を発音します。

▶ 口の開け方がはっきりしない母音

□ əə　ə … 力を抜いて口を軽く開けて発音します。口を丸めたり，横に引いたりしないようにしましょう。

▶ 二重母音

□ ia … [i] を若干長めに発音してから，[a] を短く発音します。

□ ɯa … [ɯ] を若干長めに発音してから，[a] を短く発音します。

□ ua … [u] を若干長めに発音してから，[a] を短く発音します。

▶ 二重母音短母音（必ず最後に「ʔ」を伴います）

- □ **iaʔ** …［ia］を短く発音します。
- □ **ɯaʔ** …［ɯa］を短く発音します。
- □ **uaʔ** …［ua］を短く発音します。

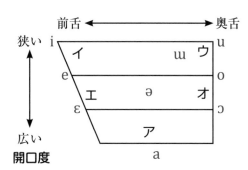

［i］より［a］のほうがより口を大きく開けて発音します。横軸は舌の位置を表します。［u］と［ɯ］は唇を丸くして発音する（円唇）か丸くしない（非円唇）かの違いがあります。

002

発音練習 1

1
- □ a aa
- □ ɛ ɛɛ
- □ e ee

2
- □ u uu
- □ ɯ ɯɯ
- □ i ii

3
- □ ə əə
- □ o oo
- □ ɔ ɔɔ

4
- □ i ii
- □ ɯ ɯɯ
- □ ɯa ua

5
- □ ə əə
- □ e ee
- □ ɛ ɛɛ

6
- □ i ii
- □ e ee
- □ a aa

7
- □ ɔ ɔɔ
- □ u uu
- □ ia

8
- □ o oo
- □ ɔ ɔɔ
- □ a aa

9
- □ ua ɯa
- □ ii ia
- □ əə uu

10
- □ aa əə
- □ ɛɛ ee
- □ oo ɔɔ

11
- □ əə uu
- □ aa ɔɔ
- □ ua ia

12
- □ ia iaʔ
- □ ɯa ɯaʔ
- □ ua uaʔ

2 頭子音

タイ語には **21** の**頭子音**があります。[k] [c] [t] [p] は息を漏らさないように発音する**無気音**です。[h] がついている [kh] [ch] [th] [ph] は**有気音**です。

k …「**カ**」を息を出さないように発音します。

kh …「**カ**」を息を出しながら発音します。

ŋ … 鼻にかかった鼻音です。「**ンガ**」のように発音します。

c …「**チャ**」を息を出さないように発音します。

ch …「**チャ**」を息を出しながら発音します。「**シャ**」に近い発音になる人もいます。

d …「**ダ**」行の音を発音します。[di] は「**ディ**」, [du] [dɯ] は「**ドゥ**」のような音になることに注意しましょう。

t …「**タ**」の音を息を出さないように発音します。[ti] は「**ティ**」, [tu] [tɯ] は「**トゥ**」のようになることに注意しましょう。

th …「**タ**」の音を息を出しながら発音します。[thi] は「**ティ**」, [thu] [thɯ] は「**トゥ**」のような音になることに注意しましょう。

n …「**ナ**」行の音を発音します。

b …「**バ**」行の音を発音します。

p …「**パ**」行の音を息を出さないように発音します。

ph …「**パ**」行の音を息を出しながら発音します。

f … 英語の f と同じように, **上の前歯を下唇に当てて**発音します。

m …「**マ**」行の音を発音します。

y …「**ヤ**」行の音を発音します。[i] や [e] の音が続く場合は濁って聞こえることがあります。

w …「**ワ**」行の発音します。[wi] は「**ウィ**」, [we] [wɛ] は「**ウェ**」のようになります。

r … **巻舌音**ですが, 実際には巻き舌になっていなくても聞き取ってもらえます。

l … **舌の先を歯茎につける**ようにして「**ラ**」行音を発音します。

s …「**サ**」行の音です。[si] は「シ」ではなく,「**スィ**」となることに注意しましょう。

h …「ハ」行の音を発音します。

ʔ …**声門閉鎖音**です。［a］［i］［u］など，母音で始まるように聞こえる音には必ずこの子音が入っています。ただ，はっきりと発音していなくても，聞き取ってもらえます。

003

発音練習 3

1	□ kaa	กา
	□ naa	นา
	□ ŋaa	งา
2	□ cəə	เจอ
	□ ʔəə	เออ
	□ səə	เซอร์
3	□ dii	ดี
	□ tii	ตี
	□ thii	ที
4	□ fuu	ฟู
	□ puu	ปู
	□ phuu	พู
5	□ see	เซ
	□ kee	เก
	□ thee	เท
6	□ rɯa	เรือ
	□ bɯa	เบือ
	□ cɯa	เจือ
7	□ wua	วัว
	□ tua	ตัว
	□ mua	มัว
8	□ hoo	โฮ
	□ ʔoo	โอ
	□ yoo	โย
9	□ ʔɔɔ	ออ
	□ ŋɔɔ	งอ
	□ khɔɔ	คอ
10	□ yɛɛ	แย
	□ pɛɛ	แป
	□ lɛɛ	แล
11	□ mɯɯ	มือ
	□ lɯɯ	ลือ
	□ khɯɯ	คือ
12	□ chia	เชียร์
	□ bia	เบียร์
	□ hia	เฮีย

＊ タイ文字は第２課で学習します。

3 声調

タイ語には**声調**と呼ばれる声の高さの変化があります。

日本語では, 白は「シ」が「ロ」より高く発音されますね。城の場合は「シ」は「ロ」より低く発音されます。このような声の高さの変化が,「シ」というひとつの音のまとまりの中で起こります。この音の高さの変化によって意味が違う別の単語になることがありますから, タイ語ではこの声調がとても大切です。

□	1 平声	ʔaa	อา	普段話している声の高さで平らに発音します。
□	2 低声	ʔàa	อ่า	平声より低い声で平らに発音します。
□	3 下声	ʔâa	อ้า	普段話している声より高い声で始め, 低くなるように発音します。
□	4 高声	ʔáa	อ๊า	普段話している声より高い声で始め, さらに若干高くなるように発音します。
□	5 上声	ʔǎa	อ๋า	低声と同じくらい低い所から高くなるように発音します。

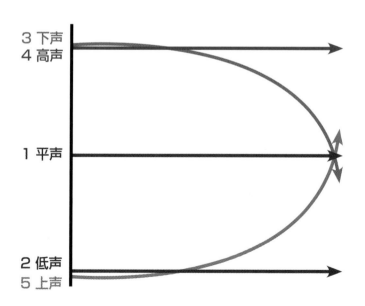

声調が違うとまったく違う意味の語になってしまいます。例を見てみましょう。

1	□ maa	มา	来る	**2**	□ sɯ̀a	เสื่อ	ござ
	□ máa	ม้า	馬		□ sɯ̂a	เสื้อ	服
	□ mǎa	หมา	犬		□ sɯ̌a	เสือ	虎

日本人：フアヒンに行って，海岸で馬に乗ってきたんだ～。

タイ人：へえ，よかったねえ。

と言うはずだったのに，

日本人：フアヒンに行って，海岸で犬に乗ってきたんだ～。

タイ人：なんで？　なにそれ…

となってしまうことがあります。

005

発音練習 3

1	□ naa นา	4	□ kee เก	7	□ mɛ̂ɛ แม่
	□ nâa น่า/หน้า		□ kée เก๊		□ mɛ́ɛ แม้
	□ náa น้ำ		□ kěe เก๋		□ mɛ̌ɛ แหม
2	□ pii ปี	5	□ khɔɔ คอ	8	□ saa ซา
	□ pìi ปี่		□ khɔ̂ɔ ข้อ		□ sàa ส่า
	□ phîi พี่		□ khɔ̌ɔ ขอ		□ sâa ซ่า
	□ phǐi ผี				□ sǎa สา
3	□ tùu ตู่	6	□ thoo โท	9	□ lɔ̀ɔ หล่อ
	□ tûu ตู้		□ thôo โธ่		□ lɔ́ɔ ล้อ
	□ thuu ทู		□ thǒo โถ		□ lɔ̂ɔ ล่อ
	□ thǔu ฤ				

4　末子音

n …「**あんない**」と言う時の「**ん**」の音です。舌の先を上の前歯の付け根の部分にあてて発音しましょう。

m …「**さんまい**」と言う時の「**ん**」の音です。口を閉じて「ん」を発音してみましょう。

ŋ …「**リング**」の「**グ**」を言う前に止めた「**ン**」の音です。口は閉じず，舌の先は上がらないようにします。(そうすると奥舌が持ち上がります)

w … 母音の［o］と［u］の中間のような音を弱く発音します。この音を［w］で表します。口を丸めるようにして発音しましょう。

y … 母音の［i］を弱く発音します。この音を［y］で表します。

t …「**なっとう**」と言う時の「**っ**」の音です。

p …「**かっぱ**」と言う時の「**っ**」の音です。必ず口を閉じます。

k …「**いっかく**」と言う時の「**っ**」の音です。

ʔ …「声門閉鎖音」といわれる音で，短母音で終わる語にはたいていこの音があります。「**あっ**」「**えっ**」という時のように発音します。

006

発音練習 4

1 □ naan นาน　□ naam นาม　□ naaŋ นาง　□ naaw นาว
□ naay นาย　□ nâat นาฏ　□ nâap นาบ　□ nâak นาค
□ náʔ นะ

2 □ khâam ข้าม　□ khâaŋ ข้าง　□ khâaw ข้าว　□ khǎay ขาย

3 □ ráan ร้าน　□ ráay ร้าย　□ raaw ราว

4 □ ŋaan งาน　□ ŋaam งาม

5 □ thaan ทาน　□ thaaŋ ทาง　□ thaay ทาย　□ thǎam ถาม

6 □ phuaŋ พวง　□ phûan เพื่อน

7 □ cèt เจ็ด　□ cèp เจ็บ　□ chét เช็ด　□ chék เช็ก

8	☐ ráp rák	รับรัก	☐ phàt phàk	ผัดผัก
	☐ rîip rîit	รีบรีด	☐ chaay hàat	ชายหาด
	☐ bâan phák	บ้านพัก	☐ baaŋ kɔ̀ɔk	บางกอก

5 二重子音

タイ語には子音が続くことがあります。タイ語にある**二重子音**は以下の組み合わせです。なお，[r] や [l] の音は，会話でははっきり聞こえないことがあります。

kr	กร		☐ kruŋ	กรุง
kl	กล		☐ klaaŋ	กลาง
kw	กว		☐ kwâaŋ	กว้าง
khr	ขร		☐ khrǔm	ขรึม
	คร		☐ khráp	ครับ
khl	ขล		☐ khlùy	ขลุ่ย
	คล		☐ khláay	คล้าย
khw	ขว	例	☐ khwǎa	ขวา
	คว		☐ khwaay	ควาย
tr	ตร		☐ troŋ	ตรง
pr	ปร		☐ prathêet	ประเทศ
pl	ปล		☐ plaa	ปลา
phr	พร		☐ phrɔ́ɔm	พร้อม
phl	ผล		☐ phlǒə	เผลอ
	พล		☐ phlɔɔy	พลอย

最近では外来語の増加に合わせて，今までにはなかった組み合わせも使われるようになっています。

□ frii	<free	ฟรี	無料
□ flɛ̂t	<flat	แฟลต	集合住宅，フラット
□ strɔɔ-bəə-rîi	<strawberry	สตรอว์เบอร์รี	いちご

外来語の発音

　タイ語でも色々な外国語が使われるようになりました。最近では外国語の発音がわかる人は元の発音をできるだけ残すようにする傾向が見られます。そのため，二重子音以外でも，これまでにはなかった音が使われるようになっています。

□ féet(/s)-búk　　　facebook　　　เฟซบุ๊ก

　タイ語の末子音は［t］のはずですが，英語の発音に従って［s］で発音されることが多くなっています。このような場合，本書では［t(/s)］のように両方で表記していきます。

□ ʔɔ́ɔt(/s)-tree-lia　　Australia／オーストラリア　　ออสเตรเลีย

□ sɯ-naa-míʔ　　　tsunami／津波　　　สึนามิ

　タイ語には「つ」に当たる音はありません。表記もできませんので，始まりにある時はそれに近い［s］を代用します。

008

発音練習 5

1	□ kreeŋ-cay	เกรงใจ
2	□ klìn	กลิ่น
3	□ kwaaŋ	กวาง
4	□ khrûaŋ	เครื่อง
5	□ khlɔɔŋ	คลอง
6	□ khwaam	ความ
7	□ triam	เตรียม
8	□ pruŋ	ปรุง
9	□ plaay	ปลาย
10	□ phrík	พริก
11	□ khlûap	เคลือบ
12	□ ma-phráaw	มะพร้าว
13	□ phlɛ̌ɛ	แผล
14	□ phlaaŋ	พลาง
15	□ krɔɔŋ	กรอง
16	□ klua	กลัว
17	□ khrooŋ-kaan	โครงการ
18	□ khlîi	คลี่
19	□ phleeŋ	เพลง
20	□ plɛɛ	แปล
21	□ traŋ	ตรัง
22	□ krɔ̀ɔp	กรอบ
23	□ pròot	โปรด
24	□ khwɛ̌ɛn	แขวน

1 子音字（42）

009

タイ語の**子音字**は **44 文字**あります。そのうち２文字（ฃ と ฅ）は現在使用されていません。そして，それぞれにその文字を含む語を使った呼び名があり，言葉の綴りを伝える時にはこれを使って伝えます。

子音字は**中子音字**，**高子音字**，**低子音字**という３つのグループに分けることができます。

まずは一番文字数の少ない**中子音字**から書いてみましょう。丸があるものは丸から，できれば一筆で書きます。

中子音字（9）

k	ก	□ kɔɔ kày ก ไก่		c	จ	□ cɔɔ caan จ จาน	
d	ด	□ dɔɔ dèk ด เด็ก			ฎ	□ dɔɔ cha-daa ฎ ชฎา	
t	ต	□ tɔɔ tàw ต เต่า			ฏ	□ tɔɔ pa-tàk ฏ ปฏัก	
b	บ	□ bay-máay บ ใบไม้		p	ป	□ pɔɔ plaa ป ปลา	
ʔ	อ	□ ʔɔɔ ʔàaŋ อ อ่าง					

長母音字 ①

長母音字を１つ書いてみましょう。長母音の า［-aa］(สระอา sa-ràʔ ʔaa) は子音字の右に書きます。([-] の位置に母音字を書きます) 綴りを言う時，この場合は kɔɔ kày (ก) sa-ràʔ ʔaa (า) と言います。

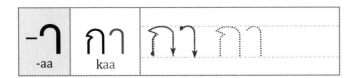

-า -aa	กา kaa	

010

2 声調記号と声調

声調記号は最後に書きます。声調記号をつけると声調を変えることができます。グループによって声調記号と声調の関係が違うので，グループ毎に覚える必要があります。

声調記号	なし	第１ ่	第２ ้	第３ ๊	第４ ๋
中子音字	平声 กา □ kaa	低声 ่ ก่า □ kàa	下声 ้ ก้า □ kâa	高声 ๊ ก๊า □ káa	上声 ๋ ก๋า □ kǎa

声調記号の呼び名

声調記号にも呼び名があります。

第１声調記号	่	máy ʔèek ไม้เอก		第２声調記号	้	máy thoo ไม้โท	
第３声調記号	๊	máy trii ไม้ตรี		第４声調記号	๋	máy càt-ta-waa ไม้จัตวา	

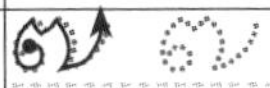

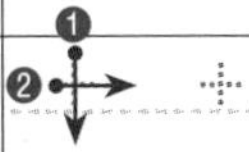

011

3 長母音字Ⅱ・二重母音字

前の課で長母音字を１つ勉強しました。残りの長母音字と３つの二重母音字を勉強します。子音字の上に書くのか，それとも下なのか，左，右のどこに書くかはそれぞれ決まっています。

① 子音字の左に来る母音字 ⋯› ② 子音字 ⋯› ③ 子音字の上下の母音字 ⋯› ④ 子音字の右の母音字 ⋯› ⑤ 末子音字 ⋯› ⑥ 声調記号

＊パソコンやスマホでは，［⑥ **声調記号**］を［④ **子音字の右の母音字**］の前に入力する。

長母音字（8）

-ii	◌ี（子音） □ sa-ràʔ ʔii สระอี		จี □ cii	ดี □ dii	ตี □ tii	กี □ kii
＊最近のタイの教科書では③は上から書くようになっていますが，下から書くと②から続けて一筆で書けるため，下から書く人も一定数います。						
-ɯɯ	◌ือ（子音） □ sa-ràʔ ɯɯ สระอือ		ดื้อ □ dûɯɯ	ตื๊อ □ túɯɯ	อือ □ ʔɯɯ	ปือ □ pɯɯ
-uu	◌ู（子音） □ sa-ràʔ ʔuu สระอู		กู้ □ kûu	ดู □ duu	ปู □ puu	ตู้ □ tûu
-ee	เ◌（子音） □ sa-ràʔ ʔee สระเอ		เก๊ □ kée	เจ □ cee	เป้ □ pêe	เก๋ □ kěe

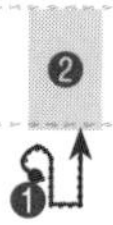

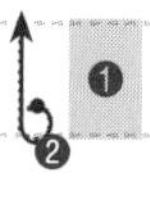

-ɛɛ	แ 子音 □ sa-ràʔ ʔɛɛ สระแอ	แก □ kɛɛ	แต่ □ tɛ̀ɛ	แบ □ bɛɛ	แก้ □ kɛ̂ɛ
-oo	โ 子音 □ sa-ràʔ ʔoo สระโอ	โต □ too	โบ □ boo	โก้ □ kôo	โป๊ □ póo
-ɔɔ	子音 อ □ sa-ràʔ ʔɔɔ สระออ	จอ □ cɔɔ	ตอ □ tɔɔ	บ่อ □ bɔ̀ɔ	ออ □ ʔɔɔ
-əə	เ 子音 อ □ sa-ràʔ ʔəə สระเออ	เก้อ □ kə̂ə	เจอ □ cəə	เออ □ ʔəə	เป๋อ □ pə̌ə

二重母音字（3）

-ia	เ 子音 ีย □ sa-ràʔ ʔia สระเอีย	เตี่ย □ tìa	เบี้ย □ bîa	เปีย □ pia
-ɯa	เ 子音 ือ □ sa-ràʔ ʔɯa สระเอือ	เกื้อ □ kɯ̂a	เบื่อ □ bɯ̀a	เจือ □ cɯa
-ua	子音 ัว □ sa-ràʔ ʔua สระอัว	ตั๋ว □ tǔa	บัว □ bua	อั๊ว □ ʔúa

4 末子音字①（平音節）

012

音節の最後に来る子音字を**末子音字**と呼びます。タイ語の末子音には［-m］［-n］［-ŋ］［w］［-y］［-p］［-t］［-k］［-ʔ］があり，［-m］［-n］［-ŋ］［-w］［-y］で終わる場合を**平音節**，［-p］［-t］［-k］［-ʔ］で終わる場合を**促音節**といいます。今回はまず，平音節を作る文字を勉強しましょう。

-n	น	น	จาน □ caan	เตือน □ tɯan	บ้าน □ bâan
-m	ม	ม	ก้าม □ kâam	จาม □ caam	ตูม □ tuum
-ŋ	ง	ง	โกง □ kooŋ	เตียง □ tiaŋ	แป้ง □ pɛ̂ɛŋ
-w	ว	ว	แก้ว □ kɛ̂ɛw	เจียว □ ciaw	ดาว □ daaw
-y	ย	ย	จ่าย □ càay	ตาย □ taay	เปื่อย □ pɯ̀ay

＊［-n］で終わる場合については，このほかに ณ，ร，ล，ฬ が使用されます。（末子音字Ⅱ参照）

5 末子音字が付いた場合に形が変わる長母音字

前の課で勉強した母音字の中には，末子音字が後ろに付くと形が変わるものが３つあります。なお［əə］で末子音が「ย」の場合，子音字の上の母音字はつきません。

[子音]ือ ··· [子音]ื[末子音] -ɯɯ-	ดื่ม □ dɯ̀ɯm	ตื่น □ tɯ̀ɯn	อื่น □ ʔɯ̀ɯn
เ[子音]อ ··· เ[子音]ิ[末子音] -əə-	เกิน □ kəən	เดิน □ dəən	เติม □ təəm
เ[子音]อ ··· เ[子音]ย -əəy-	เตย □ təəy	เอย □ ʔəəy	เกย □ kəəy
[子音]ัว ··· [子音]ว[末子音] -ua-	กวน □ kuan	ด้วย □ dûay	บวม □ buam

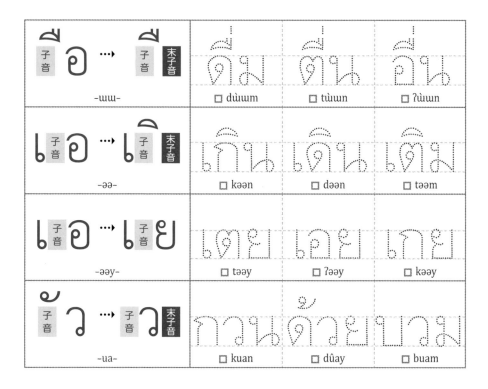

6 高子音字（10 文字）

２つ目のグループは**高子音字**といいます。このグループの文字は，**声調記号がついていない状態では上声で発音**します。

khˇ ข □ kɔɔ kày ข ไข่		ขอ □ khɔ̌ɔ	ขี่ □ khìi	ข้าว □ khâaw
chˇ ฉ □ chɔ̌ɔ chìŋ ฉ ฉิ่ง		แฉ □ chɛ̌ɛ	ฉ่า □ chàa	เฉียง □ chǐaŋ
thˇ ถ □ thɔ̌ɔ thǔŋ ถ ถุง		ถู □ thǔu	ถ้า □ thâa	ถ้วย □ thûay
ฐ □ thɔ̌ɔ thǎan ฐ ฐาน	❶ ❷	ฐา □ thǎa	ฐาน □ thǎan	ฐี □ thǐi
phˇ ผ □ phɔ̌ɔ phɯ̂ŋ ผ ผึ้ง		ผอม □ phɔ̌ɔm	ผ่า □ phàa	ผู้ □ phûu
fˇ ฝ □ fɔ̌ɔ fǎa ฝ ฝา		ฝา □ fǎa	ฝืน □ fɯ̌ɯn	ฝ้าย □ fâay

s ˇ ศ □ sɔ̌ɔ sǎa-laa ศ ศาลา	ศ	ศา □ sǎa	ศอ □ sɔ̌ɔ	โศ □ sǒo
ษ □ sɔ̌ɔ rɯɯ-sǐi ษ ฤษี	ษ	ษา □ sǎa	ษี □ sǐi	โษ □ sǒo
ส □ sɔ̌ɔ sɯ̌a ส เสือ	ส	เสีย □ sǐa	สูง □ sǔuŋ	เสื้อ □ sɯ̂a
h ˇ ห □ hɔ̌ɔ hìip ห หีบ	ห	หู □ hǔu	ห่อ □ hɔ̀ɔ	แห้ง □ hɛ̂ɛŋ

高子音字の声調

高子音字は第 1，第 2 声調記号を使います。

	平声	低声	下声	高声	上声
高子音字		ข่า khàa	ข้า khâa		ขา khǎa

7 低子音対応字（13 文字）

低子音字のうち，同じ音を表す高子音字がある字を対応字と呼びます。例えば ค ควาย ฆ ระฆัง の場合，高子音字に同じ [kh] の音を表す ข ไข่ があります。

kh ค □ khɔɔ ค ควาย	ค	คอ □ khɔɔ	ค่า □ khâa	เคียง □ khiaŋ
ฆ □ khɔɔ ra-khaŋ ฆ ระฆัง	ฆ	ฆ่า □ khâa	เฆี่ยน □ khîan	ฆ้อง □ khɔ́ɔŋ
ch ช □ chɔɔ cháaŋ ช ช้าง	ช	ชา □ chaa	ชื่อ □ chɯ̂ɯ	ช้าง □ cháaŋ
ฌ □ chɔɔ chəə ฌ เฌอ	ฌ	ฌา □ chaa	เฌอ □ chəə	ฌาน □ chaan
s ซ □ sɔɔ sôo ซ โซ่	ซ	ซอย □ sɔɔy	โซ่ □ sôo	ซ้อน □ sɔ́ɔn
th ท □ thɔɔ tha-hǎan ท ทหาร	ท	ทอง □ thɔɔŋ	ที่ □ thîi	แท้ □ thɛ́ɛ

ธ □ thɔɔ thoŋ ธ ธง	ธ	ธา □ thaa	เธอ □ thəə	โธ่ □ thôo
ฑ □ thɔɔ mon-thoo ฑ มณโฑ	ฑ	ฑา □ thaa	ฑี □ thii	โฑ □ thoo
ฒ □ thɔɔ phûu thâw ฒ ผู้เฒ่า	ฒ	ฒา □ thaa	ฒี □ thii	เฒ □ thee
ph พ □ phɔɔ phaan พ พาน	พ	แพ □ phɛɛ	เพื่อน □ phŵan	เพิ่ม □ phə̂əm
ภ □ phɔɔ sǎm-phaw ภ สำเภา	ภ	ภู □ phuu	ภาษี □ phaa sǐi	ภาษา □ phaa sǎa
f ฟ □ fɔɔ fan ฟ ฟัน	ฟ	ฟอง □ fɔɔŋ	แฟน □ fɛɛn	ฟ้า □ fáa
h ฮ □ hɔɔ nók hûuk ฮ นกฮูก	ฮ	ฮา □ haa	แฮม □ hɛɛm	เฮ้อ □ hə́ə

低子音字の声調

低子音字には第 1，第 2 声調記号を使います。3 つの声調を書き表せることになります。

	平声	低声	下声	高声	上声
低子音字	คา khaa		ค่า khâa	ค้า kháa	

016

8 低子音単独字（10 文字）

単独字とは，低子音字でしか表すことができない音の文字のことです。

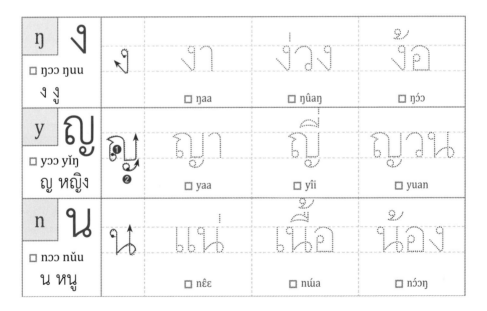

ŋ ง □ ŋɔɔ ŋuu ง งู		งา □ ŋaa	ง่วง □ ŋûaŋ	ง้อ □ ŋɔ́ɔ
y ญ □ yɔɔ yǐŋ ญ หญิง		ญา □ yaa	ญี่ □ yîi	ญวน □ yuan
n น □ nɔɔ nǔu น หนู		แน่ □ nɛ̂ɛ	เนื้อ □ núa	น้อง □ nɔ́ɔŋ

ณ □ nɔɔ neen ณ เณร	ณ	ณา □ naa	ณี □ nii	เณ □ nee
m ม □ mɔɔ máa ม ม้า	ม	แม่ □ mɛ̂ɛ	เมือง □ mɯaŋ	มวย □ muay
y ย □ yɔɔ yák ย ยักษ์	ย	ยา □ yaa	เยี่ยม □ yîam	ย้าย □ yáay
r ร □ rɔɔ rɯa ร เรือ	ร	เรือ □ rɯa	โรง □ rooŋ	รู้ □ rúu
l ล □ lɔɔ liŋ ล ลิง	ล	ลือ □ lɯɯ	ลื่น □ lɯ̂ɯn	ล้าง □ láaŋ
w ว □ wɔɔ wɛ̌ɛn ว แหวน	ว	วัว □ wua	ว่าง □ wâaŋ	เวลา □ wee-laa
w ฬ □ lɔɔ cu-laa ฬ จุฬา	ฬ	ฬา □ laa	กีฬา □ kii-laa	ฬี □ lii

9 余剰母音字

017

末子音を併せ持つ母音字です。

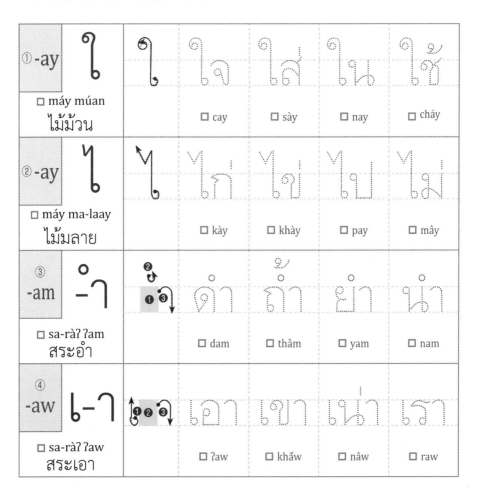

① -ay ใ □ máy múan ไม้ม้วน	ใ	ใจ □ cay	ใส่ □ sày	ใน □ nay	ใช้ □ cháy
② -ay ไ □ máy ma-laay ไม้มลาย	ไ	ไก่ □ kày	ไข่ □ khày	ไป □ pay	ไม่ □ mây
③ -am -ำ □ sa-ràʔ ʔam สระอำ	❶ ❷ ❸ ำ	ดำ □ dam	ถ้ำ □ thâm	ยำ □ yam	น้ำ □ nam
④ -aw เ-า □ sa-ràʔ ʔaw สระเอา	❶ ❷ ❸ เ-า	เอา □ ʔaw	เขา □ khǎw	เน่า □ nâw	เรา □ raw

① の ไม้ม้วน máay múan と② の ไม้มลาย máay ma-laay は同じ発音ですが，①は次ページにある 20 語にしか使用しません。

ใ（ไม้ม้วน máay múan）を使う単語〈20 語〉

1	□ ใกล้	klâay	近い
2	□ ใคร	khray	誰
3	□ ใคร่	khrây	欲する
4	□ ใจ	cay	心
5	□ ใช่	chây	そのとおりだ
6	□ ใช้	cháy	使う
7	□ ใด	day	如何なる
8	□ ใต้	tâay	下，南
9	□ ใน	nay	内，中
10	□ ใบ	bay	葉
11	□ ใบ้	bây	言葉の不自由な
12	□ ใฝ่	fày	望む
13	□ ใย	yay	繊維
14	□ สะใภ้	sa-pháy	嫁
15	□ ใส	sǎy	澄んだ
16	□ ใส่	sày	入れる
17	□ ให้	hây	あげる，くれる，させる
18	□ ใหญ่	yày	大きい
19	□ ใหม่	mày	新しい
20	□ หลงใหล	lǒŋ-lǎy	夢中になる

10 末子音字 ②

018

促音節（-p,-t,-k,-ʔ で終わる音節）で，声調記号がない場合，声調は下の表のようになります。中子音字，高子音字で始まる場合は母音の長さに関係なく低声になります。

中子音字	低声	
高子音字	低声	
低子音字	長母音	短母音
	下声	高声

促音節を作る子音字は以下になります。(　)内は頭子音字としての発音です。

-k〔ก(k-)|ข, ค, ฆ(kh-)〕

เปียก	แขก	โรค	เมฆ
□ pìak	□ khɛ̀ɛk	□ rôok	□ mêek

-t〔ด, ฎ(d-)|ต, ฏ(t-)|ถ, ฐ, ท, ธ, ฑ, ฒ(th-)|จ(c-)|ฉ, ช(ch-)|ซ, ศ, ษ, ส(s-)〕

ดูด	รีด	อาจ	ราช
□ dùut	□ rîit	□ ʔàat	□ râat

-p〔บ(b-), ป(p-)|พ, ภ(ph-), ฟ(f-)〕

อาบ	ธูป	ภาพ	ลาภ
□ ʔàap	□ thûup	□ phâap	□ lâap

また，以前学習した平音節のうち，-n の音を表すものはほかにもあります。これもどの末子音字を使うかは覚える必要があります。

-n	頭子音字としての音		
ณ	n-	โบราณ □ boo-raan	คูณ □ khuun
ญ	y-	เชิญ □ chəən	หาญ □ hǎan
ร	r-	เณร □ neen	โจร □ coon
ล	l-	น้ำตาล □ nám taan	ศีล □ sǐin
ฬ	l-	วาฬ □ waan	

11 短母音字

短母音は末子音字がない場合，最後に -ʔ が発音され，促音節の声調規則が適用されます。ただ，２音節以上の単語の中にある場合は，ʔ がとれます。その場合，平声で発音されることがあります。

	末子音字なし			末子音字あり		
a	-ะ	ปะ ☐ pàʔ	คะ ☐ kháʔ	-ั-	กัน ☐ kan	นัด ☐ nát
i	-ิ	สิ ☐ sìʔ	มิ ☐ míʔ		บิน ☐ bin	คิด ☐ khít
ɯ	-ึ	หึ ☐ hɯ̀ʔ	ฮึ ☐ hɯ́ʔ		ดึง ☐ dɯŋ	ยึด ☐ yɯ́t
u	-ุ	จุ ☐ cùʔ	ยุ ☐ yúʔ		กุ้ง ☐ kûŋ	ทุก ☐ thúk
e	เ-ะ	เกะกะ ☐ kèʔ-kàʔ	เละ ☐ léʔ	เ-็- / เ-่- / เ-้-	เล็ก ☐ lék	เล่น ☐ lên
ɛ	แ-ะ	แบะ ☐ bɛ̀ʔ	และ ☐ lɛ́ʔ	แ-็- / แ-่- / แ-้-	แข็ง ☐ khɛ̌ŋ	แข่ง ☐ khɛ̀ŋ
o	โ-ะ	โปะ ☐ pòʔ	โละ ☐ lóʔ	--	จน ☐ con	งด ☐ ŋót
ɔ	เ-าะ	เกาะ ☐ kɔ̀ʔ	เพาะ ☐ phɔ́ʔ	-็อ- / -่อ- / -้อ-	ล็อก ☐ lɔ́k	ต้อง ☐ tɔ̂ŋ
ə	เ-อะ	เถอะ ☐ thə̀ʔ	เยอะ ☐ yə́ʔ	เ-ิ-	เงิน ☐ ŋən	เพิ่ง ☐ phə̂ŋ

＊ e ɛ ɔ は末子音字がある場合は頭子音字や二重子音の２つ目の子音字上部に ็ (ไม้ไต่คู้ máay tày-khúu) をつけます。これは声調記号と一緒に使うことはできません。

例）สะอาด：これは前の สะ だけを単独で読むと [sàʔ] となりますが，後に อาด [ʔàat] が続いているので，全体としては [sa-ʔàat] と読みます。

ここまで勉強した子音字のグループと声調記号の規則を表にまとめます。

子音字

中子音字		ก k	จ c	ด ฎ d	ต ฏ t	บ b	ป p			อ ʔ
高子音字		ข khˇ	ฉ chˇ		ถ ฐ thˇ		ผ phˇ	ฝ fˇ	ส ศ ษ sˇ	ห hˇ
低子音字	対応字	ค ฆ kh	ช ฌ ch		ท ฑ ฒ ธ th		พ ภ ph	ฟ f	ซ s	ฮ h
低子音字	単独字	ง ŋ	น ณ n	ม m	ย ญ y	ร r	ล ฬ l	ว w		

声調規則

	声調記号なし			第1	第2	第3	第4
	平音節	促音節		่	้	๊	๋
	-ŋ/-n/-m/-y/-w/ 長母音	-k/-t/-p/-ʔ					
中子音字	平声	低声		低声	下声	高声	上声
高子音字	上声	低声		低声	下声		
低子音字	平声	長母音 下声	短母音 高声	下声	高声		

▼声調基準で書くと，このような表になります。

		平声	低声	下声	高声	上声
中子音字	平音節	กา	ก่า	ก้า	ก๊า	ก๋า
中子音字	促音節		กะ/กาด			
高子音字	平音節		ข่า	ข้า		ขา
高子音字	促音節		ขะ/ขาด			
低子音字	平音節	คา		ค่า	ค้า	
低子音字	促音節			คาด	คะ	

12 二重子音

二重子音の発音については 21 ページで勉強しました。もう一度タイ語で使われる二重子音の組み合わせを確認しておきます。

kr-	กร-	khr-	ขร- คร-	tr-	ตร-	pr-	ปร-	phr-	พร-
kl-	กล-	khl-	ขล- คล-			pl-	ปล-	phl-	ผล- พล-
kw-	กว-	khw-	ขว- คว-						

kr	กร-	เกรงใจ	□ kreeŋ-cay	遠慮する
kl	กล-	กลาง	□ klaaŋ	中, 中心, 中間
kw	กว-	กวาง	□ kwaaŋ	鹿
khr	ขร-	ขรึม	□ khrɯ̌m	寡黙な
	คร-	ครู	□ khruu	教師
khl	ขล-	ขลาด	□ khlàat	臆病な
	คล-	คล้าย	□ khláay	似ている
khw	ขว-	ขวา	□ khwǎa	右
	คว-	ควาย	□ khwaay	水牛
tr	ตร-	เตรียม	□ triam	準備する
pr	ปร-	แปรง	□ prɛɛŋ	ブラシ
pl	ปล-	ปลา	□ plaa	魚
phr	พร-	พริก	□ phrík	唐辛子
phl	ผล-	เผลอ	□ phlə̌ə	うっかり～する
	พล-	พลอย	□ phlɔɔy	宝石

声調記号や子音字の上下に書く母音記号は２番目の子音字の上下に書き，声調は最初の子音字のグループの規則に従います。例を見てみましょう。

กล้า	□ klâa　敢えて，勇敢な 先頭の子音字は中子音字です。中子音字に第２声調記号がついた場合は下声になります。
คว้า	□ khwáa　手を伸ばしてぱっとつかみ取る 先頭の子音字は低子音字です。低子音字に第２声調記号がついた場合は高声になります。
กรอบ	□ krɔ̀ɔp　枠，縁，こわれやすい，パリパリ，カリカリの 先頭の子音字は中子音字です。声調記号はありませんが，「p」で終わる促音節ですから，低声で発音します。

外来語から来るもの

外来語の場合は，これ以外の音の組み合わせも見られます。また，声調と綴りが一致しないこともあります。（第１課 22 ページ参照）

綴りを言う

単語の綴りを伝える時は通常，子音字はその名前を，母音記号は記号名，もしくは母音という語である สระ sa-ràʔ の後にその発音を続けて言います。

［例］ น่ารัก（可愛い，愛すべき）

น	→	า	→	่	→	ร	→	ั	→	ก
น หนู(น)		สระอา(า)		ไม้เอก(่)		ร เรือ(ร)		ไม้หันอากาศ(ั)		ก ไก่(ก)
nɔɔ nǔu		sa-ràʔ ʔaa		máy ʔèek		rɔɔ rɯa		máy hǎn ʔaa-kàat		kɔɔ kày

または書いたり入力したりする順に言う場合は次のようになります。

น	→	่	→	า	→	ร	→	ั	→	ก
น หนู(น)		ไม้เอก(่)		สระอา(า)		ร เรือ(ร)		ไม้หันอากาศ(ั)		ก ไก่(ก)
nɔɔ nǔu		máy ʔèek		sa-ràʔ ʔaa		rɔɔ rɯa		máy hǎn ʔaa-kàat		kɔɔ kày

021

13 高子音字化

低子音の単独字（同じ音を表す高子音字がないもの ง ญ น ม ย ร ล ว）に「ห」をつけて低子音字を高子音字として扱います。二重子音字の場合と同じように声調記号や子音字の上下につける母音字は 2 番目の子音字（低子音字）の上下に書きます。

	平声	低声	下声	高声	上声
低子音対応字	คา khaa		ค่า khâa	ค้า kháa	
高子音字		ข่า khàa	ข้า khâa		ขา khǎa

	平声	低声	下声	高声	上声
低子音単独字	งา ŋaa		ง่า ŋâa	ง้า ŋáa	
高子音字化		หง่า ŋàa	หง้า ŋâa		หงา ŋǎa

□ หนู nǔu ねずみ

□ หมู่ mùu 群

□ หวาน wǎan 甘い

□ เหล้า lâw 酒

022

14 中子音字化

高子音字化と同様に「อ」を「ย」と一緒に使うことで中子音字と同様に扱います。ただし，この規則を適用するのは以下の 4 語のみです。

□ อย่า～ yàa ～するな

□ อย่าง(～) yàaŋ （～の）ように，種類

□ อยู่ yùu いる，ある

□ อยาก～ yàak ～したい

15 疑似二重子音

二重子音のように書かれていながら，二重子音字の組み合わせに含まれていない場合，初めの子音字に -a をつけて読みます。その場合の声調は多くが子音字のグループに関係なく平声です。また, 2 番目の子音字が低子音単独字（ง ญ น ม ย ร ล ว）の場合，2 番目の音節は最初の子音字によって声調が決まります。

□ ขนุน　kha-nǔn　ジャックフルーツ

2 番目の子音字「**น**」は**低子音単独字**ですから, 最初の子音字である「ข（高子音字）」の規則（平音節で，声調記号がない場合は上声）にしたがって上声になります。

□ ฝรั่ง　fa-ràŋ　西洋の，グアバ

2 番目の子音字「ร」は**低子音単独字**ですから，最初の子音字である「ฝ（高子音字）」の規則に従って読みます。この場合は，第 1 声調記号がついていますから低声になります。

□ ตลาด　ta-làat　市場

2 番目の子音字「**ล**」は**低子音単独字**ですから，最初の子音字である「ต（中子音字）」の規則に従って読みます。末子音は t で促音節ですから，声調は低声になります。

□ สบาย　sa-baay　楽な，気持ちがいい

2 番目の子音字「**บ**」は**中子音字**ですから，そのまま中子音字の声調規則にしたがって平声で読みます。

□ ทหาร　tha-hǎan　兵士

2 番目の子音字「**ห**」は**高子音字**ですから，そのまま高子音字の声調規則にしたがって上声で読みます。

024

再読文字

　複数の音節からなる語では音節のつなぎ目で文字を 2 度読むことがあります。まずは末子音字として読んだ（①）後，頭子音字としてもう一度読みます（②）。その際にはその子音字に [-a] をつけて読みます。（疑似二重子音字と同じ規則に則って読みます）。

□ พัทยา

| ① | พัท | phát |
| ② | ทยา | tha-yaa |

phát-tha-yaa
パタヤ

　①の部分は低子音字で始まり，[-t] で終わる促音節です。母音は短母音ですから，高声で発音します。②の部分で再度読む時には [-a] をつけて，平声で読みます。

□ สุขภาพ

| ① | สุข | sùk |
| ② | ขภาพ | kha-phâap |

sùk-kha-phâap
健康

　①の部分で先ず sùk と読みます。②の部分で ข に [-a] をつけて kha と読んでから，ภาพ を読みます。ภ は低子音字です。低子音字で始まる促音節の規則に則って phâap と読みます。

□ จักรยาน

| ① | จัก | càk |
| ② | กรยาน | krayaan |

càk-kra-yaan
自転車

　①の部分は中子音字で始まり，[-k] で終わる促音節ですから，低声で発音します。②の部分で再度読む時には続く r との二重子音となり，そこに [-a] をつけて krayaan と読みます。

□ เทศกาล　thêet-sa-kaan　　　祭り，Festival

□ คุณภาพ　khun-na-phâap　　　品質

□ ศาสนา　sàat-sa-nǎa　　　宗教

□ มัสมั่น　mát-sa-màn　　　マッサマン《カレーの一種》

17 特別な読み

【ร-หัน arɔɔ-hǎn】ร が 2 つ書かれていて，末子音字がない場合は [-an] と読み，末子音字がある場合は [-a-] と読みます。

-รร	-an	☐	บรรดา	ban-daa	すべて	☐	พรรษา phan-sǎa	雨季
-รร-	-a-	☐	กรรม	kam	カルマ (業^{ごう})			

再読なども合わせて読む場合もあります。

☐ ภรรยา   phan-ra-yaa   妻（phan-yaa とも読む）

再読の規則を適用して読まれることもあります。その場合，まずは ภรร までを phan と読みます。それから，最後の ร を再読します。その際に [-a] をつけますので，รยา の部分を [rayaa] と読みます。

頭子音字が จ,บ,ม,ท,ธ で，母音記号がなく ร が続く場合，直前の子音字に [-ɔɔ] をつけて発音します。また，その ร に母音字がなければ [-a] をつけて読みます。

☐	จระเข้	cɔɔ-ra-khêe	ワニ	☐ ทรยศ	thɔɔ-ra-yót	裏切る
☐	บริษัท	bɔɔ-ri-sàt	会社	☐ มรสุม	mɔɔ-ra-sǔm	モンスーン，季節風
☐	ธรณี	thɔɔ-ra-nii	地面,土地,大地,地球			

頭子音字の後に母音字がなく，ร が末子音字として続く場合，-ɔɔn と読みます。

☐	เกสร	kee-sɔ̌ɔn	花のしべ	☐ พร	phɔɔn	祝福
☐	นคร	ná-khɔɔn/ na-khɔɔn	大きな町，都			

026

18 黙音記号，その他

黙音記号 การันต์ kaa-ran

黙音記号というのは，サンスクリット語，パーリ語や英語など，音の規則の異なる言語からの借用語をタイ文字で表記する際，原語の綴りをなるべく表現しつつ，タイ語の規則に合わない部分（読めない部分）を発音しないことを表すために使用される記号です。原則として**記号は読まない文字が複数あっても，音節の最後に 1 つしか使いません**。英語などからの借用語の場合は下にある例の「ゴルフ」のように中間に読まなくなる文字がある場合もあります。

□ อาทิตย์	ʔaa-thít	太陽	□ เบียร์	bia	ビール《beer》
□ จันทร์	can	月	□ กอล์ฟ	kɔ́f	ゴルフ《golf》

末尾の短母音 i や u は読まないことがあります。このように母音だけが黙音になる時は記号を付けません。

□ ญาติ	yâat	親戚	□ เหตุ	hèet	原因，理由

また，**子音字でも記号を付けない場合があります**。

□ เกียรติ	kìat	名誉	□ จักร	càk	輪，車輪、円盤，機械

さらに**再読する規則が合わさって複雑な読みになることもあります**。

□ อุบัติเหตุ

①	อุบัติ	ʔu-bàt
②	ติเหตุ	ti-hèet

ʔu-bàt-ti-hèet
事故

ほかฤ/ฦ

1字で母音も含む字です。読み方は語により異なります。

ฤ ri/rɯ/rəə	□ อังกฤษ ʔaŋ-krìt イギリス	□ ฤดู rɯ́-duu 季節	□ พฤศจิก phrɯ́t-sa-cìk 蠍	□ ฤกษ์ rə̂ək 吉日，吉時
ฦ rɯɯ	□ ฦษี rɯɯ-sǐi 修験者，仙人			

この綴りも特別な綴りとして覚えましょう。

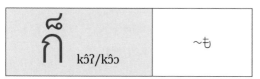

บดี bɔɔ-dii	□ พฤหัสบดี	phrɯ́-hàt-sa-bɔɔ-dii pha-rɯ́-hàt-sa-bɔɔ-dii	木曜，木星，神様の名前
	□ ประธานาธิบดี	pra-thaa-naa-thí-bɔɔ-dii pra-thaa-naa-thíp-bɔɔ-dii	大統領

母音も含まれた綴りです。このまま覚えてしまいましょう。

ก็ kɔ̂ʔ/kɔ̂ɔ	～も

国の名前の「**タイ**」に使う特別な綴りです。**ย** は発音しませんが必ず書きます。

ไทย thay	タイ《国名》

文字と発音が一致しない例外

外来語ではなくても，**発音のしやすさなどから文字と話す発音が一致しない場合**があります。

《声調が違う場合》

表記どおりの声調とは異なる声調で発音されることが多い語があります。

□	ดิฉัน	di-chán	私	□	ไหม	máy	~ですか
□	เขา	kháw	彼，彼女	□	หรือเปล่า	rɯ́ plàaw	~ですか

《母音の長さが違う場合》

文字の規則に従えば長母音であるのに短く発音したり，短母音なのに長く発音したりする場合があります。

□	แถว	thɛ̌w	列，辺り	□	ใต้	tâay	南，下
□	เปล่า	plàaw	そうではない	□	เช้า	cháaw	朝
□	เก้า	kâaw	9	□	หรือ	rə̌ə, rɔ̌ɔ, rɯ́, rɯ̌ɯ	~んですか， そうなんですか《相槌など》

同一の語でも，複数音節の語の中では，母音の長短が変わることがあります。前にあれば短く，後ろにあれば長く発音されることがあります。

□	น้ำพุ	nám phúʔ	噴水	□	ห้องน้ำ	hɔ̂ŋ náam	お手洗い， シャワールーム
□	ไม้กวาด	máy kwàat	ほうき	□	ต้นไม้	tôn máay	木
□	ข้างซ้าย	khâŋ sáay	左側	□	สองข้าง	sɔ̌ɔŋ khâaŋ	両側（2つの側）

いろいろな記号

繰り返し記号　ๆ

máy yamók
ไม้ยมก

この記号がある時には**直前の語を繰り返して読みます**。繰り返すことで，単語によって**その傾向があることを表したり，複数を表すようになったり**します。

- □ ใกล้ ๆ　klây klây　近く
- □ พี่ ๆ　phîi phîi　兄姉達，先輩達
- □ เล็ก ๆ　lék lék　小さい，ちょっとした
- □ เด็ก ๆ　dèk dèk　子ども達

省略記号　ฯ

pay yaan nɔ́ɔy
ไปยาลน้อย

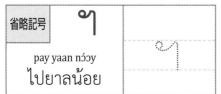

長い語の場合，この記号を使って**後ろの部分を省略した短い形で書く**ことがあります。

- □ กรุงเทพฯ　kruŋ-thêep-ma-hǎa-ná-khɔɔn (กรุงเทพมหานคร)　バンコク
- □ นายกฯ　naa-yók-rát-tha-mon-trii (นายกรัฐมนตรี)　首相

その他，などなど　ฯลฯ

pay yaan yày
ไปยาลใหญ่

「**等々**」と同じ意味を表す記号です。この記号が使われている文を読む時には [láʔ] または [lɛ́ʔ ʔùn ʔùuun] と読みます。

□ สถานที่ท่องเที่ยวที่คนนิยมไปมีอยุธยา พัทยา เชียงใหม่ ฯลฯ

sa-thǎan-thîi thɔ̂ŋ thîaw thîi khon ní-yom pay mii ʔa-yút-tha-yaa phát-tha-yaa chiaŋ-mày lɛ́ʔ ʔùn ʔùuun

人々が好んで訪れる観光地にはアユタヤ，パタヤ，チェンマイ等々があります。

＊ สถานที่ sa-thǎan-thîi：場所／ท่องเที่ยว thɔ̂ŋ-thîaw：観光する／นิยม ní-yom：好む

19 タイ数字

普段，タイではアラビア数字がよく使われていますが，書類や，本のページなどでタイ数字を見ることもあります。書き方はアラビア数字と同じでこの数字を並べて書きます。

10	21	139	300	1,500	2,564
๑๐	๒๑	๑๓๙	๓๐๐	๑,๕๐๐	๒,๕๖๔

書く時は子音字などと同様，**丸から**書き始めます。

0	๐ □ sǔun		5	๕ □ hâa
1	๑ □ nʉ̀ŋ		6	๖ □ hòk
2	๒ □ sɔ̌ɔŋ		7	๗ □ cèt
3	๓ □ sǎam		8	๘ □ pɛ̀ɛt
4	๔ □ sìi		9	๙ □ kâaw

20 略語

書く時には長い言葉の一部や頭文字を使って書くことがあります。ここではその一部を紹介します。

基本は母音字を書きませんが，月の名前のように母音字を書かないと同じものが発生して区別がつかないような場合や，以前から母音字をつけて使われて定着しているものは母音字も書くこともあります。また，通常はよほど長い語ではない限り略していない状態で読みます。ただ，中にはタイ語の中でアルファベットと同じように読むことで定着しているものもあります。

กก.	□ กิโลกรัม	ki-loo-kram	キログラム
กทม.	□ กรุงเทพมหานคร	kruŋ-thêep ma-hǎa-ná-khɔɔn	バンコク
ค.ศ.	□ คริสต์ศักราช	khrít sàk-ka-ràat/khɔɔ sɔ̌ɔ	西暦
จ.	□ จังหวัด	caŋ-wàt	県
ชม.	□ ชั่วโมง	chûa-mooŋ	時間
น.	□ นาที	naa-thii	分
	□ นาฬิกา	naa-li-kaa	~時 (24 時間制)
ด.ช.	□ เด็กชาย	dèk chaay	男児
ด.ญ.	□ เด็กหญิง	dèk yǐŋ	女児
ถ.	□ ถนน	tha-nǒn	通り
โทร.	□ โทรศัพท์	thoo-ra-sàp/thoo	電話，電話する
น.ส.	□ นางสาว	naaŋ-sǎaw	満 15 才以上の未婚の女性の名前の前につける語。既婚者や離婚した女性も使用可能。

พ.ศ.	□ พุทธศักราช	phút-tha-sàk-ka-ràat/phɔɔ sɔ̌ɔ	仏暦
ม.	□ มหาวิทยาลัย	ma-hǎa-wít-tha-yaa-lay/mɔɔ	大学
	□ มัธยมศึกษา	mát-tha-yom-sɯ̀k-sǎa/mɔɔ	中等教育
	□ เมตร	méet	メートル
	□ หมู่บ้าน	mùu bâan	村，村落，集落
ม.ค.	□ มกราคม	má-ka-raa-khom/ mók-ka-raa-khom	1月
มิ.ย.	□ มิถุนายน	mí-thù-naa-yon	6月
มี.ค.	□ มีนาคม	mii-naa-khom	3月
เม.ย.	□ เมษายน	mee-sǎa-yon	4月
รร.	□ โรงเรียน	rooŋ-rian	学校
	□ โรงแรม	rooŋ-rɛɛm	ホテル
อ.	□ อำเภอ	ʔam-phəə	郡

II

文法編

029

1 語順

被修飾語＋修飾語

日本語とは語順が逆です。**（原則として）説明は後ろから**します。たとえば「タイ語」であれば「語＋タイ」の順に並べます。

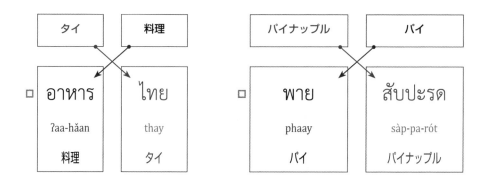

タイ	料理
อาหาร	ไทย
ʔaa-hǎan	thay
料理	タイ

パイナップル	パイ
พาย	สับปะรด
phaay	sàp-pa-rót
パイ	パイナップル

所有者，所属先などを言う場合も順序は逆になります。ของ khɔ̌ɔŋ は所有を表しますが，省略することもできます。

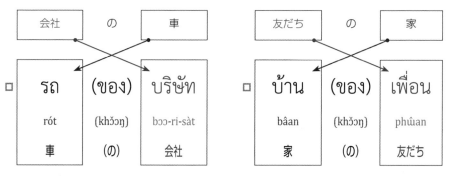

会社	の	車
รถ	(ของ)	บริษัท
rót	(khɔ̌ɔŋ)	bɔɔ-ri-sàt
車	(の)	会社

友だち	の	家
บ้าน	(ของ)	เพื่อน
bâan	(khɔ̌ɔŋ)	phɯ̂an
家	(の)	友だち

文が複雑になっても，基本はこの順番です。

動詞・形容詞文

文の構造は**主語**，**動詞**または**形容詞**，**補語**，**目的語**から成ります。**補語や目的語は必ず動詞に続きます。**「〜を」や「〜に」のような助詞がある日本語と異なり，動詞と補語や目的語の間に他の語を入れてしまうと，動詞との関係がわからなくなってしまいます。ただし，活用はないので，この順序を守って単語をつなげていけば，いろいろな文を作ることができます。

● **主語＋動詞・形容詞** ●

□
รถไฟ	มา
rót-fay	maa
電車	来る

電車が来る。

□
อาหารไทย	เผ็ด
ʔaa-hǎan thay	phèt
タイ料理	辛い

タイ料理は辛い。

「とても」や「少し」のように程度を表す言葉を使う場合は後ろに続けます。

□
อาหารไทย	เผ็ด	นิดหน่อย
ʔaa-hǎan thay	phèt	nít nɔ̀y
タイ料理	辛い	少し

タイ料理は少し辛い。

□
อาหารไทย	เผ็ด	มาก
ʔaa-hǎan thay	phèt	mâak
タイ料理	辛い	とても

タイ料理はとても辛い。

● **主語＋動詞＋目的語** ●

タイ語では目的語を表す「〜を」「〜に」のような助詞がありません。ですから，**必ず動詞の直後に目的語を続けます。**

□ ผมเรียนภาษาไทย　私は**タイ語を**勉強します。

phǒm　rian　**phaa-sǎa thay**
私《男性》　勉強する　タイ語

また，**行き先や相手などを表す言葉も動詞の後ろに置きます。**

□ ดิฉันไปเมืองไทย　私は**タイへ**行きます。

di-chán　pay　**mɯaŋ thay**
私《女性》　行く　タイ国

□ เขาขึ้นรถไฟ　彼／彼女は**電車に**乗ります。

kháw　khɯ̂n　**rót-fay**
彼／彼女　乗る　電車

ここで，語順が変わると意味が違ってしまう例を見てみましょう。

□ ข้าวผัด

khâaw　phàt
米・ご飯　炒める

炒めた**ご飯**（炒飯）

□ ผัดข้าว

phàt　**khâaw**
炒める　米・ご飯

ご飯を炒める

□ รถจอด

rót　cɔ̀ɔt
車　止まる

車が止まる

□ จอดรถ

cɔ̀ɔt　**rót**
止める　車

車を止める

名詞文：**A** は《名詞》です／である

名詞文とは，述語が**「《名詞》＋です」**などの形で，「私は日本人です」「ノイさんは女性です」「これはテキストです」のようになっている文のことです。タイ語では，「これ／それ／あれ」で始まる文のように，「です」に当たる語が省略されていることもあります。

● 主語＋（เป็น pen ／ ชื่อ chûuɯ など）＋名詞（句）●

เป็น pen は，たとえば主語が人の場合，その後ろに続く名詞とともに「日本人だ」《国籍》,「会社員だ」「公務員だ」「学生だ」《職業など》,「社長だ」「保護者だ」《立場，地位》,「友人だ」「兄だ」《関係》など，属性を表すときに使われます。強いて訳すならば，**「〜だ，〜です」**となるでしょうか。ただし，「きれいだ」「相変わらずだ」のような形容詞，副詞，形容動詞などには使われません。

□ ดิฉันเป็นคนญี่ปุ่น　　私は日本人です。

di-chán **pen** khon yîi-pùn
私《女性》 〜だ 日本人

□ ผมชื่อซูซูกิ　　私は鈴木です。

phǒm **chûuɯ** suu-suu-kìʔ
私《男性》 名前だ 鈴木

นี่ nîi「これ」のような指示詞が主語の場合，そのまま名詞を続けて言うことが多いです。

□ นี่นาฬิกาของผม　　これは私の時計です。

nîi naa-li-kaa khɔ̌ɔŋ phǒm
これ 時計 〜の 私

030

2 時制

タイ語には**時制変化はありません**。現在，過去，未来のどの時間の話でも同じ動詞を使います。

□ ผม**ไป**เชียงใหม่

phǒm **pay** chiaŋ-mày
私《男性》 行く チェンマイ

私はチェンマイへ**行きます**。

□ ผม**ไป**เชียงใหม่เมื่อวานนี้

phǒm **pay** chiaŋ-mày mʉ̂a-waan-níi
私《男性》 行く チェンマイ 昨日

私は昨日チェンマイへ**行きました**。

□ ผม(จะ)**ไป**เชียงใหม่พรุ่งนี้

phǒm (ca) **pay** chiaŋ-mày phrûŋ-níi
私《男性》 行く チェンマイ 明日

私は明日チェンマイへ**行きます**。

なお，タイ語には３つ目の例文のように未来を表すことのできる **จะ** càʔ という語があります（省略可能）。これは未来だけではなく，「～する（つもりだ，予定だ）」という意志を表すこともあります。

□ เพื่อน**จะซื้อ**รถ

phʉ̂an **ca sʉ́ʉ** rót
友達 買う予定 車

友達は車を**買う予定です**。

□ ผม**จะไป**วันนี้

phǒm **ca pay** wan-níi
私《男性》 帰る予定 今日

私は今日**行くつもりです**。
行く予定です。

031

3 丁寧に呼ぶときの「〜さん」

「〜さん」と誰かを丁寧に呼ぶ時には，名前やニックネームの前に **คุณ** khun をつけます。この **คุณ** khun は「あなた」という２人称代名詞としても使用します。（「人称代名詞」第３課参照）

□ **คุณ**รินรดาเป็นคนไทย　リンラダー**さん**はタイ人です。

khun	rin-ra-daa	pen	khon	thay
〜さん	リランダー	〜です	人	タイ

□ **คุณ**ทานากะเป็นคนญี่ปุ่น　田中**さん**は日本人です。

khun	thaa-naa-kàʔ	pen	khon	yîi-pùn
〜さん	田中	〜です	人	日本

□ **คุณ**น้ำใสไปเชียงใหม่　ナムサイ**さん**はチェンマイへ行きます。

khun	nám-sǎy	pay	chiaŋ-mày
〜さん	ナムサイ	行く	チェンマイ

I 日本語と同じ意味の文になるよう下記より（　　）に合う語句を入れてください。

1. 私はタイ料理が好きです。

ผมชอบ(　　　　　　)

phǒm chɔ̂ɔp（　　　　　　）

2. スワンナプーム空港へ行きます。

ไป(　　　　　　)สุวรรณภูมิ

pay（　　　　　　）su-wan-na-phuum

3. 彼は日本語を勉強します。

เขาเรียน(　　　　　　)

kháw rian（　　　　　　）

4. 私は電車に乗ります。

ดิฉันขึ้น(　　　　)

di-chán khɯ̂n（　　　　）

5. タイのお菓子はとても甘いです。

ขนมไทยหวาน(　　　)

kha-nǒm thay wǎan（　　　）

6. この店の炒飯はおいしいです。

ข้าวผัดร้านนี้(　　　　)

khâaw phàt ráan níi（　　　　）

7. 私の友達が来ます。

(　　　　　　)มา

（　　　　　　）maa

8. これは少し辛いです。

นี่ เผ็ด(　　　　　　)

nîi phèt（　　　　）

ภาษาญี่ปุ่น phaa-sǎa yîi-pùn	มาก mâak
เพื่อนของผม phɯ̂an khɔ̌ɔŋ phǒm	อร่อย ʔa-rɔ̀y
อาหารไทย ʔaa-hǎan thay	นิดหน่อย nít nɔ̀y
สนามบิน sa-nǎam bin	รถไฟ rót-fay

II 日本語と同じ意味の文になるよう（　　）に語句を入れてください。入る語がない場合は「なし」と書いてください。

パターン①

1. 彼はタイ人です。

เขา(　　)คนไทย

kháw（　　）khon thay

2. 私はナパーという名前です。

ดิฉัน(　　)นภา

di-chán（　　）ná-phaa

3. 鈴木さんは私の友達です。

คุณซูซูกิ(　　)เพื่อน(ของ)ผม

khun suu-suu-kiʔ（　　）phɯ̂an (khɔ̌ɔŋ) phǒm

4. これは彼のケータイです。

นี่(　　) มือถือ(ของ)เขา

nîi（　　）mɯɯ-thɯ̌ɯ (khɔ̌ɔŋ) kháw

パターン②（　　）には動詞を入れ，必要なら จะ ca をつけましょう。

1. 私は明日，タイへ行きます。

พรุ่งนี้ ดิฉัน(　　)เมืองไทย

phrûŋ-níi di-chán（　　）mɯaŋ thay

2. 昨日，友達が東京へ来ました。

เมื่อวานนี้เพื่อน(　　) โตเกียว

mɯ̂a-waan-níi phɯ̂an（　　）too-kiaw

3. 私はマンゴーを買いました。

ผม(　　)มะม่วง

phǒm（　　）ma-mûaŋ

4. 今日はタイ料理を食べるつもりです。

วันนี้(　　)อาหารไทย

wan níi（　　）ʔaa-hǎan thay

（解答 p.175）

否定文・疑問文

032

1 否定文

否定の意味を表す**ไม่** mâyを**否定したい語の前に置く**と否定文になります。

□ ป้อมจะไปเมืองไทย　ポムはタイへ行きます。

pɔ̂m ca pay mɯaŋ thay
ポム 《意志》 行く タイ

□ ป้อมจะ**ไม่**ไปเมืองไทย　ポムはタイへ行き**ません**。

pɔ̂m ca **mây** pay mɯaŋ thay
ポム 《意志》 ～ない 行く タイ

□ อาหารไทยเผ็ด　タイ料理は辛いです。

ʔaa-hǎan thay phèt
タイ料理 辛い

□ อาหารญี่ปุ่น**ไม่**เผ็ด　日本料理は辛く**ありません**。

ʔaa-hǎan yîi-pùn **mây** phèt
日本料理 ～ない 辛い

□ เขาเล่นฟุตบอลเก่ง　彼はサッカー（するの）が上手です。

kháw lên fút-bɔn kèŋ
彼 （スポーツを）する サッカー 上手だ

□ เขาเล่นฟุตบอล**ไม่**เก่ง　彼はサッカーが上手では**ありません**。

kháw lên fút-bɔn **mây** kèŋ
彼 （スポーツを）する サッカー ～ない 上手だ

＊ เล่น lên ～：（スポーツを）する

名詞文の否定は **ไม่ใช่** mây chây 「〜ではない」を使います。

- **ผมไม่ใช่ช้าง**
  phǒm **mây chây** cháaŋ
  私《男性》〜ではない チャーン

  私はチャーンではありません。

- **ดิฉันไม่ใช่คนไทย**
  di-chán **mây chây** khon thay
  私《女性》 〜ではない タイ人

  私はタイ人ではありません。

- **นี่ไม่ใช่นาฬิกา**
  nîi **mây chây** naa-li-kaa
  これ 〜ではない 時計

  これは時計ではありません。

過去の否定は **ไม่ได้** mây dây 「〜しなかった」で表すことがあります。その場合は，動詞の前に置きます。

- **คุณนกไม่ได้มา**
  khun nók **mây dây** maa
  ノックさん 〜しなかった 来る

  ノックさんは来ませんでした。

  * **คุณ** khun：〜さん

- **ผมไม่ได้ไปงานเลี้ยง**
  phǒm **mây dây** pay ŋaan-líaŋ
  私《男性》〜しなかった 行く パーティ

  私はパーティに行きませんでした。

「あまり〜ない」と言うときには **ไม่ค่อย** mây khɔ̂y 〜を使います。

□ **นี่ไม่ค่อยเผ็ด**　これはあまり辛くありません。

nîi **mây khɔ̂y** phèt
これ あまり〜ない 辛い

□ **ไม่ค่อยชอบสีดำ**　あまり黒が好きではありません。

mây khɔ̂y chɔ̂ɔp sǐi dam
あまり〜ない 好き 黒色

□ **ไปเมืองไทยไม่ค่อยบ่อย**　タイへ行くのはあまり頻繁ではありません。

pay mɯaŋ thay **mây khɔ̂y** bɔ̀y
行く タイ あまり〜ない 頻繁に

また「まったく／全然〜ない」と言う時には **ไม่** mây 〜 **เลย** ləəy を使います。

□ **นี่ไม่เผ็ดเลย**　これはまったく辛くありません。

nîi **mây** phèt **ləəy**
これ 〜ない 辛い とても

□ **ฝนไม่ตกเลย**　雨が全然降りません。

fǒn **mây** tòk **ləəy**
雨 〜ない 降る とても

□ **ไม่ใส่น้ำเชื่อมเลย**　シロップを全然入れません。

mây sày nám-chɯ̂am **ləəy**
〜ない 入れる シロップ とても

033

2 文末に付けて疑問文を作る語

～ใช่ไหม
chây máy

「～ですよね？」と話し手が「～であろう」と思っている場合，確認するように質問するとき使われます。答えるときには，**ใช่** chây **「そうです／はい」**，**ไม่ใช่** mây chây **「違います／いいえ」**，または質問文の中で使われている動詞や形容詞を使って答えます。

□ คุณเป็นคนไทย**ใช่ไหม**
khun pen khon thay **chây máy**
あなた ～だ タイ人 ～ですよね？
あなたはタイ人ですよね？

—**ใช่**／**ไม่ใช่**
chây **mây chây**
—**はい。**／**いいえ。**

□ ชอบอาหารไทย**ใช่ไหม**
chɔ̂ɔp ʔaa-hǎan thay **chây máy**
好きだ タイ料理 ～ですよね？
タイ料理が好きです**よね？**

—ชอบ
chɔ̂ɔp
—好きです。

□ นี่ไม่เผ็ด**ใช่ไหม**
nîi mây phèt **chây máy**
これ ～ない 辛い ～ですよね？
これは辛くありません**よね？**

—ไม่เผ็ด
mây phèt
—辛くありません。

～หรือเปล่า
rɯ́ɯ plàaw

《タイ文字の規則どおりに読むと rɯ̌ɯ plàaw ですが，会話ではよく発音が変わるので，実際によく発音されているほうで表記します》

どちらだろうと思うようなとき，この語を使って質問文にします。名詞文の場合は **ใช่** chây **「そうです／はい」**，**ไม่ใช่** mây chây **「違います／いいえ」** で答えます。

□ คุณเป็นคนไทย**หรือเปล่า**　あなたはタイ人です**か**。
khun pen khon thay **rú plàaw**
あなた ～だ タイ人 ～ですか

―**ใช่**／**ไม่ใช่**　――はい。／いいえ。
chây **mây chây**

□ ชอบอาหารไทย**หรือเปล่า**　タイ料理が好きです**か**。
chɔ̂ɔp ʔaa-hǎan thay **rú plàaw**
好きだ タイ料理 ～ですか

―ชอบ　――好きです。
chɔ̂ɔp

□ นี่เผ็ด**หรือเปล่า**　これは辛いです**か**。
nîi phèt **rú plàaw**
これ 辛い ～ですか

―ไม่เผ็ด　――辛くありません。
mây phèt

～ไหม
máy

《タイ文字の規則どおりに読むと mǎy ですが，会話ではよく発音が変わるので，実際によく発音されているほうで表記します》

「～か？」と尋ねる時にこの語を使います。ただし，否定文，名詞文などでは使えません。また，過去のことを尋ねる場合などにはあまり使いません。誘うときには通常こちらを使います。

□ มีเพื่อนคนไทยไหม　　タイ人の友達がいますか。

mii　phûan　khon thay　**máy**
いる　友達　タイ人　～ですか

—มี　　—います。　　＊ เพื่อน phûan：友達
mii

□ ชอบเนื้อไหม　　肉が好きですか。

chɔ̂ɔp　núa　**máy**
好きだ　肉　～ですか

—ไม่ชอบ　　—好きじゃありません。
mây　chɔ̂ɔp

□ ไปเชียงใหม่ไหม　　チェンマイへ行きますか。

pay　chiaŋ-mày　**máy**
行く　チェンマイ　～ですか

—ไป　　—行きます。
pay

～หรือ
ruʉ̌ʉ(rə̌ə/rɔ̌ɔ)

《タイ文字の規則どおりに読むと rʉ̌ʉ ですが，会話ではよく発音が変わることがあります》

「そうなんですか」と相槌を打ったり，確認をする場合，**「～なんですか？！」**と意外だったことを表す場合や疑問に思ったことを表現する質問文です。

□ คุณเป็นคนไทย**หรือ**　あなたはタイ人**なんですか**。

khun　pen　khon thay　**rʉ̌ʉ**
あなた　～だ　タイ人　～なんですか

―ใช่／ไม่ใช่　―はい。／いいえ。

chây　mây chây

□ ชอบอาหารไทย**หรือ**　タイ料理が好き**なんですか**。

chɔ̂ɔp　ʔaa-hǎan thay　**rʉ̌ʉ**
好きだ　タイ料理　～なんですか

―ชอบ　―好きです。

chɔ̂ɔp

□ ไม่ไปเชียงใหม่**หรือ**　チェンマイへ行かない**んですか**。

mây　pay　chiaŋ-mày　**rʉ̌ʉ**
～ない　行く　チェンマイ　～なんですか

―ไม่ไป　―行きません。

mây pay

3 疑問詞を使った疑問文

「だれ」や「いつ」などの言葉は使うだけで疑問文になります。「いつ」は通常文末に，「なぜ」は通常文頭に置きます。そのほかの語は語順を入れ替える必要はありません。ただし，言いたい内容次第で倒置されたり，強調するために文頭に持ってきたりすることもあります。

□ ใคร	khray	だれ
□ อะไร	ʔa-ray	なに
□ ที่ไหน	thîi nǎy	どこ
□ อย่างไร/ยังไง	yàaŋ-ray / yaŋ-ŋay	どう，どんな
□ เมื่อไร	mɯ̂a-ray / mɯ̂a-rày*	いつ
□ ทำไม	tham-may	なぜ
□ เท่าไร	thâw-ray / thâw-rày	いくら

＊ **เมื่อไร** mɯ̂a-ray「いつ」と **เท่าไร** thâw-ray「いくら」は，それぞれ**会話では mɯ̂a-rày，thâw-rày と発音されることがあります。**また，**อย่างไร** yàaŋ-ray「どう，どんな」は**会話では yaŋ-ŋay と発音されることがよくあります。**

□ **ใคร**มา
khray maa
だれが来ますか。

□ พบ**ใคร**
phóp **khray**
だれに会いますか。

□ ไปกับ**ใคร**
pay kàp **khray**
だれと行きますか。
＊ กับ kàp：～と

□ มา**เมื่อไร**
maa **mɯ̂a-ray/mɯ̂a-rày**
いつ来ますか。

□ จะพบกัน**ที่ไหน**
ca phóp kan **thîi nǎy**
どこで会いますか。

□ ไป**อย่างไร/ยังไง**
pay **yàaŋ-ray/yàŋ-ŋay**
どう行きますか。

□ **ทำไม**คุณไม่ไป
tham-may khun mây pay
なぜあなたは行かないのですか。

□ นี่**เท่าไร**
nîi **thâw-ray/thâw-rày**
これは**いくら**ですか。

I 日本語と同じ意味の否定文にしてください。

1. นี่นาฬิกาของผม⋯▸ これは私の時計ではありません。
nîi naa-li-kaa khɔ̌ɔŋ phǒm
____
2. เขาชื่อซาโตชิ⋯▸ 彼はサトシ（という名前）ではありません。
kháw chɯ̂ɯ saa-too-chíʔ
____
3. ผมจะซื้อรถ⋯▸ 私は車を買いません。
phǒm ca sɯ́ɯ rót
____
4. เขาพูดภาษาไทยเก่ง⋯▸ 彼女はタイ語を話すのがあまり上手ではありません。
kháw phûut phaa-sǎa thay kèŋ
____
5. ไปซื้อของหรือ⋯▸ 買い物に行かないんですか。
pay sɯ́ɯ khɔ̌ɔŋ rɯ̌ɯ
____

II 日本語と同じ意味の質問文にしてください。

1. คุณเป็นคนไทย⋯▸ あなたはタイ人ですよね？
khun pen khon thay
____
2. นี่ไม่เผ็ด⋯▸ これは辛くありませんね？
nîi mây phèt
____
3. กินกาแฟ⋯▸ コーヒーを飲みませんか。
kin kaa-fɛɛ
____
4. คุณนกมางานเลี้ยง⋯▸ ノックさんはパーティーに来ますか。
khun nók maa ŋaan líaŋ
____

5. ไปซื้อของ⋯→ 買い物に行くんですか。
   pay súɯ khɔ̌ɔŋ

   _____

6. เขาไม่ใช่คนไทย⋯→ 彼女はタイ人じゃないんですか。
   kháw mây chây khon thay

   _____

7. คุณเป็นคนญี่ปุ่น⋯→ あなたは日本人ですか。
   khun pen khon yîi-pùn

   _____

8. เพื่อนคุณชอบอาหารไทย⋯→ あなたの友達はタイ料理が好きですか。
   phɯ̂an khun chɔ̂ɔp ʔaa-hǎan thay

   _____

Ⅲ 日本語と同じ意味の文になるよう（　　）に語句を入れてください。

1. これはだれのですか。

   นี่ของ(　　　)

   nîi khɔ̌ɔŋ（　　　）

2. プーケットへどうやって行きますか。

   ไปภูเก็ต(　　　　　　)

   pay phuu-kèt（　　　　　　）

3. あなたは日本でなにをしますか。

   คุณจะทำ(　　　)ที่ญี่ปุ่น

   khun ca tham（　　　）thîi yîi-pùn

(解答 p.175)

代名詞

035

1 人称代名詞

これまでにも例文で出てきていますが，人称代名詞をまとめてみましょう。

		単数			複数	
1人称	男性	ผม	phǒm	私	เรา	raw
	女性	ดิฉัน/ฉัน*	di-chán/chán		พวกเรา**	phûak raw
2人称		คุณ	khun	あなた	พวกคุณ	phûak khun
3人称		เขา	kháw	彼/彼女	พวกเขา	phûak kháw

＊ **ฉัน** chán は友人もしくは目下の人に対して使用します。また，親しい間柄の会話で男性が使うこともあります。友人との会話では **เรา** raw も１人称単数として使われることがあります。

＊＊ **พวก** phûak は「～達」のように複数，グループを表すときに使います。後ろに名前がくると「～さん達」といった意味にもなります。

「私」に当たる１人称は，話者が男性の場合と女性の場合では使い分けます。人称代名詞はこのほかにも色々ありますが，まずは基本のこのパターンを覚えましょう。

また，主語が複数で，一緒に同じことをする，同じ状態を共有するとき，その動作や状態を表す語句の後に **กัน** kan を置きます。

□ กลับบ้าน**กัน**

klàp bâan **kan**

（複数の人が）家に帰ります。

□ พวกเขาไปกินข้าว**กัน**

phûak kháw pay kin khâaw **kan**

彼らはご飯を食べに行きます。

こ・そ・あ・ど

นี่	nîi	これ	~นี้	~níi	この~	ที่นี่	thîi nîi	ここ
นั่น	nân	それ	~นั้น	~nán	その~	ที่นั่น	thîi nân	そこ
โน่น	nôon	あれ	~โน้น	~nóon	あの~	ที่โน่น	thîi nôon	あそこ
~ไหน	~nǎy	どれ	~ไหน	~nǎy	どの~	ที่ไหน	thîi nǎy	どこ

　通常「どれ」「どの～」に使われる **ไหน** nǎy は，**(名詞＋)類別詞＋ไหน** nǎy のように使用します。**(類別詞第５課参照)**

　日本語の「**こ・そ・あ・ど**」と同じようではありますが，その指示範囲は若干違っています。**นั่น** nân, ～**นั้น** nán, **ที่นั่น** thîi nân は日本語の「それ」「その～」「そこ」よりも広い範囲を指します。

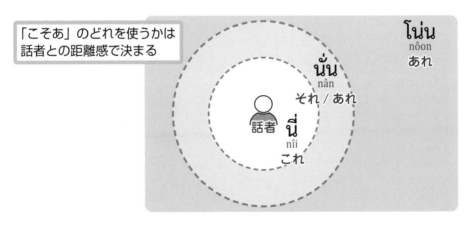

「こそあ」のどれを使うかは話者との距離感で決まる

โน่น
nôon
あれ

นั่น
nân
それ / あれ

話者 นี่
nîi
これ

▢ **นี่อร่อย** nîi ʔa-ròy **これ**はおいしいです。	▢ **นั่นอะไร** nân ʔa-ray **それ**は何ですか。

□ คน**นั้น**ชื่ออะไร

khon **nán** chûuɯ ʔa-ray

《少し離れている所にいる人を指して》**あの**人は何という名前ですか。

＊คน khon：人／ชื่อ chûuɯ：名前

□ โรงแรม**นี้** มีชื่อเสียงมาก

rooŋ-rɛɛm **níi** mii chûuɯ sǐaŋ mâak

このホテルはとても有名です。

＊โรงแรม rooŋ-rɛɛm：ホテル／มีชื่อเสียง mii chûuɯ sǐaŋ：有名である／มาก mâak：とても

□ พวกคุณซูซูกิพัก**ที่ไหน**

phûak khun suu-suu-kìʔ phák **thîi-nǎy**

鈴木さん達は**どこに**宿泊しますか。

＊พัก phák：宿泊する

日本語と同じ意味の文になるよう（　　）に語句を入れてください。

パターン①

1. 私たちはバンコクホテルに泊まりました。

(　　)พักที่โรงแรมบางกอก

（　　）phák thîi rooŋ-rɛɛm baaŋ-kɔ̀ɔk

2. 私はプーケットへ行きます。

(　　　　　)จะไปภูเก็ต

（　　　　　）ca pay phuu-kèt

3. 彼らはあなたの友達ですか。

(　　　　　)เป็นเพื่อนคุณหรือเปล่า

（　　　　　）pen phɯ̂an khun rɯ́ plàaw

パターン②

1. これはタイのお菓子（なん）ですか。

(　)ขนมไทยหรือ

（　）kha-nǒn thay rɯ̌ɯ

2. あの建物はバンコク銀行ですよね。

ตึก(　　)ธนาคารกรุงเทพใช่ไหม

tɯ̀k（　　）tha-naa-khaan kruŋ-thêep chây máy

3. あなたはどこへご飯を食べに行きますか。

คุณจะไปกินข้าว(　　　　)

khun ca pay kin khâaw（　　　　）

（解答 p.176）

บทที่ สี่
第4課

存在・所在・位置関係／動作の状態

037

1 ある・いる《存在》，持っている

มี + 名詞
mii

ものや人の存在を言うときは **มี** mii を使います。この **มี** mii には**「持っている」**という所有の意味もあります。なお，否定する場合は **มี** mii に否定の **ไม่** mây をつけて **ไม่มี** mây mii とします。

□ ผม**มี**เพื่อนคนไทย

phǒm **mii** phûan khon thay

私《男性》にはタイ人の友達が**います**。

＊เพื่อน phûan：友達

□ ฉัน**ไม่มี**เพื่อนคนไทย

chán **mây mii** phûan khon thay

私《女性》はタイ人の友達が**いません**。

□ คุณ**มี**ปากกาไหม

khun **mii** pàak-kaa máy

あなたはペンを**持っています**か。

—**มี**

mii

—**持っています**。

—ไม่**มี**

mây **mii**

—**持っていま**せん。

名詞 + อยู่
yùu

ものや人が**どこにある／いる**のか，**今ここにある／いる**のかなど，**所在を言うとき**には **อยู่** yùu を使います。また，否定する場合は否定の **ไม่** mây を付けて **ไม่อยู่** mây yùu とします。語順が **มี** mii とは違う点に注意しましょう。

□ พี่ชาย**อยู่**

phîichaay **yùu**

兄は**います**（留守ではありません）。

＊ พี่ชาย phîi chaay：兄

□ พี่สาว**ไม่อยู่**

phîisǎaw **mây yùu**

姉は**いません**（留守です）。

＊ พี่สาว phîi sǎaw：姉

□ ห้องน้ำ**อยู่**ที่ชั้น 3

hɔ̂ŋ-náam **yùu** thîi chán sǎam

トイレは 3 階に**あります**。

＊ ที่ thîi：～に／ ชั้น chán ＋《数字》：～階

□ จุดขึ้นแท็กซี่**อยู่**ที่ไหน

cùt khûn thɛ́k-sîi **yùu** thîi nǎy

タクシー乗り場はどこに**あります**か。

＊ จุด cùt：ポイント，点，所／ ขึ้น khûn：（乗り物に）乗る

—**อยู่**ชั้นล่างครับ

yùu chán lâaŋ khráp

—（階）下に**あります**（下の階にあります）。

038

2 位置関係を表す言葉

居場所やありかは，通常 **อยู่** yùu の後ろに位置関係を表す語を使って表現します。

□ ที่～	thîi	～に／で	ที่โตเกียว	**thîi** too-kiaw	東京**に／で**
□ หน้า～	nâa	～の前	หน้าบ้าน	**nâa** bâan	家**の前**
□ หลัง～	lǎŋ	～の後ろ／裏	หลังบริษัท	**lǎŋ** bɔɔ-ri-sàt	会社**の裏**
□ ใน～	nay	～の中，内	ในวัด	**nay** wát	寺**の中**
□ นอก～	nɔ̂ɔk	～の外	นอกห้อง	**nɔ̂ɔk** hɔ̂ŋ	部屋**の外**
□ บน～	bon	～の上	บนโต๊ะ	**bon** tóʔ	机**の上**
□ ใต้～	tâay	～の下	ใต้เก้าอี้	**tâay** kâw ʔîi	椅子**の下**

□ ใกล้(ๆ)～	klây (klây) ～	～に近い
□ ไกลจาก～	klay càak ～	～から遠い
□ ข้าง(ๆ)～	khâŋ (khâaŋ) ～	～の側
□ ข้างขวาของ～	khâŋ khwǎa khɔ̌ɔŋ ～	～の右側
□ ข้างซ้ายของ～	khâŋ sáay khɔ̌ɔŋ ～	～の左側
□ ข้างล่าง～	khâŋ lâaŋ ～	～の下（側）
□ ตรง(กัน)ข้ามกับ～	troŋ (kan) khâam kàp ～	～の向かい
□ ระหว่าง～กับ…	ra-wàaŋ ～ kàp …	～と…の間
□ ห่างจาก～	hàaŋ càak ～	～から離れている

- ร้านหนังสืออยู่**หน้า**สถานี

  ráan náŋ-sɯ̌ɯ yùu **nâa** sa-thǎa-nii

  本屋は<u>駅</u>の**前**にあります。

  * ร้านหนังสือ ráan náŋ-sɯ̌ɯ：喫茶店

- ท่าเรืออยู่**หลัง**วัด

  thâa rɯa yùu **lǎŋ** wát

  船着き場はお寺の**裏**にあります。

  * ท่าเรือ thâa rɯa：船着き場

- ร้านหนังสืออยู่**ใน**ห้างฯ

  ráan náŋ-sɯ̌ɯ yùu **nay** hâaŋ

  本屋は<u>デパート</u>の**中**にあります。

- ร้านกาแฟอยู่**นอก**สถานี

  ráan kaa-fɛɛ yùu **nɔ̂ɔk** sa-thǎa-nii

  喫茶店は<u>駅</u>の**外**にあります。

- หนังสืออยู่**บน**โต๊ะ

  náŋ-sɯ̌ɯ yùu **bon** tóʔ

  本は<u>机</u>の**上**にあります。

  * หนังสือ náŋ-sɯ̌ɯ：本

- แมวอยู่**ใต้**รถ

  mɛɛw yùu **tâay** rót

  猫は<u>車</u>の**下**にいます。

  * แมว mɛɛw：猫

- ไกด์อยู่**ข้างล่าง**

  káy yùu khâŋ lâaŋ

  ガイドは**下**にいます。

3 （～て）いる／（～て）おく，ある

《動詞句》+ **อยู่**
yùu

「～ています」と継続を表すときには「～をする」という動作を表す言葉（動詞句）の後ろに **อยู่** yùu を続けます。

□ ผมเรียนภาษาไทย**อยู่**

phǒm rian phaa-sǎa thay **yùu**

私《男性》はタイ語を勉強して**います**。

＊ เรียน rian：勉強する

□ ฉันกินข้าว**อยู่**

chán kin khâaw **yùu**

私《女性》はご飯を食べて**います**。

＊ กิน kin：食べる／ ข้าว khâaw：ご飯

□ เราทำงาน**อยู่**ที่บริษัทเอ

raw tham ŋaan **yùu** thîi boo-ri-sàt ʔee

私たちはＡ社で働いて**います**。

＊ ทำงาน tham ŋaan：働く

□ คุณทำอะไร**อยู่**

khun tham ʔa-ray **yùu**

何をして**います**か。

《動詞句》+ ไว้
wáy

「～ておきます」「～てあります」と，その行為が事前に準備されている状態を表現する場合には，動詞句の後に ไว้ wáy をつけます。

□ ซื้อน้ำไว้

súɯɯ náam **wáy**

飲み物を買って**おきます**。

＊ซื้อ súɯɯ：買う／น้ำ náam：水，飲み物

□ โทร.จองโต๊ะไว้

thoo cɔɔŋ tóʔ **wáy**

電話をしてテーブルを予約して**おきます**。

＊โทร. thoo：電話をかける《โทรศัพท์ thoo-ra-sàp の略》／จอง cɔɔŋ：予約する

□ จดเบอร์ติดต่อไว้

còt bəə tìt tɔ̀ɔ **wáy**

連絡先番号を書き留めて**おきます**。

＊จด còt：書き留める／เบอร์ bəə：番号（< number）／ติดต่อ tìt-tɔ̀ɔ：連絡する

□ นัดเพื่อนไว้

nát phɯ̂an **wáy**

友達と約束して**います**（約束して**あります**）。

＊นัด nát：約束する

4 もう～てしまった《完了》

《動詞句》／《形容詞》+ แล้ว
léɛw

「(もう) ～してしまいました」とその行為が完了した状態，すでにその状態になっていることを表現する場合には，状態を表す動詞句や形容詞の後に **แล้ว** léɛw を置きます。「すでに完了しているかどうか」と質問する場合には～ **แล้วหรือยัง** léɛw rʉ̌ʉ yaŋ となります。なお，話し言葉ではよく **léɛw rʉ́ yaŋ** と発音されます。

□ ฝนหยุด**แล้ว**

fǒn yùt **léɛw**

もう雨が止み**ました。** ＊ฝน fǒn：雨／หยุด yùt：《雨などが》止む

□ ดิฉัน/ผมอิ่ม**แล้ว**

di-chán/phǒm ʔìm **léɛw**

私は**もう**お腹がいっぱい**になりました。** ＊อิ่ม ʔìm：お腹がいっぱいだ

□ ทำการบ้านเสร็จ**แล้วหรือยัง**

tham kaan-bâan sèt **léɛw rʉ́ yaŋ**

もう宿題をし終え**ましたか。**

＊ทำ tham：する／การบ้าน kaan-bâan：宿題／เสร็จ sèt：終わる

―เสร็จ**แล้ว**

sèt **léɛw**

―**もう**終わりました。

―ยัง

yaŋ

―まだです。

(ยัง) ไม่ได้ + 《動詞句》
yaŋ mây dây

「(まだ) ～していません」と言うときは, **(ยัง) ไม่ได้** (yaŋ) mây dây を使います。

□ ผม**ยังไม่ได้**ซื้อของฝาก

phǒm **yaŋ mây dây** súɯɯ khɔ̌ɔŋ-fàak

私《男性》は**まだ**お土産を買っ**ていません**。 ＊ ซื้อ súɯɯ：買う／ของฝาก khɔ̌ɔŋ-fàak：お土産

□ กินข้าวแล้วหรือยัง —**ยังไม่ได้**กิน

kin khâaw lɛ́ɛw rɯ́ɯ yaŋ **yaŋ mây dây** kin

もうご飯を食べましたか。 —**まだ**（ご飯を）食べ**ていません**。

＊ กิน kin：食べる／ข้าว khâaw：ご飯

なお,「お腹が空いた」「理解する」のように話者が自分ではコントロールできない行為や動作, 現象を表す時,「眠い」「暑い」のように状態を表す語の否定は「**ไม่** ～」とします。

□ หิวข้าวแล้วหรือยัง —**ยังไม่**หิว

hǐw khâaw lɛ́ɛw rɯ́ɯ yaŋ **yaŋ mây** hǐw

もうお腹がすきましたか。 —**まだ**すい**ていません**。

＊ หิวข้าว hǐw khâaw：お腹がすく

□ น้ำเดือดแล้วหรือยัง —**ยังไม่**เดือด

náam dɯ̀at lɛ́ɛw rɯ́ɯ yaŋ **yaŋ mây** dɯ̀at

もうお湯が沸騰しましたか。 —**まだ**沸騰し**ていません**。

＊ น้ำ náam：水／เดือด dɯ̀at：沸騰する

□ ง่วง(นอน)แล้วหรือยัง —**ยังไม่**ง่วง

ŋûaŋ(nɔɔn) lɛ́ɛw rɯ́ɯ yaŋ **yaŋ mây** ŋûaŋ

もう眠いですか。 —**まだ**眠く**ありません**。

＊ ง่วง(นอน) ŋûaŋ(nɔɔn)：眠い

日本語と同じ意味になるよう文を完成させてください。

パターン①

1. さくらさんは電話中です。

คุณซากุระพูดโทรศัพท์(　　)

khun saa-kuu-ráʔ phûut thoo-ra-sàp (　　)

2. タイ人の友人は日本の会社で働いています。

เพื่อนคนไทยทำงาน(　　)ที่บริษัทญี่ปุ่น

phɯ̂an khon thay tham ŋaan (　　) thîi bɔɔ-ri-sàt yîi-pùn

3. 今日は宿題がありません。

วันนี้(　　)การบ้าน

wan-níi (　　) kaan bâan

4. あなたは学生なんですか。―はい。大学でタイ語を勉強しています。

คุณเป็นนักศึกษาหรือ

khun pen nák-sɯ̀k-sǎa rɯ̌ɯ

―ใช่ เรียนภาษาไทย(　　)ที่มหาวิทยาลัย

chây　rian phaa-sǎa thay (　　) thîi ma-hǎa-wít-tha-yaa-lay

5. 私にはタイ人の友達がいます。

ดิฉัน(　)เพื่อนคนไทย

di-chán (　) phɯ̂an khon thay

6. 姉はチェンマイにいます。

พี่สาว(　　)ที่เชียงใหม่

phîi sǎaw (　　) thîi chiaŋ-mày

パターン②

1. ホテルは駅の近くにあります。

   โรงแรมอยู่(　　　　)สถานีรถไฟ

   rooŋ-rɛɛm yùu (　　　　) sa-thǎa-nii rót-fay

2. 両替所は郵便局の前にあります。

   ที่แลกเงินอยู่(　　)ไปรษณีย์

   thîi-lɛ̂ɛk-ŋən yùu (　) pray-sa-nii

3. ケーキは冷蔵庫の中にあります。

   ขนมเค้กอยู่(　)ตู้เย็น

   kha-nǒm khéek yùu (　) tûu-yen

パターン③

1. もうお腹がすきましたか。——すきました。

   หิวข้าว(　　　　) —หิว(　　)

   hǐw khâaw (　　　　)　　hǐw (　　)

2. もうホテルを予約しましたか。—まだ予約していません。

   จองโรงแรม(　　　　) —ยัง(　　)จอง

   cɔɔŋ rooŋ-rɛɛm (　　　　)　　yaŋ (　　) cɔɔŋ

3. カウンターにカバンを預けておきます。

   ฝากกระเป๋า(　)ที่เคาน์เตอร์

   fàak kra-pǎw (　) thîi kháw-tə̂ə

(解答 p.176)

บทที่ ห้า
第5課 数字の言い方

1 数字

041

数字の文字の書き方は【文字編】(⑲タイ数字 52 ページ) で学びましたが，使い方について更に詳しく学習していきます。

0	1	2	3	4	5
ศูนย์ sǔun ๐	หนึ่ง nɯ̀ŋ ๑	สอง sɔ̌ɔŋ ๒	สาม sǎam ๓	สี่ sìi ๔	ห้า hâa ๕

6	7	8	9	10
หก hòk ๖	เจ็ด cèt ๗	แปด pὲεt ๘	เก้า kâaw ๙	สิบ sìp ๑๐

二桁以上の数は数字を組み合わせて言います。そして，一の位は เอ็ด ʔèt を使います。また，20 については สอง sɔ̌ɔŋ ではなく，ยี่ yîi を使います。

11	12	13		20	30	40
สิบเอ็ด sìp ʔèt	สิบสอง sìp sɔ̌ɔŋ	สิบสาม sìp sǎam	…	ยี่สิบ yîi sìp	สามสิบ sǎam sìp	สี่สิบ sìi sìp

さらに大きい単位は以下のとおりです。日本語と違い十万，百万という単位もあるので注意しましょう。

100	1,000	10,000	100,000	1,000,000
ร้อย rɔ́ɔy	พัน phan	หมื่น mɯ̀ɯn	แสน sɛ̌ɛn	ล้าน láan

□ สอง**ล้าน**ห้า**แสน** sɔ̌ɔŋ **láan** hâa **sɛ̌ɛn** 2,500,000

042

2 類別詞

「～人」「～台」のようにものを数えるときに使う語を**類別詞**と呼びます。なお，名詞と数を表す語は別々に言います。

名詞＋数＋《類別詞》

数を尋ねる時には กี่ kìi を使います。

□ มีคนญี่ปุ่น 3 **คน**

mii khon yîi-pùn sǎam **khon**

日本人が３**人**います。

□ ซื้อเสื้อยืดกี่**ตัว**

sɯ́ɯ sɯ̂a-yɯ̂ɯt kìi **tua**

Tシャツを何**枚**買いますか。

＊文中に数字を用いる場合，前後 1 文字分ずつ空けます。

また，「この学生」，「あのレストラン」などように特定して指し示す場合でも類別詞を使うのが日本語と違うところです。「この部屋」のように名詞と類別詞が同じ場合は二度言う必要はありません。また，話をしている人の間で了解できている場合には名詞を省略することがあります。

名詞＋《類別詞》＋この／その／あの

□ นักศึกษา**คน**นี้

nák-sɯ̀k-sǎa **khon** níi

この学生

□ **ห้อง**นี้

hɔ̂ŋ níi

この部屋

□ ส้มนี้

sôm níi

この蜜柑（全般）

□ ส้ม**ลูก**นี้

sôm **lûuk** níi

この蜜柑（個体）

□ นักศึกษา**คน**นี้มาจากเมืองไทย

nák-sɯ̀k-sǎa **khon** níi maa càak mɯaŋ thay

この**学生**はタイから来ました。

＊ มา maa：来る／ จาก càak：～から／ เมืองไทย mɯaŋ thay：タイ（国）

□ งานเลี้ยง**วัน**นั้นเป็นยังไง

ŋaan líaŋ wan nán pen yaŋ-ŋay

《友人がパーティーに行くという話を聞いていたので，後日聞いてみた》

先日のパーティはどうだった？

＊ เป็นยังไง pen yaŋ-ŋay：どうだ，どうだった

まずは身近なものの類別詞から覚えましょう。

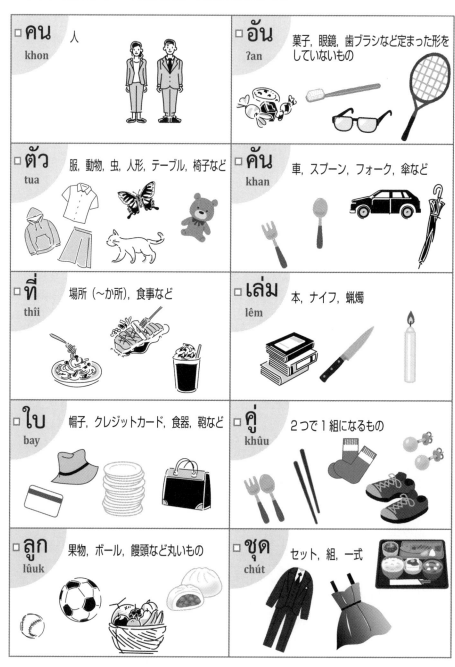

คน khon	人
อัน ʔan	菓子, 眼鏡, 歯ブラシなど定まった形をしていないもの
ตัว tua	服, 動物, 虫, 人形, テーブル, 椅子など
คัน khan	車, スプーン, フォーク, 傘など
ที่ thîi	場所 (〜か所), 食事など
เล่ม lêm	本, ナイフ, 蝋燭
ใบ bay	帽子, クレジットカード, 食器, 鞄など
คู่ khûu	2つで1組になるもの
ลูก lûuk	果物, ボール, 饅頭など丸いもの
ชุด chút	セット, 組, 一式

3 序数詞

《名詞》+《類別詞》+ ที่ + 数
thîi

「～番目の」と言うときには，数字の前に **ที่** thîi という語を置きます。 なお，話の流れから，何のことを言っているのかがわかる場合は名詞を省略することがあります。「何番目の」と尋ねる時には **เท่าไร** thâwrày を使います。

- □ รถคัน**ที่**หก　rót khan **thîi** hòk　6 **台目の**車
- □ ร้าน**ที่**สอง　ráan **thîi** sɔ̌ɔŋ　2 **番目の**店
- □ คุณเป็นลูกคน**ที่**เท่าไร　あなたは何**番目の**子ですか。
  khun pen lûuk khon **thîi** thâw-rày

4 日付

日付は序数詞を使い，**วัน** wan（日）+ **ที่** thîi + **数** で表します。「何日？」と日付を聞きたい場合は **วันที่เท่าไร** wan thîi thâwrày と聞き，「何日間？」と期間を聞きたい場合は **กี่วัน** kìi wan を使います。

- □ วัน**ที่** 1 (หนึ่ง)　wan **thîi** nùŋ　1 日
- □ วัน**ที่** 20 (ยี่สิบ)　wan **thîi** yîi sìp　20 日
- □ วัน**ที่** 31 (สามสิบเอ็ด)　wan **thîi** sǎam sìp ʔèt　31 日
- □ วันนี้ วัน**ที่**เท่าไร　wan níi wan **thîi** thâw-rày　今日は何日ですか。

5 数にまつわる表現，数が多い，少ないなど

045

ทุก + 類別詞／単位を表す語
thúk

「全員, 毎日, ～毎」 などというとき，類別詞や単位を表す語の前につけます。

□ **ทุก**คน **thúk** khon **全**員　□ **ทุก**วัน **thúk** wan **毎**日

□ เราเรียนภาษาอังกฤษ**ทุก**วัน
raw rian phaa-sǎa ʔaŋ-krìt **thúk** wan
私たちは**毎**日英語を勉強します。
＊เรียน rian：勉強する

□ ดิฉันชอบผลไม้**ทุก**อย่าง
di-chán chɔ̂ɔp phǒn-la-máay **thúk** yàaŋ
私は果物が**全**部（**全**種類）好きです。
＊ชอบ chɔ̂ɔp：好きだ

□ ผมไปหาหมอฟัน**ทุก** 3 เดือน
phǒm pay hǎa mɔ̌ɔ fan **thúk** sǎam dɯan
私は 3 か月**ごと**に歯医者へ行きます。
＊ไป pay：行く／《数》+ เดือน dɯan：～か月

บาง／หลาย + 類別詞
baaŋ　lǎay

「ある一部の～」「いくつかの～」 と不特定の数量を言うときに使います。この語は数字と同じように扱います。

□ คนญี่ปุ่น**บาง**คนไม่กินปลาดิบ
khon yîi-pùn **baaŋ** khon mây kin plaa dìp
（ある）一部の日本人は生の魚（刺し身）を食べません（生の魚〔刺し身〕を食べない日本人もいます）。
＊คนญี่ปุ่น khon yîi-pùn：日本人／กิน kin：食べる／ปลา plaa：魚／ดิบ dìp：生の

□ ผมมีเพื่อนคนไทย**หลาย**คน

phǒm mii phɯ̂an khon thay **lǎay** khon

私はタイ人の友人が**何人か**（**数人**）います。　＊ เพื่อน phɯ̂an：友達／ คนไทย khon thay：タイ人

□ ดิฉันจะอยู่กรุงเทพฯ อีก**หลาย**วัน

di-chán ca yùu kruŋ-thêep ʔìik **lǎay** wan

私はさらに**何日か**（**数日**）バンコクにいます。

＊ อยู่ yùu：滞在する／ กรุงเทพฯ kruŋ-thêep：バンコク／ อีก ʔìik：さらに

ตั้ง + 数量を表す語

tâŋ

「（数）も」と数量が多いと感じているとき，数量を表す語の前につけます。

□ มีคนญี่ปุ่น**ตั้ง** 20 คน

mii khon yîi-pùn **tâŋ** yîi sìp khon

日本人が 20 人**も**います。

□ เขาลางาน**ตั้ง** 1 เดือน

kháw laa ŋaan **tâŋ** nɯ̀ŋ dɯan　＊ ลา laa：休む／ งาน ŋaan：仕事

彼［彼女］は 1 か月**も**休暇をとります（仕事を休みます）。

□ คุยโทรศัพท์**ตั้ง**ชั่วโมง

khuy thoo-ra-sàp **tâŋ** chûa-mooŋ

1 時間**も**電話で話しました。　＊ คุย khuy：話す／ โทรศัพท์ thoo-ra-sàp：電話

แค่ + 数量を表す語 + เท่านั้น
khɛ̂ɛ thâw-nán

「わずか～だけ／しか」という意味で，少ないと感じているときには数量を表す語の前後を挟むように使います。また，どちらかだけで使われることもあります。

□ มีคนญี่ปุ่น**แค่** 20 คน **เท่านั้น**

mii khon yîi-pùn **khɛ̂ɛ** yîi sìp khon **thâw-nán**

日本人が**わずか** 20 人**だけ**います（20 人しかいません）。

□ เขาลา**แค่**ครึ่งวัน

kháw laa **khɛ̂ɛ** khrɯ̂ŋ wan

彼／彼女は半日**だけ**休暇をとります。

＊บริษัท bɔɔ-ri-sàt：会社

□ ราคา**แค่** 100 บาท**เท่านั้น**

raa-khaa **khɛ̂ɛ** (nɯ̀ŋ) rɔ́ɔy bàat **thâw nán**

価格は**わずか** 100 バーツ**だけ**です。

แต่～
tɛ̀ɛ

限定的に**「～だけ（ばかり）…する」**という言い方です。日本語では「～しか…ない」と否定形のほうが自然ですが，タイ語では否定形にはしません。

□ บริษัทนี้มี**แต่**คนญี่ปุ่น ไม่มีคนต่างชาติ

bɔɔ-ri-sàt níi mii **tɛ̀ɛ** khon yîi-pùn mây mii khon tàaŋ châat

この会社は日本人**ばかり**います。外国人はいません。

＊บริษัท bɔɔ-ri-sàt：会社／มี mii：いる／ต่างชาติ tàaŋ châat：外国の

□ เขากิน**แต่**เนื้อ ไม่กินผัก

kháw kin **tɛ̀ɛ** nɯ́a mây kin phàk

彼／彼女は肉**ばかり**食べます。野菜を食べません。

＊กิน kin：食べる／ผัก phàk：野菜

□ ร้านนี้ ใช้ได้**แต่**เงินสด

ráan níi cháy dâay **tɛ̀ɛ** ŋən sòt

この店は現金**だけ**が使えます（現金しか使えません）。

＊ใช้ cháy：使う／ได้ dâay：～できる

単位を表す言い方

● 類別詞 ละ láʔ **（価格など）●**

１人当たり，１回当たりなど，単位を表したいときに使う表現です。

□ คน**ละ** 50 บาท

khon **láʔ** hâa sìp bàat

１人 50 バーツ

□ กล่อง**ละ** 180 บาท

klɔ̀ŋ **láʔ** (nùŋ) rɔ́ɔy pɛ̀ɛt sìp bàat

１箱 180 バーツ

この場合，基本は１キロ，１人，１部屋など単位は１です。「2 キロあたり」や「3 人～」のように１以外の単位の場合は **ละ** láʔ は使えません。

□ 3 คน 500 บาท

sǎam khon hâa rɔ́ɔy bàat

３人で 500 バーツ

□ 2 กิโล 90 บาท

sɔ̌ɔŋ ki-loo kâaw sìp bàat

２キロ 90 バーツ

●（価格など）ต่อ tɔ̀ɔ **類別詞●**

また，後ろで単位を言う表現もあります。

□ 50 บาท**ต่อ**คน

hâa sìp bàat **tɔ̀ɔ** khon

１人 50 バーツ

□ 180 บาท**ต่อ**กล่อง

(nùŋ) rɔ́ɔy pɛ̀ɛt sìp bàat **tɔ̀ɔ** klɔ̀ŋ

１箱 180 バーツ

□ 500 บาท**ต่อ**ชุด

hâa rɔ́ɔy bàat **tɔ̀ɔ** chút

１セット 500 バーツ

□ 90 บาท**ต่อ**วัน

kâaw sìp bàat **tɔ̀ɔ** wan

１日 90 バーツ

日本語と同じ意味の文になるよう（　　）に語句を入れてください。

パターン①

1. 私は10日間タイへ行きます。

ดิฉันจะไปเมืองไทย (　　　)

di-chán ca pay mɯaŋ thay（　　　）

2. 友達が14日にバンコクから来ました。

เพื่อนมาจากกรุงเทพฯ(　　　)

phɯ̂an maa càak kruŋ-thêep（　　　）

3. アイスコーヒーを2杯ください。

ขอกาแฟเย็น (　　　)

khɔ̌ɔ kaa-fɛɛ yen（　　　）

4. 取り皿を3枚と箸を3膳ください。

ขอจานแบ่ง (　　　) และตะเกียบ (　　　)

khɔ̌ɔ caan bɛ̀ŋ（　　　）lɛ́ʔ ta-kìap（　　　）

＊ แบ่ง bɛ̀ŋ：分ける

5. 5人で遊びに行きます。

ไปเที่ยวกัน (　　　)

pay thîaw kan（　　　）

6. 2日目に私達はカンチャナブリへ行きます。

(　　　) เราจะไปเที่ยวกาญจนบุรี

（　　　）raw ca pay thîaw kaan-ca ná-bu-rii

パターン②

1. ある一部のレストランはココナッツミルクのアイスクリームがあります。

ร้านอาหาร(　　　)ร้านมีไอศกรีมกะทิ

ráan ʔaa-hǎan (　　　) ráan mii ʔay-sa-kriim ka-thíʔ

＊ กะทิ ka-thíʔ：ココナッツミルク

2. 私はこの映画が好きです。何度も見ました。

ดิฉันชอบหนังเรื่องนี้ ดู(　　)(　　　)ครั้ง

di-chán chɔ̂ɔp nǎŋ rʉ̂aŋ níi duu (　　) (　　) khráŋ

＊ เรื่อง rʉ̂aŋ：《映画の類別詞》／ครั้ง khráŋ：回，度

3. 私たちの会社はタイ人が50人もいます。

บริษัทเรามีคนไทย(　　) 50 คน

bɔɔ-ri-sàt raw mii khon thay (　　) hâa sìp khon

4. フアヒンに1泊しかしませんでした。

พักที่หัวหิน(　　) 1 คืน

phák thîi hǔa-hǐn (　　) nʉ̀ŋ khʉʉn

＊ คืน khʉʉn：夜，晩

5. 自転車のレンタル代金は1台につき1日70バーツです。

ค่าเช่าจักรยาน(　　　　) 70 บาท(　　　　)

khâa châw càk-kra-yaan (　　　　) cèt sìp bàat (　　　　)

＊ จักรยาน càk-kra-yaan：自転車

6. 彼は毎日熱を測ります。

เขาวัดไข้(　　　　)

kháw wát khây (　　　　)

＊ วัด wát：測る

7. 私はニュース番組ばかり見ます。

ผมดู(　　) รายการข่าว

phǒm duu (　　) raay-kaan khàaw　＊ รายการ raay-kaan：番組／ข่าว khàaw：ニュース

(解答 p.176)

บทที่ หก
第6課 時間・時刻・月／曜日の言い方

046

1 時刻の言い方

時刻を表す単位は以下のように使い分けます。

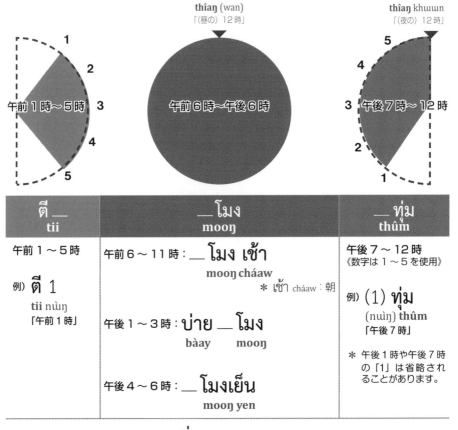

เที่ยง(วัน)
thîaŋ (wan)
「(昼の) 12時」
เที่ยงคืน
thîaŋ khwwn
「(夜の) 12時」
1
2

ตี __ tii	__ โมง mooŋ	__ ทุ่ม thûm
午前1～5時 例) ตี 1 tii nùŋ 「午前1時」	午前6～11時：__ โมง เช้า mooŋ cháaw ＊ เช้า cháaw：朝 午後1～3時：บ่าย __ โมง bàay mooŋ 午後4～6時：__ โมงเย็น mooŋ yen	午後7～12時 《数字は1～5を使用》 例) (1) ทุ่ม (nùŋ) thûm 「午後7時」 ＊ 午後1時や午後7時の「1」は省略されることがあります。

12時は「正午」に当たる **เที่ยง** thîaŋ がよく使われます。また,「分」は **นาที** naa-thii,「秒」は **วินาที** wí-naa-thii を使います。

□ 10 **นาที** 30 **วินาที**　sìp **naa-thii** săam sìp **wí-naa-thii**　10分30秒

また，「半」の言い方は **ครึ่ง** khrûŋ を使います。時刻を尋ねる時は，**กี่โมง** kìi-mooŋ「何時」，**กี่นาที** kìi naa-thii「何分」を使って尋ねます。
時間の「～から」は **ตั้งแต่** tâŋ-tὲε，「～まで」は **ถึง** thʉ̌ŋ を使います。

□ วันนี้ ตื่น**ตี** 5

wan níi tʉ̀ʉn **tii** hâa

今日は**午前** 5 **時に**起きました。

＊ วันนี้ wan níi：今日／ตื่น tʉ̀ʉn：起きる

□ ไปบริษัท 8 **โมงเช้า**

pay bɔɔ-ri-sàt pὲεt **mooŋ cháaw**

午前 8 **時に**会社へ行きます。

＊ ไป pay：行く／บริษัท bɔɔ-ri-sàt：会社

□ พักกลางวัน ตั้งแต่**เที่ยง**ถึง**เที่ยง**สี่สิบห้า**นาที**

phák klaaŋ wan tâŋ-tὲε **thîaŋ** thʉ̌ŋ **thîaŋ** sìi sìp hâa **naa-thii**

昼休みは**正午**から **12 時** 45 **分**までです。

＊ พัก phák：休む／กลางวัน klaaŋ wan：昼

□ มีประชุมตั้งแต่**บ่ายโมง**

mii pra-chum tâŋ-tὲε **bàay mooŋ**

午後 1 **時**から会議があります。

＊ มี mii：ある／ประชุม pra-chum：会議

□ พบเพื่อนที่สถานีโตเกียว 6 **โมงเย็น**

phóp phʉ̂an thîi sa-thǎa-nii too-kiaw hòk **mooŋ yen**

夕方 6 **時に**東京駅で友達に会います。

＊ พบ phóp：会う／เพื่อน phʉ̂an：友達／สถานี sa-thǎa-nii：駅／โตเกียว tookiaw：東京

□ เมื่อวานนี้ กลับบ้าน 3 **ทุ่มครึ่ง**

mʉ̂a-waan-níi klàp bâan sǎam **thûm khrʉ̂ŋ**

昨日は**夜** 9 **時半に**家に帰りました。

＊ เมื่อวานนี้ mʉ̂a-waan-níi：昨日／กลับ klàp：帰る／บ้าน bâan：家

□ ปกตินอน**เที่ยงคืน**

pà-ka-tìʔ/pòk-ka-tìʔ nɔɔn **thîaŋ khɯɯn**

いつも（通常）は**夜 12 時に**寝ます。

＊ ปกติ pà-ka-tìʔ/pòk-ka-tìʔ：いつも／ นอน nɔɔn：寝る

なお，時報など公共の場で使う 24 時間制では **นาฬิกา** naalikaa という単位を使います。（省略形は **น.** を最後につける）

□ ขณะนี้ เป็นเวลา 9 **นาฬิกา** 20 นาที [9.20 น.]

kha-nàʔ níi pen wee-laa kâaw **naa-li-kaa** yîi sìp naa-thii

ただ今，時刻は 9 **時** 20 分です。

＊ ขณะนี้ kha-nàʔ níi：ただ今／ เป็นเวลา pen wee-laa：時刻だ

047

2 時間の長さ

時間の長さを表す時，「～時間」は **ชั่วโมง** chûa-mooŋ，「～分」は時刻と同じ **นาที** naa-thii という単位を使用します。また，「～半」は時刻の場合と同様，**ครึ่ง** khrɯ̂ŋ を使います。

□ รอ 10 **นาที**

rɔɔ sìp **naa-thii**

10 **分**待ちます。

＊ รอ rɔɔ：待つ

□ เมื่อคืนนี้ นอน 6 **ชั่วโมง**

mɯ̂a khɯɯn níi nɔɔn hòk **chûa-mooŋ**

昨夜は 6 **時間**寝ました。

＊ เมื่อคืนนี้ mɯ̂a khɯɯn níi：昨夜／ นอน nɔɔn：寝る

□ จากบ้านไปสถานี ใช้เวลา 15 **นาที**

càak bâan pay sa-thǎa-nii cháy wee-laa sìp **hâa naa-thii**

家から駅まで（行くのに）15 **分**かかります。

＊ จาก～ càak：～から／ บ้าน bâan：家／ สถานี sa-thǎa-nii：駅／ ใช้เวลา cháy wee-laa：時間がかかる

□ อีก **30 นาที (ครึ่งชั่วโมง)** จะถึงสนามบิน

ʔìik **sǎam sìp naa-thii (khrûŋ chûa-mooŋ)** ca thǔŋ sa-nǎam bin

あと **30 分（半時間）** で空港に着きます。

*อีก ʔìik：あと〜／ถึง thǔŋ：到着する／สนามบิน sa-nǎam bin：空港

048

3 時間帯

　朝，夕方など，多少幅のある時間帯を表すには「部分，頃」という意味の **ตอน** tɔɔn を使うことが多いです。

□ **ตอนเช้า**	tɔɔn cháaw	朝
□ **ตอนเที่ยง**	tɔɔn thîaŋ	昼
□ **ตอนบ่าย**	tɔɔn bàay	午後
□ **ตอนเย็น**	tɔɔn yen	夕方
□ **ตอนค่ำ**	tɔɔn khâm	夜，宵
□ **ตอนกลางวัน**	tɔɔn klaaŋ wan	日中，昼間
□ **ตอนกลางคืน**	tɔɔn klaaŋ khɯɯn	夜間

　また，「子どものころ／子どもだったころ」「タイにいたころ」のように，具体的なある時間，時期を表すこともできます。

□ **ตอน(เป็น)เด็ก**	tɔɔn (pen) dèk	子どもの**ころ**
□ **ตอนอยู่เมืองไทย**	tɔɔn yùu mɯaŋ thay	タイにいた**ころ**
□ **ตอนประชุม**	tɔɔn prachum	会議の**とき**

4 月の名前

049

月の名前を覚えましょう。30日までの月には **ยน** yon，31日までの月には **คม** khom，そして2月には -**พันธ์** -phan が付きます。「月」という意味の **เดือน** duan は省略可能です。また，「何月？」と聞きたい場合は **เดือนอะไร** duan ʔa-ray，「何か月？」と期間を聞きたい場合は **กี่เดือน** kìi duan を使います。「何月何日」という場合は，日本語と逆になるので，「日付＋月の名前」になります。

また，月の名前は略式で書かれることもよくあります。（文字の略語参照）

□	(เดือน)**มกรา**คม	(duan) **má-ka-raa**-khom / (duan) **mók-ka-raa**-khom	ม.ค.	1月
□	(เดือน)**กุมภา**พันธ์	(duan) **kum-phaa**-phan	ก.พ.	2月
□	(เดือน)**มีนา**คม	(duan) **mii-naa**-khom	มี.ค.	3月
□	(เดือน)**เมษา**ยน	(duan) **mee-sǎa**-yon	เม.ย.	4月
□	(เดือน)**พฤษภา**คม	(duan) **phrɯ́t-sa-phaa**-khom	พ.ค.	5月
□	(เดือน)**มิถุนา**ยน	(duan) **mí-thu-naa**-yon	มิ.ย.	6月
□	(เดือน)**กรกฎา**คม	(duan) **ka-rá-ka-daa**-khom	ก.ค.	7月
□	(เดือน)**สิงหา**คม	(duan) **sǐŋ-hǎa**-khom	ส.ค.	8月
□	(เดือน)**กันยา**ยน	(duan) **kan-yaa**-yon	ก.ย.	9月
□	(เดือน)**ตุลา**คม	(duan) **tù-laa**-khom	ต.ค.	10月
□	(เดือน)**พฤศจิกา**ยน	(duan) **phrɯ́t-sa-cì-kaa**-yon	พ.ย.	11月
□	(เดือน)**ธันวา**คม	(duan) **than-waa**-khom	ธ.ค.	12月

月の名前も時刻の表現同様，通常は文の終わりに置かれます。

□ เราจะไปเมืองไทย**เดือนพฤศจิกายน**

raw ca pay mɯaŋ thay **dɯan phrɯ́t-sa-cì-kaa-yon**

私たちは**11月に**タイへ行きます。 * ไป pay：行く／ เมืองไทย mɯaŋ thay：タイ（王国）

□ โรงเรียนจะหยุดตั้งแต่**วันที่ 25 กรกฎาคม**ถึง**วันที่ 31 สิงหาคม**

rooŋ-rian ca yùt tâŋ-tɛ̀ɛ **wan thîi yîi sìp hâa ka-rá-ka-daa-khom** thɯ̌ŋ **wan thîi sǎam sìp ʔèt sǐŋ-hǎa-khom**

7月25日から**8月31日**まで学校は休みです。

* โรงเรียน rooŋ-rian：学校／ หยุด yùt：休む／ ตั้งแต่ tâŋ-tɛ̀ɛ 〜 ถึง thɯ̌ŋ …：〜から…まで《時間》

□ คุณมาญี่ปุ่น**เดือนอะไร**

khun maa yîi-pùn **dɯan ʔa-ray**

あなたは**何月に**日本へ来ましたか。 * มา maa：来る／ ญี่ปุ่น yîi-pùn：日本

□ คุณไปเรียนภาษาไทย**กี่เดือน**

khun pay rian phaa-sǎa thay **kìi dɯan**

あなたは**何か月**タイ語を勉強しにいきますか。

* เรียน rian：勉強する／ ภาษา phaa-sǎa：〜語《言語》

月が主語や話題になる場合や，強調したい場合は位置が変わります。

□ **เดือนเมษายน** งานยุ่งมาก

dɯan mee-sǎa-yon ŋaan yûŋ mâak

4月は仕事がとても忙しいです。 * งาน ŋaan：仕事／ ยุ่ง yûŋ：忙しい／ มาก mâak：とても

●旧暦・新暦　タイの行事 ●

元日	1月1日	
こどもの日	1月第2土曜日	×
春節 / 中国旧正月	中国暦(時憲暦)1月1日	×
先生の日	1月16日	×
象の日	3月13日	×
万仏節	旧暦3月満月	＊
チャクリ王朝記念日	4月6日	
ソンクラーン(タイ正月)	4月13〜15日	
メーデー / レイバーデー	5月1日	△
戴冠記念日	5月4日	
農耕祭	旧暦6月吉日	
仏誕節, 灌仏会	旧暦6月満月	＊
スティダー王妃誕生日	6月3日	
三宝節	旧暦8月満月	＊
入安居	旧暦8月黒分1日	＊
ワチラロンコーン国王誕生日	7月28日	
シリキット王太后誕生日・母の日	8月12日	
ラーマ9世記念日	10月13日	
出安居	旧暦11月満月	＊
チュラロンコーン大王記念日	10月23日	
ローイクラトン	旧暦12月満月	×
ラーマ9世生誕日・父の日	12月5日	
憲法記念日	12月10日	
大晦日	12月31日	

＊：酒類販売禁止日／×：休日ではない／△：一般企業のみ休み

050

5 曜日の言い方

曜日は日本語同様惑星の名前と一致します。「何曜日？」と聞く場合には**วันอะไร** wan ʔa-ray という語を使います。なお，これは「何の日？」と聞く場合にも使えるので，状況によって判断します。また，「何週間？」と期間を聞きたい場合には**กี่อาทิตย์** kìi ʔaa-thít を使います。

なお，曜日も場合によっては略号で書かれていることがあります。

□ วันอาทิตย์	wan **ʔaa-thít**	อา.	日曜日
□ วันจันทร์	wan **can**	จ.	月曜日
□ วันอังคาร	wan **ʔaŋ-khaan**	อ.	火曜日
□ วันพุธ	wan **phút**	พ.	水曜日
□ วันพฤหัส(บดี)	wan **phrɯ́-hàt(-sa-bɔɔ-dii)**/ wan **pha-rɯ́-hàt(-sa-bɔɔ-dii)**	พฤ.	木曜日
□ วันศุกร์	wan **sùk**	ศ.	金曜日
□ วันเสาร์	wan **sǎw**	ส.	土曜日

□ ผมไปโรงเรียน(สอน)ภาษาไทย**วันเสาร์**

phǒm pay rooŋ-rian (sɔ̌ɔn) phaa-sǎa thay **wan sǎw**

私は**土曜日に**タイ語（を教える）学校へ行きます。

＊ไป pay：行く／โรงเรียน rooŋ-rian：学校／สอน sɔ̌ɔn：教える／ภาษา phaa-sǎa：～語《言語》

□ พิพิธภัณฑ์ปิด**วันอะไร**

phí-phít-tha-phan pìt **wan ʔa-ray**

博物館は**何曜日**が閉館日ですか（**何曜日に**閉まっていますか）。

＊พิพิธภัณฑ์ phí-phít-tha-phan：博物館／ปิด pìt：閉まる

□ เขาจะบวช**กี่อาทิตย์**

kháw ca bùat **kìi ʔaa-thít**

彼は**何週間**出家しますか。

＊บวช bùat：出家する

051

6 昨日・今日・明日ほか

明日，明後日，今週，来週，などの言い方をまとめました。

□	เมื่อวานซืนนี้	mûa-waan-sɯɯn (níi)	一昨日
□	เมื่อวานนี้	mûa-waan (níi)	昨日
□	วันนี้	wan-níi	今日
□	พรุ่งนี้	phrûŋ-níi	明日
□	มะรืนนี้	ma-rɯɯn níi	明後日
□	อาทิตย์ที่แล้ว	ʔaa-thít thîi lɛ́ɛw	先週
□	อาทิตย์นี้	ʔaa-thít níi	今週
□	อาทิตย์หน้า	ʔaa-thít nâa	来週
□	เดือนที่แล้ว	dɯan thîi lɛ́ɛw	先月
□	เดือนนี้	dɯan níi	今月
□	เดือนหน้า	dɯan nâa	来月
□	ปีที่แล้ว	pii thîi lɛ́ɛw	昨年
□	ปีนี้	pii níi	今年
□	ปีหน้า	pii nâa	来年

タイの地名① 北部
ภาคเหนือ phâak nǔa

❶ กำแพงเพชร	kam-phɛɛŋ-phét	カンペーンペット
❷ เชียงราย	chiaŋ-raay	チェンライ
❸ เชียงใหม่	chiaŋ-mày	チェンマイ
❹ ตาก	tàak	ターク
❺ นครสวรรค์	ná-khɔɔn-sa-wǎn	ナコーンサワン
❻ น่าน	nâan	ナーン
❼ พะเยา	pha-yaw	パヤオ
❽ พิจิตร	phí-cìt	ピチット
❾ พิษณุโลก	phít-sa-nú-lôok	ピッサヌローク
❿ เพชรบูรณ์	phét-cha-buun	ペッチャブーン
⓫ แพร่	phrɛ̂ɛ	プレー
⓬ แม่ฮ่องสอน	mɛ̂ɛ-hɔ̂ŋ-sɔ̌ɔn	メーホンソーン
⓭ ลำปาง	lam-paaŋ	ランパーン
⓮ ลำพูน	lam-phuun	ランプーン
⓯ สุโขทัย	sù-khǒo-thay	スコータイ
⓰ อุตรดิตถ์	ʔùt-ta-ra-dìt	ウッタラディット
⓱ อุทัยธานี	ʔù-thay-thaa-nii	ウタイターニー

日本語と同じ意味の文になるよう（　　）に語句を入れてください。

パターン①

1. 飛行機は10時30分に出発します。

เครื่องบินออก (　　　　　　　)

khrɯ̂aŋ bin ʔɔ̀ɔk (　　　　　　　)

2. あなたは何時の電車に乗りますか。

คุณจะนั่งรถไฟเที่ยว(　　　)

khun ca nâŋ rót-fay thîaw (　　　)　　＊ เที่ยว thîaw：《電車等の運行を指す類別詞》

3. 午後 2 時からタイ語を勉強します。

เรียนภาษาไทย(　　　)(　　　　　)

rian phaa-sǎa thay (　　　) (　　　　　)

4. 夜 9 時まで友達と電話で話しました。

โทรศัพท์คุยกับเพื่อน(　) (　　)

thoo-ra-sàp khuy kàp phɯ̂an (　　) (　　　　)　　＊ คุย khuy：話す，おしゃべりする

パターン②

1. ホテルから空港まで30分かかります。

จากโรงแรมถึงสนามบิน ใช้เวลา (　　　　　　　)

càak rooŋ-rɛɛm thɯ̌ŋ sa-nǎam bin cháy wee-laa (　　　　　　　)

2. 15 分歩いて行くと駅に着きます。

เดินไป (　　　　)จะถึงสถานีรถไฟ

dəən pay (　　　　) ca thɯ̌ŋ sa-thǎa-nii rót-fay

3. 1 日 2 時間，本を読みます。

อ่านหนังสือวันละ (　　　　)

ʔàan náŋ-sɯ̌ɯ wan láʔ (　　　　)　　＊ อ่าน ʔàan：読む／ หนังสือ náŋ-sɯ̌ɯ：本

パターン③

1. 5月に日本へ帰ります。

ผมจะกลับญี่ปุ่น(　　　　　　　)

phǒm ca klàp yîi-pùn（　　　　　　　　　　）　　　＊ กลับ klàp：帰る

2. あなたは何月何日に生まれましたか。

คุณเกิด(　　　　　)(　　　　　)

khun kə̀ət（　　　　　　　）（　　　　　）　　　＊ เกิด kə̀ət：生まれる

3. 私は 2 月に試験があります。

ดิฉันจะมีสอบ(　　　　　　　)

di-chán ca mii sɔ̀ɔp (　　　　　　　　　)　　　＊ สอบ sɔ̀ɔp：試験

パターン④

1. 私は月曜日と木曜日にタイ語を勉強します。

ผมเรียนภาษาไทย(　　　　　)และ(　　　　　　　)

phǒm rian phaa-sǎa thay（　　　）lɛ́ʔ (　　　　　　　　　)

＊ และ lɛ́ʔ：～と…

2. あなたは何曜日に休みますか。

คุณหยุด(　　　　)

khun yùt（　　　　）

3. 店は水曜日に休みます（水曜日が休みです）。

ร้านปิด(　　　)

ráan pìt (　　　　)

（解答 p.177）

บทที่ เจ็ด

第7課 可能

1 ～できる

052

～ได้
dâay

「～をすることができる」というときは，まず「～をする」と言ってから，その後に「できる」という意味の **ได้** dâay を続けます。「～を」の部分は話している人の間でわかっていることであれば，省略することもできます。否定する場合は，通常 **ไม่ได้** mây dâay とします。

□ ดิฉันพูดภาษาไทย**ได้**

di-chán phûut phaa-săa thay **dâay**

私はタイ語を話すことが**できます**（話**せます**）。

＊ภาษา phaa-săa ～：～語《言語》／ไทย thay：タイ

□ ผมกิน(ของ)เผ็ด**ไม่ได้**

phŏm kin (khɔ̌ɔŋ) phèt **mây dâay**

私は辛いものを食べることが**できません**（食べ**られません**）。

＊(ของ)เผ็ด (khɔ̌ɔŋ) phèt：辛い

□ พรุ่งนี้ คุณไปเที่ยวทะเล**ได้ไหม**

phrûŋ-níi khun pay thîaw tha-lee **dâay máy**

明日，あなたは海へ遊びに行くことが**できますか**（行**けますか**）。

＊พรุ่งนี้ phrûŋ-níi：明日／เที่ยว thîaw：遊ぶ／ทะเล tha-lee：海

―(ไป)ได้

(pay) **dâay**

―（行くことが）**できます**。

―(ไป) ไม่ได้

(pay) **mây dâay**

―（行くことが）**できません**。

「上手に」「少し」など，できるの程度を表す言葉は「～することができる」と言った後に続けます。

□ ดิฉันดื่มแอลกอฮอล์**ไม่ได้**เลย

di-chán dɯ̀ɯm ʔɛɛw(l/n)-kɔɔ-hɔɔ **mây dâay** ləəy

私はアルコール（飲料）を飲むことがまったく**できません。**

＊ แอลกอฮอล์ ʔɛɛw(l/n)-kɔɔ-hɔɔ：アルコール／ไม่ ～ เลย mây ～ ləəy：まったく～ない

□ เพื่อนดิฉัน/ผมพูดภาษาญี่ปุ่น**ได้**นิดหน่อย

phɯ̂an di-chán/phǒm phûut phaa-sǎa yîi-pùn **dâay** nít nɔ̀y

私の友達は日本語を話すことが少し**できます。**

＊ เพื่อน phɯ̂an：友達／นิดหน่อย nít nɔ̀y：少し

□ คุณสมศรีพูดภาษาอังกฤษ**ได้**คล่อง

khun sǒm-sǐi phûut phaa-sǎa ʔaŋ-krìt dâay khlɔ̂ŋ

ソムスィーさんは英語を流ちょうに話すことが**できます。**

＊ คล่อง klɔ̂ŋ：流ちょうだ

053

2 《学習，経験して》～できる

～เป็น
pen

経験があって，訓練したので習得しているという意味で「～できる」と言いたいときに使います。否定する場合は **ไม่เป็น** mây pen を用います。

□ ผมขับรถ**เป็น**

phǒm khàp rót **pen**

私は車を運転することが**できます**（＝運転技術を身につけている）。

＊ ขับ khàp：運転する／ รถ rót：車

□ ฉันว่ายน้ำ**ไม่เป็น**

chán wâay náam **mây pen**

私は泳ぐことが**できません**（＝かなづちだ）。

＊ ว่ายน้ำ wâay náam：泳ぐ

□ คุณขี่ม้า**เป็นไหม**

khun khìi máa **pen máy**

＊ ขี่ khìi：乗る《バイク，馬，象などに》／ ม้า máa：馬

あなたは乗馬**できますか**（馬に乗ることが**できますか**）。

—**เป็น**	—**ไม่เป็น**
pen	**mây pen**
—できます。	—できません。

□ เขาใช้ตะเกียบ**ไม่เป็น**

kháw cháy ta-kìap **máy pen**

彼は箸を使うことが**できません**。

＊ ตะเกียบ ta-kìap：箸／ ใช้ cháy：：使う

054

3 《許容範囲内で》～できる

～ไหว
wǎy

体力や我慢など許容・受容できる範囲にあるので「～できる」，もしくはそれを超えているので「～できない」などと言う場合に使います。

□ ผมยังเดินไหว

phǒm yaŋ dəən **wǎy**

私はまだ歩け**ます**。《体力に余裕がある》

＊ยัง yaŋ：まだ

□ มีคำศัพท์เยอะมาก จำไม่ไหว

mii kham-sàp yəʔ mâak cam **mây wǎy**

単語がとても多くて，覚え**きれません**。

＊คำศัพท์ kham-sàp：単語／เยอะ yəʔ：多い／มาก mâak：とても／จำ cam：覚える

□ วิ่งไปสถานีไหวไหม

wîŋ pay sa-thǎa-nii **wǎy máy**

駅へ走って行**けますか**。《体力的に》

＊วิ่ง wîŋ：走る／สถานี sa-thǎa-nii：駅

—(วิ่ง)ไหว

(wîŋ) **wǎy**

——(走ることが) **できます。**

—(วิ่ง)ไม่ไหว

(wîŋ) **mây wǎy**

——(走ることが) **できません。**

第７課　練習問題

日本語と同じ意味の文になるよう（　　）に語句を入れてください。必要なら否定形，疑問文を作る形に変えてください。

パターン①

1. 姉はピアノを弾くことができます。

   พี่สาวเล่นเปียโน(　)

   phîi săaw lên pia-noo (　　)　　　　＊ เปียโน pia-noo：ピアノ／ เล่น lên：弾く

2. 土曜日，あなたは私たちと海へ遊びに行くことができますか。—行けます。

   วันเสาร์ คุณไปเที่ยวทะเลกับเรา (　　　) —(　　)

   wan săw　khun pay thîaw tha-lee kàp raw (　　　　) —(　　　)

   ＊ ทะเล tha-lee：海

3. 私はタイ文字を読むことができます。

   ดิฉันอ่านตัวอักษรไทย(　)

   di-chán ʔàan tua ʔàk-sɔ̌ɔn thay (　　)

   ＊ ตัวอักษรไทย/ตัวหนังสือไทย tua ʔàk-sɔ̌ɔn thay/ tua náŋ-sɯ̌ɯ thay：タイ文字

4. 弟は少し泳ぐことができます。

   น้องชายว่ายน้ำ(　)(　　　)

   nɔ́ɔŋ chaay wâay náam (　　) (　　　)

5. ＤＶＤを借りることはできますか。

   —借りることはできませんが，ここで見ることはできます。

   ยืมDVD(　　　) —ยืม(　　)แต่ดูที่นี่(　)

   yɯɯm dii-wii-dii (　　　) —yɯɯm (　　　) tɛ̀ɛ duu thîi nîi (　　)

   ＊ ยืม yɯɯm：借りる

パターン②

1. 私はオートバイの運転ができません。

ดิฉันขี่มอเตอร์ไซค์(　　　)

di-chán khìi mɔɔ-təə-say (　　　)

＊ มอเตอร์ไซค์ mɔɔ-təə-say：オートバイ／ขี่ khìi：運転する

2. 私はもうお腹がいっぱいです。もう食べられません。

ผมอิ่มแล้ว กิน(　　　)แล้ว

phǒm ʔìm lɛ́ɛw kin (　　　) lɛ́ɛw

3. あなたはタイ料理が作れますか。―できます。

คุณอาทำหารไทย(　　　)―(　　)

khun tham ʔaa-hǎan thay (　　　) ―(　　)

＊ ทำ tham：作る

4. 明日，朝早くホテルを出ますよ。あなたは起きられますか。

พรุ่งนี้ ออกจากโรงแรมเช้านะคะ คุณตื่น(　　　)

phrûŋ-níi ʔɔ̀ɔk càak rooŋ-rɛɛm cháaw náʔ kháʔ khun tɯ̀ɯn (　　　)

＊ ตื่น tɯ̀ɯn：起きる／เช้า cháaw：朝，朝早く

5. 私はまったく泳げません（＝かなづちです）。

ผมว่ายน้ำ(　　　)

phǒm wâay náam (　　　)

（解答 p.177）

บทที่ แปด
第8課 助動詞

「〜したことがある／ない」「〜たい」「〜すべきだ」など，話し手の価値判断を表す語は，通常主語の後ろ，動詞の前において使用します。否定の場合は，前に **ไม่** mây を置きます。

055

1 〜したことがある／ない《経験》

เคย +《動詞》
yùu

「〜したことがある」と自分の経験をいうときには動詞の前に **เคย** khəəy を置きます。「〜したことがない」とする場合は **ไม่เคย** mây khəəy を置きます。

□ ผม**เคย**กินทุเรียน

phǒm **khəəy** kin thú-rian

私はドリアンを食べた**ことがあります。**

□ ดิฉัน**ไม่เคย**นั่งรถเมล์ไทย

di-chán **mây khəəy** nâŋ rót mee thay

私はタイのバスに乗った**ことがありません。**

＊ รถเมล์ rót mee：バス／นั่ง nâŋ：（乗り物に）乗る

□ **เคย**ไปหัวหินไหม

khəəy pay hǔa-hǐn máy

フアヒンへ行った**ことがありますか。**

＊ ไหม máy：〜か《疑問》

—**เคย**(ไป)

khəəy (pay)

—（行ったことが）**あります。**

—**ไม่เคย**(ไป)

mây khəəy (pay)

—（行ったことが）**ありません。**

2 056 ～（し）たい

อยาก(จะ)+《動詞》
yàak   ca

　「～（し）たい」というときには動詞の前に **อยาก(จะ)** yàak(càʔ) を置きます。質問に答えるときには動詞を省略してもかまいません。また，3 人称が主語の場合は「～たがる」と訳したほうが自然なことが多いです。（**กับ** kàp については第 19 課①参照）

□ ดิฉัน**อยาก**ไปเมืองไทย

di-chán **yàak** pay muaŋ thay

私はタイへ行き**たいです**。　　　　　　　　　　　　　* เมืองไทย muaŋ thay：タイ（王国）

□ ผม**ไม่อยาก**ขับรถ

phǒm **mây yàak** khàp rót

私は車を運転し**たくありません**。　　　　　　　　　　　　* รถ rót：車

□ (คุณ)**อยาก**ดูหนังไหม

(khun) **yàak** duu nǎŋ máy

映画を観**たいですか**。　　　　　　　　　　　　　　* หนัง nǎŋ：映画

—**อยาก**(ดู)　　　　　　　—**ไม่อยาก**(ดู)

yàak (duu)　　　　　　　　**mây yàak** (duu)

—観**たいです**。　　　　　　　—観**たくありません**。

117

3 ～しなければならない

ต้อง +《動詞》
tɔ̂ŋ

「**～しなければならない**」という時には動詞の前に置きます。これを否定した**ไม่ต้อง** mây tɔ̂ŋ は「～する必要はない」という意味になり，後ろに～**ก็ได้** kɔ̂ɔ dâay（～でもよい）と続けることもあります。また，**許可する・容認する**意味合いで使われることもあります。

□ **ต้อง**พูดภาษาอังกฤษ

tɔ̂ŋ phûut phaa-sǎa ʔaŋ-krìt

英語を話さ**なければなりません。**

＊ ภาษาอังกฤษ phaa-sǎa ʔaŋ-krìt：英語

□ (คุณ)**ไม่ต้อง**ไป(**ก็ได้**)

(khun) **mây tɔ̂ŋ** pay (**kɔ̂ɔ dâay**)

（あなたは）行か**なくてもいいです。**

□ **ต้อง**ซื้อของฝากไหม

tɔ̂ŋ súɯ khɔ̌ɔŋ-fàak máy

お土産を買わ**なければなりませんか。**

＊ ของฝาก khɔ̌ɔŋ-fàak：お土産

―**ต้อง**(ซื้อ)

tɔ̂ŋ (súɯ)

――買わ**なければなりません。**

―**ไม่ต้อง**(ซื้อ)

mây tɔ̂ŋ (súɯ)

――買わ**なくてもいいです。**

□ **ไม่ต้อง**รีบ(**ก็ได้**)

mây tɔ̂ŋ rîip (**kɔ̂ɔ dâay**)

急が**なくてもいいです。**

＊ รีบ rîip：急ぐ

4 ～すべきだ

058

ควร(จะ) +《動詞》
khuan ca

「**～するべきだ**」と言う時には動詞の前に置きます。

□ เรา**ควร(จะ)**รักษากฎจราจร

raw **khuan** (**ca**) rák-sǎa kòt ca-raa-cɔɔn

私たちは交通規則を守る**べきです**。

＊กฎ kòt：規則／จราจร ca-raa-cɔɔn：交通／รักษา rák-sǎa：（規則，約束等を）守る

□ **ไม่ควร(จะ)**พูดเสียงดัง

mây khuan (**ca**) phûut sǐaŋ daŋ

大きな声で話す**べきではありません**。

＊เสียง sǐaŋ：音，声／ดัง daŋ：音が大きい

□ **ควร(จะ)**จองก่อนไหม

khuan (**ca**) cɔɔŋ kɔ̀ɔn máy

事前に予約する**べきです**か。

＊～ก่อน kɔ̀ɔn：先に～

―ควร(จะจอง**)**

khuan (**ca** cɔɔŋ)

――（予約）**するべきです。**

―ไม่ควร(จะจอง**)**

mây khuan (**ca** cɔɔŋ)

――（予約）**するべきではありません。**

―ไม่ต้อง(จอง)

mây tɔ̂ŋ (cɔɔŋ)

――（予約）**する必要はありません。**

5 ～かもしれない

059

อาจ(จะ) +《動詞》
ʔàat ca

推測を表すときは動詞の前に置きます。「～ではないかもしれない」とするには **ไม่** mây を後ろに置き，～の部分を否定します。

□ เขา**อาจ(จะ)**มากับเพื่อน

kháw **ʔàat** (**ca**) maa kàp phɨ̂an

彼［彼女］は友達と来る**かもしれません。**

＊ กับ kàp：～と／ เพื่อน phɨ̂an：友達

□ เด็ก**อาจ(จะ)**ไม่ชอบแมว

dèk **ʔàat** (**ca**) mây chɔ̂ɔp mɛɛw

子どもは猫が好きではない**かもしれません。**

＊ ชอบ chɔ̂ɔp：好きだ／ แมว mɛɛw：猫

□ เรา**อาจ(จะ)**เช่าจักรยานไปเที่ยว

raw **ʔàat** (**ca**) châw càk-kra-yaan pay thîaw

私たちは自転車を借りて観光する**かもしれません。**

＊ เช่า châw：借りる／ จักรยาน càk-kra-yaan：自転車／ ไปเที่ยว pay thîaw：遊びに行く

□ สุดสัปดาห์นี้ ผม**อาจ(จะ)**ไปเที่ยวไม่ได้

sùt sàp-daa níi phǒm **ʔàat** (**ca**) pay thîaw mây dâay

今週末，私は遊びに行けない**かもしれません。**

＊ สุดสัปดาห์ sùt sàp-daa：週末／ ไม่ได้ mây dâay：～できない

060

6 （きっと／おそらく）～だろう／～に違いない

คง(จะ) +《動詞》+ (แน่ๆ)
khoŋ ca nɛ̂ɛ nɛ̂ɛ

確信のある推測を表すときは，動詞の前に **คง(จะ)** khoŋ(ca) を置きます。動詞の後ろの **แน่ๆ** nɛ̂ɛ nɛ̂ɛ は省略可能です。「（きっと／おそらく）～ではないだろう」とするには **ไม่** mây を **คง(จะ)** khoŋ(ca) より後ろに置き，～の部分を否定します。

□ เขา**คง(จะ)**ไปหาคุณนภาที่กรุงเทพฯ

kháw **khoŋ** (**ca**) pay hǎa khun ná-phaa thîi kruŋ-thêep

彼女はバンコクへナパーさんを訪ねていく**でしょう**。

＊ไปหา pay hǎa ～：～を訪ねていく／ที่ thîi：～で《場所》

□ วันนี้**คง(จะ)**ไม่มีเวลา(**แน่ ๆ**)

wan níi **khoŋ** (**ca**) mây mii wee-laa (**nɛ̂ɛ nɛ̂ɛ**)

今日は**きっと**時間がない**でしょう**。

＊วันนี้ wan níi：今日／มี mii：ある／เวลา wee-laa：時間

□ คุณ**คง(จะ)**ชอบร้านนั้น

khun **khoŋ** (**ca**) chɔ̂ɔp ráan nán

あなたは**きっと**その店が気に入る**でしょう**。

＊ร้าน ráan：お店

□ ปีนี้ ผม**คงจะ**ไปเมืองไทย**ไม่**ได้

pii níi phǒm **khoŋ** (**ca**) pay mɯaŋ thay **mây** dâay

今年，私は**おそらく**タイへ行かれ**ないでしょう**。

I 日本語と同じ意味の文になるよう（　　）に語を入れてください。

パターン①

1. 私はプーケットに行ったことがあります。

ดิฉัน(　　)ไปภูเก็ต

di-chán (　　) pay phuu-kèt

2. あなたはタイで運転したことがありますか。

คุณ(　　)ขับรถที่เมืองไทยหรือเปล่า

khun (　　) khàp rót thîi mɯaŋ thay rɯ́ plàaw

3. オリエンタルホテルに泊まったことがありません。

(　　)พักที่โรงแรมโอเรียนเต็ล

(　　) phák thîi rooŋ-rɛɛm ʔoo-rian-ten

パターン②

1. 私は両替をしに行きたいです。

ผม(　　)ไปแลกเงิน

phǒm (　　) pay lɛ̂ɛk ŋən

* แลกเงิน lɛ̂ɛk ŋən：両替する

2. あまり買い物に行きたくありません。

(　　)ไปซื้อของ

(　　) pay sɯ́ɯ khɔ̌ɔŋ

3. 夕食は何を食べたいですか。

อาหารเย็น(　　)กินอะไร

ʔaa-hǎan yen (　　) kin ʔa-ray

パターン③

1. 私は11月に日本へ帰らなければなりません。

ดิฉัน(　　　)กลับญี่ปุ่นเดือนพฤศจิกายน

di-chán (　　) klàp yîi-pùn dʉan phrʉ́t-sa-ci-kaa-yon

2. 電話をして予約する必要はありません。

(　　　　　)โทร.ไปจอง

(　　　　　) thoo pay cɔɔŋ

3. どんなものを買わなければいけませんか。

(　　　)ซื้ออะไรบ้าง

(　　) sʉ́ʉ ʔa-ray bâaŋ

パターン④

1. お寺へノースリーブの服を着ていくべきではありません。

(　　　　　　　)ใส่เสื้อไม่มีแขนไปวัด

(　　　　　　　) sày sʉ̂a mây mii khɛ̌ɛn pay wát

＊ เสื้อไม่มีแขน sʉ̂a mây mii khɛ̌ɛn：ノースリーブの服

2. 患者は医者の言うことを聞くべきです。

คนไข้(　　　　　)เชื่อฟังหมอ

khon khây (　　　　　) chʉ̂a faŋ mɔ̌ɔ

＊ เชื่อฟัง chʉ̂a faŋ：言うことを聞く，教え・指示のとおりにする

3. 前の車との間隔をあけるべきです。

(　　　　　)เว้นระยะห่างจากรถคันหน้า

(　　　　　) wén ra-yáʔ hàaŋ càak rót khan nâa

＊ เว้น wén：あける／ ระยะห่าง ra-yáʔ hàaŋ：間隔

パターン⑤

1. 雨が降るかもしれません。

ฝน(　　　　　)ตก

fǒn（　　　　）tòk

2. あなたはピライさんを知らないかもしれません。

คุณ(　　　　　)ไม่รู้จักคุณพิไล

khun（　　　　）mây rúu-càk khun phí-lay

3. クリニックは午後休みかもしれません。

คลินิก(　　　　　)ปิดตอนบ่าย

khli-nìk（　　　　）pìt tɔɔn bàay

パターン⑥

1. 彼はきっとこの時計が気に入るでしょう。

เขา(　　　　)ชอบนาฬิกาเรือนนี้

kháw（　　　　）chɔ̂ɔp naa-li-kaa rɯan níi　　　* เรือน rɯan：《時計の類別詞》

2. お店の前に大勢の人が並んでいます。きっとおいしいでしょう。

หน้าร้าน มีคนเข้าคิวเยอะ (　　　　　)อร่อยแน่ ๆ

nâa ráan mii khon khâw khiw yə́ʔ（　　　　）ʔa-rɔ̀y nɛ̂ɛ nɛ̂ɛ

* เข้าคิว khâw khiw：列に並ぶ

3. この会社はきっと日本人はいないでしょう。

บริษัทนี้(　　　　)มีคนญี่ปุ่น

bɔɔ-ri-sàt níi（　　　　）mii khon yîi-pùn

(解答 p.177)

タイの地名② 東北部
ภาคตะวันออกเฉียงเหนือ/ภาคอีสาน phâak ta-wan-ʔɔ̀ɔk-chǐaŋ-nʉ̌a/phâak ʔii-sǎan

❶	กาฬสินธุ์	kaa-la-sǐn	カーラシン
❷	ขอนแก่น	khɔ̌ɔn-kɛ̀n	コーンケーン
❸	ชัยภูมิ	chay-ya-phuum	チャイヤプーム
❹	นครพนม	ná-khɔɔn-pha-nom	ナコーンパノム
❺	นครราชสีมา (โคราช)	ná-khɔɔn râat-cha-sǐi-maa (khoo-râat)	ナコーンラーチャシーマー（コラート）
❻	บึงกาฬ	bʉŋ-kaan	ブンカーン
❼	บุรีรัมย์	bu-rii-ram	ブリーラム
❽	มหาสารคาม	ma-hǎa-sǎa-ra-khaam	マハーサーラカーム
❾	มุกดาหาร	múk-daa-hǎan	ムックダーハーン
❿	ยโสธร	yá-sǒo-thɔɔn	ヤソートーン
⓫	ร้อยเอ็ด	rɔ́ɔy-ʔèt	ローイエット
⓬	เลย	ləəy	ルーイ
⓭	ศรีสะเกษ	sǐi-sa-kèet	シーサケート
⓮	สกลนคร	sa-kon-na-khɔɔn	サコンナコーン
⓯	สุรินทร์	sù-rin	スリン
⓰	หนองคาย	nɔ̌ɔŋ-khaay	ノーンカーイ
⓱	หนองบัวลำภู	nɔ̌ɔŋ-bua-lam-phuu	ノーンブアランプー
⓲	อำนาจเจริญ	ʔam-nâat-ca-rəən	アムナートチャルーン
⓳	อุดรธานี	ʔù-dɔɔn-thaa-nii	ウドーンターニー
⓴	อุบลราชธานี	ʔù-bon-râat-cha-thaa-nii	ウボンラーチャターニー

บทที่ เก้า
第9課

比較・類似・一番～

1 Aのほうが Bより～

061

A～กว่า (B)
kwàa

「Bのほうが Aより～だ」という言い方です。比べている A と B が明らかな場合は，B を省略することができます。

□ เมืองไทยร้อน**กว่า**ญี่ปุ่น

mɯaŋ thay rɔ́ɔn **kwàa** yîi-pùn

タイ**のほうが**日本**より**暑いです。

□ ไปรถไฟใต้ดินเร็ว**กว่า**

pay rót-fay tâay-din rew **kwàa**

地下鉄で行く**ほうが**速いです。

＊ รถไฟใต้ดิน rót-fay tâay-din ：地下鉄

ชอบ A มากกว่า (B)
chɔ̂ɔp mâak kwàa

「A が好きだ」というように動詞の目的語の部分を比べる場合，動詞＋目的語の語順は変えないようにします。「好き」の程度を比べるので **มาก** mâak を加えて程度の差があることを表現します。

□ **ชอบ**ขับรถไปเอง**มากกว่า**

chɔ̂ɔp khàp rót pay ʔeeŋ **mâak kwàa**

自分で運転して行く**ほうが好きです。**

＊ ขับ khàp ：運転する／ รถ rót ：車／ เอง ʔeeŋ ：自分で

□ ผม**ชอบ**เนื้อหมู**มากกว่า**เนื้อวัว

phǒm **chɔ̂ɔp** nɯ́a mǔu **mâak kwàa** nɯ́a wua

私は豚肉**のほうが**牛肉**より好きです。**

2 どちらのほうが〜

Aと Bとではどちらのほうがより〜か？

A กับ B kàp	共通の類別詞 + ไหน nǎy อย่างไหน yàaŋ-nǎy อะไร/ใคร/ที่ไหน ʔa-ray khray thîi nǎy	〜 กว่ากัน kwàa kan

比較の質問文の場合は，まず先に比べるもの２つを **กับ** kàp「〜と」を使って提示します。それから，この２つの類別詞が同じであればそれに **ไหน** nǎy「どの」を付けたもの，類別詞が異なる場合は **อย่างไหน** yàaŋ-nǎy「どちら，どれ」を使って「どちらが」と表現し，「より〜ですか」と続けます。そして，最後に **กัน** kan「共に，お互いに」を付けて２つのものを比べているということを示します。

なお，比べているのがものであれば **อะไร** ʔa-ray「何」，人であれば **ใคร** khray「誰」のように疑問詞を使うことも可能です。

□ ห้องนี้**กับ**ห้องนั้น **ห้องไหน**กว้าง**กว่ากัน**

hɔ̂ŋ níi **kàp** hɔ̂ŋ nán **hɔ̂ŋ nǎy** kwâaŋ **kwàa kan**

この部屋**と**あの部屋とでは**どちらの部屋のほうが**広い**ですか。**

＊ ห้อง hɔ̂ŋ：部屋／ นี้ níi：この／ นั้น nán：あの

□ อาทิตย์นี้**กับ**อาทิตย์หน้า อาทิตย์**ไหน**สะดวก**กว่ากัน**

ʔaa-thít níi **kàp** ʔaa-thít nâa ʔaa-thít **nǎy** sa-dùak kwàa kan

今週**と**来週とでは**どちら**（の週）**のほうが**都合がいい**ですか。**

＊ อาทิตย์ ʔaa-thít：週／ หน้า nâa：次の

Aと Bとではどちらのほうが好き？

「どちらのほうが好きですか」のように，目的語の部分を比べる質問文の場合は下のようになります。

A กับ B ชอบ kàp chɔ̂ɔp	共通の類別詞＋ไหน nǎy อย่างไหน yàaŋ-nǎy อะไร/ใคร/ที่ไหน ʔa-ray khray thîi nǎy	มากกว่ากัน mâak kwàa kan

□ อาหารไทย**กับ**อาหารจีน **ชอบ**อย่าง**ไหนมากกว่ากัน**

ʔaa-hǎan thay **kàp** ʔaa-hǎan ciin **chɔ̂ɔp** yàaŋ-**nǎy mâak kwàa kan**

タイ料理**と**中国料理，**どちら**（の様式）**が好きですか**。

＊อาหาร ʔaa-hǎan：料理／อย่าง yàaŋ：種類，様式

□ สีฟ้า**กับ**สีขาว คุณ**ชอบ**สี**ไหนมากกว่ากัน**

sǐi fáa **kàp** sǐi khǎaw khun **chɔ̂ɔp** sǐi **nǎy mâak kwàa kan**

空色**と**白色，あなたは**どちら**（の色）**が好きですか**。

＊สี sǐi：色／อย่าง yàaŋ：種類，形式

また，比較の形を使い「～（のほう）がいい」と意見を言うことがあります。この場合，具体的な比較対象がないことがあります。

□ ไปกินข้าวดี**กว่า**

pay kin khâaw dii **kwàa**

ご飯を食べに行く**ほうが**いいです。（ご飯を食べに行こう。）

□ ไม่ซื้อดี**กว่า**

mây sɯ́ɯ dii **kwàa**

買わない**ほうが**いいです。（買わないことにしよう。）

3 一番〜だ

A 〜ที่สุด
thîi sùt

「一番〜」と最上級を表す時には，最後に **ที่สุด** thii sùt を付けます。また，「広い」のような状態を表す形容詞ではなく，「〜する」のような動詞の場合は **ที่สุด** thii sùt の前に **มาก** mâak「とても」のような程度を表す語が必要です。

□ ห้องนี้กว้าง**ที่สุด**

hɔ̂ŋ níi kwâaŋ **thîi sùt**

この部屋が**一番**広いです。

＊ห้อง hɔ̂ŋ：部屋／นี้ níi：この〜

□ ไปสนามบินสุวรรณภูมิ นั่งรถไฟแอร์พอร์ตลิงค์ไปสะดวก**ที่สุด**

pay sa-nǎam bin su-wan-na-phuum nâŋ rót-fay ʔɛɛ-phɔ̀ɔt líŋ pay sa-dùak **thîi sùt**

スワンナプーム空港へ行くには，エアポート（レール）リンクに乗って行くのが**一番**便利です。

＊สนามบิน sa-nǎam bin：空港／รถไฟแอร์พอร์ตลิงค์ rót-fay ʔɛɛ-phɔ̀ɔt líŋ：エアポートレールリンク《タイ高速鉄道》

□ (ในบรรดา)อาหารไทย ฉันชอบผัดไทย(**มาก**)**ที่สุด**

(nay ban-daa) ʔaa-hǎan thay chán chɔ̂ɔp phàt thay (**mâak**) **thîi sùt**

タイ料理（全体の中）で，私はパッタイが**一番**好きです。

＊ใน nay：〜の中で《範囲》／บรรดา ban-daa：すべての〜

□ เขาทำงาน**มากที่สุด**

kháw tham ŋaan **mâak thîi sùt**

彼が**一番たくさん**働きます。

□ แม่รักน้องคนเล็ก**มากที่สุด**

mɛ̂ɛ rák nɔ́ɔŋ khon lék **mâak thîi sùt**

母は末っ子を**一番**かわいがっています（愛しています）。

＊น้องคนเล็ก nɔ́ɔŋ khon lék：末っ子

4 AとBは（～が）同じだ

A กับ B (~) เหมือนกัน
kàp mʉ̌an kan

「A と B は（～が）同じだ」と言う場合には，**กับ** kàp ～「～と」を伴い **เหมือนกัน** mʉ̌an kan を使って表します。

□ เขา**กับ**พี่ชายเขา มีนิสัย**เหมือนกัน**

kháw **kàp** phîi chaay kháw mii ní-sǎy **mʉ̌an kan**

彼**と**彼のお兄さんは性格が**同じです**。

＊ พี่ชาย phîi chaay：兄／มี mii：ある，持っている／นิสัย ní-sǎy：性格

□ ภาษาญี่ปุ่น**กับ**ภาษาจีน **ไม่เหมือนกัน**

phaa-sǎa yîi-pùn **kàp** phaa-sǎa ciin **mây mʉ̌an kan**

日本語**と**中国語は同じではありません。

＊ ภาษา phaa-sǎa：～語《言語》／ญี่ปุ่น yîi-pùn：日本／ไม่ mây：～ない《否定》／จีน ciin：中国

A (~) เหมือนกับ B
mʉ̌an kàp

B を基準にして「A は（～が）B と同じです」と言うときは，語順を少し変えます。

□ เขามีนิสัย**เหมือนกับ**พี่ชายเขา

kháw mii ní-sǎy **mʉ̌an kàp** phîi chaay kháw

彼は性格が彼のお兄さん**と同じです**。

□ ภาษาญี่ปุ่น**ไม่เหมือนกับ**ภาษาจีน

phaa-sǎa yîi-pùn **mây mʉ̌an kàp** phaa-sǎa ciin

日本語は中国語**と同じではありません**。

A เท่ากับ B ／ A กับ B เท่ากัน
thâw kàp / kàp thâw kan

日本語の「同じだ」には色々な意味があります。そのうち，「数量，金額などが等しい」と言う場合は，タイ語では **เหมือนกัน** mʉ̌an kan ではなく **เท่า** thâw を使います。

□ เขา(ตัว)สูง**เท่ากับ**พี่ชายเขา

kháw (tua) sǔuŋ **thâw kàp** phîi chaay kháw

彼は彼のお兄さん**と**（背の）高さが**同じです**。

＊ ตัว tua：身体／ สูง sǔuŋ：（背が）高い／ พี่ชาย phîi chaay：兄

□ ค่าเข้า(ชม)ของผู้ใหญ่**กับ**เด็ก**ไม่เท่ากัน**

khâa khâw (chom) khɔ̌ɔŋ phûu yày **kàp** dèk **mây thâw kan**

大人**と**子どもは入場料が**同じではありません**。

＊ ค่าเข้า(ชม) khâa khâw (chom)：入場料／ ของ khɔ̌ɔŋ：〜の

A 〜เดียวกับ B ／ A กับ B 〜เดียวกัน
diaw kàp / kàp diaw kan

また，「（〜と）同一の（もの）」という意味の場合は **เดียวกับ** diaw kàp 〜，**เดียวกัน** diaw kan を使います。

□ ดิฉันนั่งเครื่องบินเที่ยว**เดียวกับ**เขา(มา)

di-chán nâŋ khrʉ̂aŋ-bin thîaw **diaw kàp** kháw (maa)

私は彼**と同じ**便の飛行機に乗って来ました。

＊ นั่ง nâŋ：乗る／ เครื่องบิน khrʉ̂aŋ-bin：飛行機／ เที่ยว thîaw：便／ มา maa：来る

□ คุณนภา**กับ**คุณใหญ่ทำงานบริษัท**เดียวกัน**

khun ná-phaa **kàp** khun yày tham ŋaan bɔɔ-ri-sàt **diaw kan**

ナパーさん**と**ヤイさんは**同じ**会社で働いています。

＊ ทำงาน tham ŋaan：働く／ บริษัท bɔɔ-ri-sàt：会社

A ~ พอ ๆ กับ B
phɔɔ phɔɔ kàp

「(～と)同じくらい」「同程度」という意味の場合は **พอ ๆ กับ** ～ phɔɔ phɔɔ kàp ～を使います。

□ สวนนี้กว้าง**พอ ๆ กับ**สวนนั้น

sǔan níi kwâaŋ **phɔɔ phɔɔ kàp** sǔan nán

この公園はあの公園と広さが**同じくらいだ**。

＊ สวน sǔan：公園

□ มีนักท่องเที่ยวชาวไทยมาก**พอ ๆ กับ**นักท่องเที่ยวชาวต่างชาติ

mii nák-thɔ̂ŋ-thîaw chaaw thay mâak **phɔɔ phɔɔ kàp** nák-thɔ̂ŋ- thîaw chaaw tàaŋ châat

タイ人観光客が外国人観光客**と同じくらい**大勢います。

＊ นักท่องเที่ยว nák-thɔ̂ŋ-thîaw：観光客／ชาวต่างชาติ chaaw tàaŋ châat：外国人

A กับ B (～)พอ ๆ กัน
kàp phɔɔ phɔɔ kan

「A と B は～が同じくらいだ」と言う場合は少し語順を変えます。

□ คุณนภา**กับ**คุณใหญ่อายุ**พอ ๆ กัน**

khun ná-phaa **kàp** khun yày ʔaa-yúʔ **phɔɔ phɔɔ kan**

ナパーさん**と**ヤイさんは年齢が**同じくらいです**。

□ วันนี้ ทางด่วน**กับ**ทางธรรมดา รถติด**พอ ๆ กัน**

wan níi thaaŋ-dùan **kàp** thaaŋ tham-ma-daa rót tìt **phɔɔ phɔɔ kan**

今日は高速道路**と**普通の道路（一般道）は**同じくらい**渋滞しています。

＊ ทางด่วน thaaŋ-dùan：高速道路／ธรรมดา tham-ma-daa：普通の

รถติด rót tìt：(車が) 渋滞する

5 AとBは（～が）似ている

065

A กับ B (~) คล้ายกัน
kàp khláay kan

何かを比較して「似ている」と言う場合は **คล้ายกัน** khláay kan を使います。（กับ kàp については第 19 課①参照）

□ ภาษาไทย**กับ**ภาษาลาว**คล้ายกัน**

phaa-sǎa thay **kàp** phaa-sǎa laaw **khláay kan**

タイ語**と**ラオス語は**似ています。**

＊ ภาษา phaa-sǎa：～語《言語》

□ เสื้อผม**กับ**ของเพื่อน ลาย**คล้ายกัน**

sûa phǒm **kàp** khɔ̌ɔŋ phɨ̂an laay **khláay kan**

私の服**と**友達のは柄が**似ています。**

＊ เสื้อ sɨ̂a：服／ของ khɔ̌ɔŋ：～のもの／เพื่อน phɨ̂an：友達／ลาย laay：柄

A (~) คล้ายกับ B
khláay kàp

B を基準にして「A は B と似ている」と言うには少し語順を変えます。

□ ภาษาไทย**คล้ายกับ**ภาษาลาว

phaa-sǎa thay **khláay kàp** phaa-sǎa laaw

タイ語はラオス語**と似ています。**

□ เสื้อผมลาย**คล้ายกับ**ของเพื่อน

sûa phǒm laay **khláay kàp** khɔ̌ɔŋ phɨ̂an

私の服は柄が友達の**と似ています。**

第９課　練習問題

I 次の日本語をタイ語で言いましょう。

パターン①

1. 今日のほうが昨日より暑いです。

2. 細麺（เส้นเล็ก sên lék）とビーフン（เส้นหมี่ sên mìi）とどちらが好きですか。

3. 電車（รถไฟฟ้า rót-fay-fáa）で行くほうが便利（สะดวก sa-dùak）です。

4. １月と２月とどちらのほうが寒い（หนาว nǎaw）ですか。— ２月のほうが寒いです。

5. チェンマイ（เชียงใหม่ chiaŋ-mày）へ遊びに行くほうがいいです。

パターン②

1. この部屋の宿泊費（ค่าที่พัก khâa thîi-phák）が一番高い（แพง phɛɛŋ）です。

2. 果物（ผลไม้ phǒn-la-máay）の中でマンゴスチン（มังคุด maŋ-khút）が一番好きです。

3. タイでナコーンラーチャシーマー県（จังหวัดนครราชสีมา）が一番広い（กว้าง）です。
　　　　　　　　　　　caŋ-wàt ná-khɔɔn-râat-cha-sǐi-maa　　　　　　　kwâaŋ

_____

パターン③

1. ミー（หมี）さんは私の姉と顔つき（หน้าตา）が似ています。
　　mǐi　　　　　　　　　　　　　　　nâa taa

_____

2. あなたとお兄さんどちらが背が高いですか。—高さは同じくらいです。

_____

3. この店のトムヤムクン（ต้มยำกุ้ง）と昨日の店のは味（รสชาติ）が違います。
　　　　　　　　tôm yam kûŋ　　　　　　　　　　　rót-châat

_____

4. この和菓子 (日本のお菓子)（ขนมญี่ปุ่น）はタイのフォイトーン（ฝอยทอง）と同じです。
　　　　　　　　　kha-nǒm yîi-pùn　　　　　　　　fɔ̌ɔy thɔɔŋ

_____

5. ナット（นัด）さんとニティ（นิติ）さんは同じ大学を卒業（จบ）しました。
　　nát　　　　　　ní-tìʔ　　　　　　　　　　　　còp

_____

6. ジウ（จิ๋ว）さんはチェンマイの人（คนเชียงใหม่）なんですか。トイ（ต้อย）さん
　　cǐw　　　　　　　　　khon chiaŋ-mày　　　　　　　tɔ̂y
も同様にチェンマイ人です。

_____

（解答 p.178）

第10課 引用の「〜と」／関係詞

1 引用の「〜と（いう）」

066

「〜ということを…」という表現に必ず使われるのは **ว่า** wâa です。この語の後ろに聞いたり考えたりした内容を続けます。

ได้ยินว่า 〜／ได้ข่าวว่า〜
dây-yin wâa　dây khàaw wâa

ほかの人から聞いた，ニュースで聞いたなどの場合は「聞いた，耳にした」という意味の **ได้ยิน** dây-yin や「情報を得た」という意味の **ได้ข่าว** dây khàaw を使って，「〜ということを聞いた」「〜という情報を得た」と表現します。どちらも同じように使えます。

□ **ได้ยินว่า**คุณเรียนภาษาไทยอยู่

dây-yin wâa khun rian phaa-sǎa thay yùu

あなたがタイ語を勉強している**と聞きました／そうですね。**

＊ เรียน rian：勉強する／ภาษา〜 phaa-sǎa〜：〜語《言語》／อยู่ yùu：〜している

□ **ได้ยินว่า**เมืองไทยอากาศร้อนมาก

dây-yin wâa mɯaŋ thay ʔaa-kàat rɔ́ɔn mâak

タイは気候がとても暑い**と聞きました／そうです。**

＊ อากาศ ʔaa-kàat：気候／ร้อน rɔ́ɔn：暑い／มาก mâak：とても

□ **ได้ยินว่า**อาทิตย์หน้าจะมีสอบ

dây-yin wâa ʔaa-thít nâa ca mii sɔ̀ɔp

来週，試験がある**と聞きました／そうです。**

＊ อาทิตย์ ʔaa-thít：週／หน้า nâa：次の／สอบ sɔ̀ɔp：試験

□ **ได้ข่าวว่า**คุณนฤมลจะไปทำงานที่อังกฤษ

dây khàaw wâa khun na-rúu-mon ca pay tham ŋaan thîi ʔaŋ-krìt

ナルモンさんはイギリスへ仕事に行く**そうです**。

＊คุณ khun：～さん《敬称》／ทำงาน tham ŋaan：仕事をする／อังกฤษ ʔaŋ-krìt：イギリス

คิดว่า ～／รู้สึกว่า～
khít wâa　rúu-sùk wâa

「～と考える」「～と思う」という時は **คิด** khít「考える，～と感じる，～と思う」というときには **รู้สึก** rúu-sùk「感じる」を使い，考えていることや感じていることを **ว่า** wâa「～と」の後に続けます。

□ **คิดว่า**พรุ่งนี้ฝนไม่ตก

khít wâa phrûŋ-níi fǒn mây tòk

明日は雨が降らない**と思います**。

＊พรุ่งนี้ phrûŋ-níi：明日／ฝน fǒn：雨／ตก tòk：降る

□ **คิดว่า**วันนี้รถไม่ติด

khít wâa wan-níi rót mây tìt

今日は渋滞しない**と思います**。

＊วันนี้ wan-níi：今日／รถ rót：車／ติด tìt：渋滞する

□ **รู้สึกว่า**ภาษาญี่ปุ่นยาก

rúu-sùk wâa phaa-sǎa yîi-pùn yâak

＊ญี่ปุ่น yîi-pùn：日本／ยาก yâak：難しい

日本語は難しい**と思います**（**感じます**）。

□ **รู้สึกว่า**หลัง ๆ เขาไม่ค่อยมาที่นี่

rúu-sùk wâa lǎŋ lǎŋ kháw mây khɔ̂y maa thîi nîi

最近，彼はあまりここに来ない**ような気がします**（**と感じます**）。

＊หลัง ๆ lǎŋ lǎŋ：最近／ไม่ค่อย mây khɔ̂y ～：あまり～ない／มา maa：来る／ที่นี่ thîi nîi：ここ

เรียก (A) ว่า B
rîak　wâa

もののの名前を尋ねたり，自分の名前の呼び方を相手に教えたりするときに使用します。「呼ぶ」にあたる **เรียก** rîak を使い，「～と」**ว่า** wâa を続けて，呼び名を言います。

□ นี่ ภาษาไทย**เรียกว่า**อะไร

nîi phaa-sǎa thay **rîak wâa** ʔa-ray

これはタイ語で何**と言いますか**。

□ **เรียก**ผม**ว่า**ชัยก็ได้ครับ

rîak phǒm **wâa** chay kɔ̂ɔ dâay khráp

私をチャイ**と呼んで**ください（**呼んでも**いいです）。

＊ก็ได้ kɔ̂ɔ dâay：～してもよい《許可》／ครับ khráp：～です《丁寧語・男性》

ตั้งใจว่า (A) จะ ～
tâŋ-cay wâa　ca

「～つもりだ」と意図，決心，志をもって「～」を実現させようとすることを表現したい時に使用します。

□ ปีนี้**ตั้งใจว่าจะ**เรียนภาษาสเปน

pii níi **tâŋ-cay wâa ca** rian phaa-sǎa sa-peen

今年はスペイン語を勉強する**つもりです。**

＊ปีนี้ pii níi：今年／เรียน rian：勉強する

□ ผม**ตั้งใจว่าจะ**ซื้อผลไม้ไปฝากเพื่อน

phǒm **tâŋ-cay wâa ca** sɯ́ɯ phǒn-la-máay pay fàak phɯ̂an

私は友達に果物を（お土産に）買っていく**つもりです。**

＊ผลไม้ phǒn-la-máay：果物／ซื้อ ～ไปฝาก sɯ́ɯ ~ pay fàak：～を（お土産に）買って行く

□ **ตั้งใจว่าจะพาคุณไปไหว้พระ**

tâŋ-cay wâa ca phaa khun pay wâay phráʔ

あなたをお詣りに連れて行く**つもりです**。

　　　　　　　　＊ พา phaa：連れる／ไหว้ wâay：拝む／พระ phráʔ：仏像，僧侶

ไม่ใช่ว่า ～
mây chây wâa

「～というわけではない」と「～」の部分で表される内容を否定する表現です。

□ **ไม่ใช่ว่าคุณต้นจะพูดภาษาญี่ปุ่นไม่ได้เลย**

mây chây wâa khun tôn ca phûut phaa-sǎa yîi-pùn mây dâay ləəy

トンさんは日本語がまったく話せない**というわけではありません**。

　＊ คุณ khun：～さん《敬称》／ไม่ mây ～ เลย ləəy：まったく～ない《否定》／ได้ dâay：～できる

□ **ไม่ใช่ว่าไม่ชอบ แต่ฉันแพ้กุ้ง**

mây chây wâa mây chɔ̂ɔp tɛ̀ɛ chán phɛ́ɛ kûŋ

嫌いな**わけではありません**。でもエビアレルギーなんです。

　　＊ ชอบ chɔ̂ɔp：好きだ／แต่ tɛ̀ɛ：しかし／แพ้ phɛ́ɛ：～アレルギーがある／กุ้ง kûŋ：エビ

067

2 関係詞

タイ語は日本語とは修飾語，被修飾語の語順が逆になるのでした。語句や文で名詞を修飾する場合も，関係詞を使って，後ろから説明する語句や文を続けます。

名詞 + ที่ 〜
thîi

● 私が予約した店 ●

ร้าน ที่ ผมจอง
ráan **thîi** phǒm cɔɔŋ

店 私が予約した

＊ จอง cɔɔŋ：予約する

● 白い服を着ている人 ●

คน ที่ ใส่เสื้อสีขาว
khon **thîi** sày sʉ̂a sǐi khǎaw

人 白い服を着ている

＊ ใส่ sày：着る／ เสื้อ sʉ̂a：服／ สี sǐi：色／ ขาว khǎaw：白い

□ เขาสั่งอาหาร**ที่**เพื่อนชอบ

khǎw sàŋ ʔaa-hǎan **thîi** phʉ̂an chɔ̂ɔp

彼は友人の好きな料理を注文しました。

＊ สั่ง sàŋ：注文する／ เพื่อน phʉ̂an：友達／ ชอบ chɔ̂ɔp：好きだ

□ โรงแรม**ที่**ฉันพักอยู่ที่ถนนสีลม

rooŋ-rɛɛm **thîi** chán phák yùu thîi tha-nǒn sǐi-lom

私が泊まるホテルはシーロム通りにあります。

* พัก phák：宿泊する／อยู่ yùu：ある／ที่ thîi：～に《場所》／ถนน thanǒn：通り

□ ขอถามชื่ออาหาร**ที่**คุณสั่งอีกครั้งได้ไหม

khɔ̌ɔ thǎam chɯ̂ɯ ʔaa-hǎan **thîi** khun sàŋ ʔìik khráŋ dâay máy

あなたが注文した料理の名前をもう一度聞いてもいいですか。

* ถาม thǎam：聞く，質問する

□ ร้านอาหาร**ที่**เพื่อนแนะนำอร่อยมาก

ráan ʔaa-hǎan **thîi** phɯ̂an nɛ́-nam ʔa-rɔ̀y mâak

友達が紹介した（てくれた）レストランはとてもおいしかったです。

* แนะนำ nɛ́-nam：紹介する，勧める

次の日本語をタイ語で言いましょう。

パターン①

1. タイは果物（ผลไม้）がおいしいと聞きました。
  phǒn-la-máay

_____

2. 課長（ผู้จัดการ）は何と言いましたか。―今日は会議（ประชุม）はないと言いました。
  phûu-càt-kaan　　　　　　　　　　　　　　　　pra-chum

_____

3. これはタイ語でクローン・クレーン・クロープ（ครองแครงกรอบ）と呼びます。
  khrɔɔŋ-khrɛɛŋ-krɔ̀ɔp

_____

4. 私は明日，病院（โรงพยาบาล）へ友達のお見舞い（เยี่ยม）に行くつもりです。
  rooŋ-pha-yaa-baan　　　　　　　　　　　yîam

_____

5. 来週，中野（นากาโนะ）さんがタイへ来るそうです。
  naa-kaa-nóʔ

_____

パターン②

1. 先月行った海（ทะเล）へまた行きたいです。
    tha-lee

   _____

2. あなたが泊まる（พัก）ホテルはどの辺り（แถว）にありますか。
    phák   thěw

   _____

3. チェンラーイ（เชียงราย）はとても居心地のよい（น่าอยู่）町（เมือง）です。
    chiaŋ-raay   nâa-yùu   mɯaŋ

   _____

4. 一昨日水上マーケット（ตลาดน้ำ）で買った果物はおいしかったです。
    ta-làat náam

   _____

5. 《写真を見ながら》あなたの右側にいる人はなんという名前ですか。

   _____

（解答 p.179）

1 ～（し）てくれる・あげる

068

A ～ ให้ (B)
hây

「あげる・やる」「くれる」のという場合，どちらも **ให้** hây を使います。A が B に～をあげる／やる／くれる」という時には A **ให้** hây ～ B の順で言います。「私」や「話者側」が A であれば「くれる」となります。

□ ดิฉันจะ**ให้**หนังสือภาพญี่ปุ่นคุณ
di-chán ca **hây** náŋ-sɯ̌ɯ phâap yîi-pùn khun
私はあなたに日本の写真集を**あげます**。　＊หนังสือภาพ náŋ-sɯ̌ɯ phâap：写真集

□ เพื่อน**ให้**ขนมไทยผม
phɯ̂an **hây** kha-nǒm thay phǒm
友達が私にタイのお菓子を**くれました**。

□ คุณแม่**ให้**ค่าขนมลูก
khun mɛ̂ɛ **hây** khâa kha-nǒm lûuk
お母さんは子どもにおやつ代を**やります**。　＊ค่า khâa：料金／ขนม kha-nǒm：おやつ，お菓子

A の後に動作を言うと，「A が B に～てやる・あげる」「A が B に～てくれる」となります。

□ อาจารย์แก้ภาษาไทย**ให้**นักเรียน
ʔaa-caan kɛ̂ɛ phaa-sǎa thay **hây** nák-rian
先生は生徒にタイ語を直して**やりました**。　＊แก้ kɛ̂ɛ：修正する，直す

□ ฉันซื้อขนม**ให้**หลานชาย

chán súuɯ kha-nǒm **hây** lǎan chaay

私は甥にお菓子を買って**やりました。** ＊ซื้อ súuɯ：買う

□ เพื่อนสอนภาษาอังกฤษ**ให้**ผม

phûan sɔ̌ɔn phaa-sǎa ʔaŋ-krìt **hây** phǒm ＊สอน sɔ̌ɔn：教える

友人は私に英語を教えて**くれました。**

□ เขาขับรถ**ให้**(เรา)

kháw khàp rót **hây** (raw)

彼は（私たちに）車を運転して**くれます／くれました。** ＊ขับ khàp：運転する／รถ rót：車

「連れて行ってあげる・くれる」など，日本語では「あげる・くれる」を使いますが，タイ語では **ให้** hây を使わない場合もあります。

□ เขาพา(เรา)ไปเที่ยวอยุธยา

kháw phaa (raw) pay thîaw ʔa-yút-tha-yaa

彼は（私たちを）アユタヤへ旅行に連れていってくれました。

＊พา phaa：連れる／ไปเที่ยว pay thîaw：旅行する，遊びに行く／อยุธยา ʔa-yút-tha-yaa：アユタヤ

□ ดิฉัน/ผมจะเลี้ยงข้าวกลางวัน

di-chán/phǒm ca líaŋ khâaw klaaŋ wan

私**が**ランチをごちそうしてあげます。 ＊เลี้ยง líaŋ ＋もの（＋人）：（人に）ものをおごる

2 ～させる《使役》

(A) ให้ B ～
hây

人に「～させる」という場合も，「くれる・あげる」と同様に **ให้** hây を用いて表現します。

□ ผม(จะ)**ให้**น้องชายไปรับเพื่อนที่สนามบิน

phǒm (ca) **hây** nɔ́ɔŋ chaay pay ráp phʉ̂an thîi sa-nǎam bin

私は弟に空港へ友達を迎えに行か**せます**。

＊ เพื่อน phʉ̂an：友達／ที่ thîi：～に《場所》／สนามบิน sa-nǎam bin：空港

□ อาจารย์**ให้**นักเรียนทำการบ้าน

ʔaa-caan **hây** nák-rian tham kaan-bâan

先生は生徒に宿題をさ**せました**。

＊ การบ้าน kaan bâan：宿題

□ เขาบอก**ให้**(ผม)ขับรถ

kháw bɔ̀ɔk **hây** (phǒm) khàp rót

彼は（私に）車を運転するように言いました（言って車を運転さ**せました**）。

＊ บอก bɔ̀ɔk：言う，伝える

□ คุณพ่อ(จะ)**ให้**น้องสาวไปเรียนที่ต่างประเทศ

khun phɔ̂ɔ (ca) **hây** nɔ́ɔŋ sǎaw pay rian thîi tàaŋ pra-thêet

父は妹を留学させます（外国へ勉強しに行か**せます**）。

＊ เรียน rian：勉強する／ที่ thîi：～で《場所》／ต่างประเทศ tàaŋ pra-thêet：外国

3 ～される

A ถูก B～

thùuk

「A が B に～される」と言う時には ถูก thùuk を使って，A ถูก thùuk B となります。通常は被害を受ける場合に使用されます。最近は外国語の影響を受けて，受け身の形が使われることも増えました。話し言葉では ถูก thùuk の代わりに โดน doon が使われることもあります。

□ ลูกชายถูกยุงกัด

lûuk chaay **thùuk** yuŋ kàt

息子は蚊に刺さ**れました**。

＊กัด kàt ：（蚊が）刺す

□ ไม่ได้ทำการบ้าน ก็เลยถูกคุณครูดุ

mây dây tham kaan-bâan kɔ̂ɔ ləəy **thùuk** khun khruu dùʔ

宿題をしませんでした。それで先生に叱ら**れました**。

＊ไม่ได้ mây dây：～しなかった／ก็เลย kɔ̂ɔ ləəy：それで／ดุ dùʔ：叱る

□ ขับรถเร็วไป ก็เลยถูกตำรวจจับ

khàp rót rew pay kɔ̂ɔ ləəy **thùuk** tam-rùat càp

スピードを出しすぎて，警察に捕まえ**られました**。

＊ขับรถ khàp rót：運転する／เร็ว rew：速い／**形容詞**＋(เกิน)ไป (kəən) pay：～すぎる／จับ càp：捕まえる

□ ผมโดนขโมยกระเป๋าสตางค์

phǒm **doon** kha-mooy kra-pǎw sa-taaŋ

私は財布を盗ま**れました**。

＊ขโมย kha-mooy：盗む／กระเป๋าสตางค์ kra-pǎw sa-taaŋ：財布

071

4 受け身の形をとらない場合

～โดย A
dooy

受け身の文型にならずに，受け身のように解釈される場合もあります。その場合，動作者は**โดย** dooy ～「～によって」を使って表します。ただ，この表現は文語的，翻訳調になるので，日常会話ではあまり使われません。

□ เพลงนี้เรียบเรียง**โดย**อาจารย์นก

phleeŋ níi rîap-riaŋ **dooy** ʔaa-caan nók

この曲はノック先生**によって**編曲されました。

＊ เพลง phleeŋ：曲／เรียบเรียง rîap-riaŋ：編曲する／อาจารย์ ʔaa-caan：先生《大学教授など》

□ สะพานนี้สร้าง**โดย**บริษัทอิตาเลียน

sa-phaan níi sâaŋ **dooy** bɔɔ-ri-sàt ʔi-taa-lîan

この橋はイタリアン社**によって**建設されました。

＊ สะพาน sa-phaan：橋／สร้าง sâaŋ：建設する／บริษัท bɔɔ-ri-sàt：会社

□ กลอนนี้แต่ง**โดย**สุนทรภู่

klɔɔn níi tɛ̀ŋ **dooy** sǔn-thɔɔn-phûu

この韻文はスントーン・プー**によって**詠まれました。

＊ กลอน klɔɔn：詩，韻文／แต่ง tɛ̀ŋ：作詞する，作曲する

I 次の日本語をタイ語で言いましょう。

1. 私がホテルの予約（จอง）をしてあげます。
　　　　　　　　　　cɔɔŋ

_____

2. 友達が写真（รูปถ่าย）を私に送って（ส่ง）くれました。
　　　　　　　rûup-thàay　　　　　　　　　sòŋ

_____

3. 私がコーヒー（กาแฟ）を淹れて（ชง）あげます。
　　　　　　　　kaa-fɛɛ　　　　　　choŋ

_____

4. 姉がお菓子（ขนม）の作り方（วิธีทำ）を教えてくれました。
　　　　　　　kha-nǒm　　　　　wi-thii tham

_____

5. 私がソム（ส้ม）さんに会議（ประชุม）の時間の件（เรื่อง）を伝えてあげます。
　　　　　sôm　　　　　　pra-chum　　　　　　　rûaŋ

_____

6. 彼がタクシー（แท็กซี่）を呼んで（เรียก）くれました。
　　　　　thék-sîi　　　　　　　　rîak

_____

次の日本語はタイ語に，タイ語は日本語にしてください。

パターン①

1. ให้พี่สาวจองตั๋วเครื่องบิน

   hây phîi sǎaw cɔɔŋ tǔa khrɯ̂aŋ bin

   _____

2. คุณพ่อไม่ให้ผมขับรถ

   khun phɔ̂ɔ mây hây phǒm khàp rót

   _____

3. อยากให้เพื่อนมาเที่ยวเมืองไทย

   yàak hây phɯ̂an maa thîaw mɯaŋ thay

   _____

4. 息子（ลูกชาย）を買い物（ซื้อของ）に行かせます。
   　　lûuk chaay　　　　　　sɯ́ɯ khɔ̌ɔŋ

   _____

5. 兄（พี่ชาย）に引越し（ย้ายบ้าน）の手伝い（ช่วย）に来てもらいます。
   　　phîi chaay　　　　　yáay bâan　　　　　chûay

   _____

6. 友達（เพื่อน）に空港（สนามบิน）へ迎えに来て（มารับ）もらいました。
   　　phɯ̂an　　　　　sa-nǎam bin　　　　　maa ráp

   _____

パターン②

語順を入れ替えて，ถูก を用いた受け身の形の文にしをてください。

1. ล้วง เพื่อน กระเป๋า [ล้วง lúaŋ ：鞄等に手を入れて物を取り出すこと]

____

2. อาหารไทย ยกเลิก เทศกาล
[ยกเลิก yók-lə̂ək ：中止する／เทศกาล thêet-sa-kaan ：祭り]

____

タイ語を日本語にしてください。

3. น้องชายถูกประตูหนีบนิ้ว
nɔ́ɔŋ chaay thùuk pra-tuu nìip níw [หนีบ nìip：挟む／นิ้ว níw：指]

____

4. ตอนเด็ก ผมดื้อ เลยถูกคุณพ่อลงโทษบ่อย
tɔɔn dèk phǒm dɯ̂ɯ ləəy thùuk khun phɔ̂ɔ loŋ thôot bɔ̀y
[ดื้อ dɯ̂ɯ：強情だ／ลงโทษ loŋ thôot：罰する／บ่อย bɔ̀y：よく，頻繁に]

____

日本語をタイ語にしてください。

5. チャーン（ช้าง cháaŋ）さんは森（ป่า pàa）で虫（แมลง ma-lɛɛŋ）に刺さ（กัด kàt）れました。

____

6. 友達と喧嘩をして（ทะเลาะ tha-lɔ́ʔ），それで（เลย ləəy）先生に叱ら（ดุ dùʔ）れました。

____

（解答 p.180）

1 仮定・条件

072

ถ้า～(A)(ก็)
thâa　kɔ̂ɔ

「もし～なら」という，仮定を表現する場合に使います。後ろに続く節の主語 A の後ろに ก็ kɔ̂ɔ がつくことがあります。

□ ถ้าพรุ่งนี้ว่าง ไปดูหนัง(กัน)ไหม

thâa phrûŋ-níi wâaŋ pay duu nǎŋ (kan) máy

もし明日暇だったら，（一緒に）映画を観に行きませんか。

＊ พรุ่งนี้ phrûŋ-níi：明日／ว่าง wâaŋ：暇だ／ดู duu：見る／หนัง nǎŋ：映画／กัน kan：一緒に～する

□ ถ้าเป็นคุณ (คุณ)จะทำอย่างไร

thâa pen khun khun ca tham yàaŋ-ray

もしあなたなら，（あなたは）どうしますか。

＊ เป็น pen：～である／อย่างไร yàaŋ-ray：どのように

□ ถ้ามีอะไรไม่ชอบ ก็บอกด้วยนะ

thâa mii ʔa-ray mây chɔ̂ɔp kɔ̂ɔ bɔ̀ɔk dûay náʔ

もし何か嫌いなものがあったら，言ってくださいね。

＊ มี mii：ある，いる／อะไร ʔa-ray：何か／ไม่ชอบ mây chɔ̂ɔp：嫌いだ／บอก bɔ̀ɔk：言う
ด้วย dûay：～してください／นะ náʔ：～ね《文末につけて確認や念押しなど相手への働きかけを表す》
ก็ kɔ̂ɔ …：ถ้า などのつく条件節などとのつなぎの働きをする

2 《禁止》～しないでください

อย่า～
yàa

何かをしないように注意したり依頼する場合，動詞句の前に置きます。

□ **อย่า**ลืมเอาพาสปอร์ตไป

yàa luuum ʔaw pháat(/s)-pɔ̀ɔt pay

パスポートを持って行くのを忘れ**ないでください**。

＊ เอา ʔaw：持つ／พาสปอร์ต pháat(/s)-pɔ̀ɔt：パスポート

□ **อย่า**พูดเสียงดังในร้าน

yàa phûut sǐaŋ daŋ nay ráan

お店の中で大きな声で話さ**ないでください**。

＊ เสียง sǐaŋ：音／ดัง daŋ：声が大きい／ใน nay：～の中／ร้าน ráan：お店

□ **อย่า**หักโหม

yàa hàk hǒom

無理をし**ないでください**。

＊ หักโหม hàk hǒom：がむしゃらにやる，やり過ぎる

3 《禁止》～してはいけない／するな

074

ห้าม～
lɛ́ʔ

「～してはいけない／するな」と禁止するときに使います。

□ **ห้าม**สูบบุหรี่ในที่สาธารณะ

hâam sùup burìi nay thîi sǎa-thaa-ra-náʔ

公共の場の喫煙は**禁止です。**　＊ใน nay：～の中／ที่สาธารณะ thîi sǎa-thaa-ra-náʔ：公共の場

□ ในพิพิธภัณฑ์ **ห้าม**ถ่ายรูป

nay phí-phít-tha-phan **hâam** thàay rûup

博物館内では，写真撮影**禁止です。**　＊พิพิธภัณฑ์ phí-phít-tha-phan：博物館

□ **ห้าม**รับประทานอาหารและเครื่องดื่มบนรถไฟ

hâam ráp-pra-thaan ʔaa-hǎan lɛ́ʔ khrɯ̂aŋ-dɯ̀ɯm bon rót-fay

電車（上）で，飲食（料理を食べたり飲み物を飲むことは）**禁止です。**

＊รับประทาน ráp-pra-thaan：召し上がる／อาหาร ʔaa-hǎan：料理／และ lɛ́ʔ：～と
เครื่องดื่ม khrɯ̂aŋ-dɯ̀ɯm：飲み物／บน bon：～上／รถไฟ rót-fay：電車

□ คุณหมอ**ห้าม**คนไข้ดื่มเหล้า/แอลกอฮอล์

khun mɔ̌ɔ **hâam** khon khây dɯ̀ɯm lâw/ʔɛɛw(/n/l)-kɔɔ-hɔɔ

お医者さんは，患者さんがお酒／アルコールを飲むことを**禁止しました。**

＊คุณหมอ khun mɔ̌ɔ：お医者さん／คนไข้ khon khây：患者／ดื่ม dɯ̀ɯm：飲む／เหล้า lâw：お酒
แอลกอฮอล์ ʔɛɛw(/n/l)-kɔɔ-hɔɔ：アルコール

I 次の日本語はタイ語に、タイ語は日本語にしましょう。

パターン①

1. ถ้ามีเงิน อยากจะซื้อรถ

   thâa mii ŋən yàak ca sʉ́ʉ rót

   ____

2. ถ้าไม่ชอบ ก็ไม่ต้องกิน

   thâa mây chɔ̂ɔp kɔ̂ɔ mây tɔ̂ŋ kin

   ____

3. もし時間があったら，一緒にご飯を食べに行きませんか。

   ____

4. もし雨が降ったら，家にいて本を読みます。

   ____

5. もしタイ語を話せたら，きっと楽しい（สนุก sanùk）でしょう。

   ____

パターン②

1. อย่าใส่ผักชีนะคะ ［ใส่ sày：入れる］

   yàa sày phàk-chii náʔ kháʔ

2. อย่าตื่นสายนะครับ ［สาย sǎay：朝遅く／刻限より遅い］

   yàa tùɯɯn sǎay náʔ khráp

3. 誰にも言わないでくださいね。

4. 夜（ตอนกลางคืน tɔɔn klaaŋ khɯɯn）1人でタクシー（แท็กซี่ thɛ́k-sîi）に乗ら（นั่ง nâŋ）ないでください。

5. 夜遅く（ดึก dùk）寝ないでください（＝夜更かししないでください）。

パターン③

1. ห้ามลงเล่นน้ำทะเล
hâam loŋ lên náam tha-lee

---

2. ห้ามนำทุเรียนเข้าห้องพัก [นำ～เข้า nam～khâw：～を持ち込む／พัก phák 泊まる]
hâam nam thú-rian khâw hɔ̂ŋ phák

---

3. 右折禁止。

---

4. ここは<u>駐車</u>（จอดรถ cɔ̀ɔt rót）禁止です。

---

5. <u>教室</u>（ห้องเรียน hɔ̂ŋ rian）内で日本語を話すことを禁じます。

(解答 p.180-181)

つなぐ言葉《接続詞》

075

1 ～と（一緒に）

A และ B
lɛ́ʔ

複数の独立したものを並列するときには **และ** lɛ́ʔ を使います。

□ ดิฉันซื้อมะม่วง**และ**มะละกอ

di-chán sɯ́ɯ ma-mûaŋ **lɛ́ʔ** ma-la-kɔɔ

私はマンゴーとパパイヤを買いました。

＊ซื้อ sɯ́ɯ：買う

□ ตอนบ่ายจะไปจองตั๋วเครื่องบิน**และ**โรงแรม

tɔɔn bàay ca pay cɔɔŋ tǔa khrɯ̂aŋ-bin **lɛ́ʔ** rooŋ-rɛɛm

午後，航空券とホテルを予約しに行きます。

＊ตอนบ่าย tɔɔn bàay：午後

３つ以上のものを並列する場合は，最後の事柄の前に และ lɛ́ʔ を入れます。

□ บริษัทดิฉัน มีคนอเมริกัน คนญี่ปุ่น **และ**คนไทย

bɔɔ-ri-sàt di-chán mii khon ʔa-mee-ri-kan khon yîi-pùn **lɛ́ʔ** khon thay

私の会社にはアメリカ人，日本人，**そして**タイ人がいます。

＊บริษัท bɔɔ-ri-sàt：会社／มี mii：いる，ある／คน khon：～人

กับ A ～
kàp

「～と」「～と一緒に」のほか,「～と（ともに)」のように行動を共にするときに使います。また,「～と同じだ」「～と似ている」など,比べる基準を表すときにも使います。《第 9 課④参照》

□ ผม**กับ**เพื่อนจะไปเที่ยวภูเก็ตด้วยกัน

phǒm **kàp** phûan ca pay thîaw phuu-kèt dûay kan

私**と**友達は**一緒に**プーケットへ遊びに行きます。

＊ไปเที่ยว pay thîaw：遊びに行く,旅行する／～ด้วยกัน dûay kan：一緒に～

□ กินข้าว**กับ**น้ำพริกปลาทู

kin khâaw **kàp** nám-phrík plaa thuu

ナンプリックとプラートゥ**と一緒に**ご飯を食べます。

＊น้ำพริก nám-phrík：ナンプリック《タイの伝統料理》／ปลาทู plaa thuu：プラートゥ《鯖科の魚》

□ ทำงาน**กับ**คนไทย

tham ŋaan **kàp** khon thay

タイ人**とともに**働きます。

□ อาหารเหมือน**กับ**รูปในเมนู

ʔaa-hǎan mǔan **kàp** rûup nay mee-nuu

料理はメニューの写真**と**同じです。

＊อาหาร ʔaa-hǎan：料理／รูป rûup：写真,画像／เมนู mee-nuu：メニュー

เกี่ยว kìaw「関係する,関連する」とともに用いることもあります。表現として覚えていくことから始めましょう。

□ อยากเรียน**เกี่ยวกับ**วัฒนธรรมไทย

yàak rian **kìaw kàp** wát-tha-ná-tham thay

タイの文化**に関して**勉強したいです。

＊อยาก yàak：～したい／เรียน rian：勉強する／วัฒนธรรม wát-tha-ná-tham：文化

2 ～，それから

A แล้วก็ B
lέεw kɔ̂ɔ

前の事柄にほかの事柄を付け加えるときに使います。

□ ขอต้มยำเห็ด ยำถั่วพู กุ้งอบวุ้นเส้น **แล้วก็**ข้าว 2 จาน

khɔ̌ɔ tôm-yam-hèt yam-thùa-phuu kûŋ-ʔòp-wún-sên **lέεw kɔ̂ɔ** khâaw sɔ̌ɔŋ caan

キノコのトムヤムスープ，四角豆のヤム，海老と春雨の蒸し焼き，**それから**ご飯を２皿ください。

＊ เห็ด hèt：キノコ／ถั่วพู thùa-phuu：四角豆／วุ้นเส้น wún-sên：春雨
อบ ʔòp：蒸し焼きにする／ขอ khɔ̌ɔ：～をください／จาน caan：～皿

□ เขาจะไปอยุธยา บางปะอิน **แล้วก็**ลพบุรี

kháw ca pay ʔa-yút-tha-yaa baaŋ-pa-ʔin **lέεw kɔ̂ɔ** lóp-bu-rii

彼はアユタヤ，バンパイン，**それから**ロッブリーへ行きます。

＊ จะ ca：～するつもりだ／ไป pay：行く

□ ช่วงเช้าจะมีประชุมของแผนก **แล้วก็**ประชุมกับลูกค้าด้วย

chûaŋ cháaw ca mii pra-chum khɔ̌ɔŋ pha-nὲεk **lέεw kɔ̂ɔ** pra-chum kàp lûuk-kháa dûay

午前中は課の会議，**それから**顧客との会議もあります。

＊ ช่วงเช้า chûaŋ cháaw：午前中／ประชุม pra-chum：会議／ของ khɔ̌ɔŋ：～の《所有》
แผนก pha-nὲεk：課，部門／ด้วย dûay：～も／ลูกค้า lûuk-kháa：顧客，取引先

077

3 しかし，でも，～が《逆説》

(A)～แต่(ว่า)(B)…
tὲε wâa

「～だが…だ」というように，前に来る事柄，または「そこから予想される結果」であることと反対の事柄，または一部違うことを言うような逆説表現に使います。

□ ฉันชอบเผ็ด **แต่ว่า**แฟนกินเผ็ดไม่ได้

chán chɔ̂ɔp phèt **tὲε wâa** fɛɛn kin phèt mây dâay

私は辛いものが好きです。**しかし**，恋人は辛いものが食べられません。

＊ชอบ chɔ̂ɔp：好きだ／เผ็ด phèt：辛い／แฟน fɛɛn：恋人，配偶者／ไม่ได้ mây dâay：～できない

□ ง่วงนอนมาก **แต่**ยังมีงานต้องทำ

ŋûaŋ nɔɔn mâak **tὲε** yaŋ mii ŋaan tɔ̂ŋ tham

とても眠い。**でも**，まだやらなければならない仕事があります。

＊ง่วงนอน ŋûaŋ nɔɔn：眠い／มาก mâak：非常に，とても／ยัง yaŋ：まだ／มี mii：ある，いる／งาน ŋaan：仕事／ต้อง tɔ̂ŋ：～なければならない

□ มีแดด **แต่**ลมเย็นมาก

mii dὲεt **tὲε** lom yen mâak

日差しがありますが，風がとても冷たいです。

＊แดด dὲεt：日差し／ลม lom：風／เย็น yen：冷たい／มาก mâak：とても

4 順序を言う

~ก่อน แล้วค่อย…
kɔ̀ɔn lɛ́ɛw khɔ̂y

何かをするための手順，順序を言うときに使い，「先に～して，それから…する」と表現します。

□ ผมจะกินข้าว**ก่อน แล้วค่อย**อาบน้ำ

phǒm ca kin khâaw **kɔ̀ɔn lɛ́ɛw khɔ̂y** ʔàap náam

私は先にご飯を食べて，**それから**シャワーを浴びます。

□ ทำการบ้าน**ก่อน แล้วค่อย**เล่นเกมนะ

tham kaan bâan **kɔ̀ɔn lɛ́ɛw khɔ̂y** lên keem náʔ

宿題をして，**それから**ゲームをしなさいね！

＊การบ้าน kaan bâan：宿題／เกม keem：ゲーム／นะ ná：～ね！

□ เราขอเข้าห้องน้ำ**ก่อน แล้วค่อย**ตามไปที่ร้าน

raw khɔ̌ɔ khâw hɔ̂ŋ náam **kɔ̀ɔn lɛ́ɛw khɔ̂y** taam pay thîi ráan

私（たち）は（先に）お手洗いに入らせてください。**それから**（後を追って）お店に行きます。

＊เข้าห้องน้ำ khâw hɔ̂ŋ náam：トイレに入る／ตาม taam ～：後について～，後を追う

หลังจากนั้น (A)(ค่อย)…
lǎŋ càak nán khɔ̂y

何か他のことをしてから改めてするという意味合いをしっかり出したほうがいいときには，**ค่อย** khɔ̂y を入れることがあります。

□ จะไปเยี่ยมเพื่อน**ก่อน หลังจากนั้นค่อย**ไปซื้อของ

ca pay yîam phɯ̂an **kɔ̀ɔn lǎŋ càak nán khɔ̂y** pay sɯ́ɯ khɔ̌ɔŋ

先に友達を見舞いに行きます。**その後**，買い物に行きます。　＊เยี่ยม yîam：見舞う

□ จะทำการบ้าน**ก่อน หลังจากนั้นค่อย**ไลน์คุยกับเพื่อน

ca tham kaan bâan **kɔ̀ɔn lǎŋ càak nán khɔ̂y** lay khuy kàp phɯ̂an

先に宿題をします。**その後**，LINE で友達と話します。　＊ไลน์ lay：LINE／กับ kàp：～と

□ เช็กอินโรงแรม**ก่อน หลังจากนั้น**(เรา)**ค่อย**ออกไปเที่ยวดีไหม

chék ʔin rooŋ-rɛɛm **kɔ̀ɔn lǎŋ càak nán** (raw) **khɔ̂y** ʔɔ̀ɔk pay thîaw dii máy

ホテルにチェックインします。**その後**（私たちは）観光に出かけましょうか。

＊เช็กอิน chék ʔin：チェックインする／ออกไปเที่ยว ʔɔ̀ɔk pay thîaw：観光に出る／ดีไหม dii máy：～するのはどう？

แล้ว ~
lɛ́ɛw

前の事柄を受けて話題を展開させたり，話を先に進めるように促す「それで」「それから」にあたります。

□ ได้ยินว่าน้องมินท์จบมหาวิทยาลัยแล้ว

dây yin wâa nɔ́ɔŋ min còp ma-hǎa-wít-tha-yaa-lay lɛ́ɛw

ミントさんは大学を卒業したそうですよ。

＊ได้ยิน dây yin：聞く，耳にする／ว่า wâa：～ということ／น้อง nɔ́ɔŋ：年下への呼称／มินท์ min：ミント《人名》

—**แล้ว**เขาทำงานแล้วหรือ

lɛ́ɛw kháw tham ŋaan lɛ́ɛw rʉ̌ʉ

—**それで**，彼女はもう働いているんですか。

＊ทำงาน tham ŋaan：働く／หรือ rʉ̌ʉ：～んですか

□ ผมซื้อรถแล้ว

phǒm sʉ́ʉ rót lɛ́ɛw

車を買いました。

＊ซื้อ sʉ́ʉ：買う／รถ rót：車

—เหรอ แล้วซื้อยี่ห้ออะไร

rə̌ə **lɛ́ɛw** sʉ́ʉ yîi-hɔ̂ɔ ʔa-ray

—そうですか。**それで**，どこの（車）を買ったんですか。

＊เหรอ rə̌ə：そうなの？／ยี่ห้อ yîi-hɔ̂ɔ：ブランド／อะไร ʔa-ray：どんな，何

(รถ)ฮอนด้าครับ

(rót) hɔɔn-dâa khráp

ホンダです。

＊ฮอนด้า hɔɔn-dâa：ホンダ

□ แต่ก่อนฟ้าเคยอยู่ที่จังหวัดเชียงราย

tὲε kɔ̀ɔn fáa khəəy yùu thîi caŋ-wàt chiaŋ-raay

以前，ファーはチェンラーイに住んでいたことがあります。

＊ แต่ก่อน tὲε kɔ̀ɔn：以前／ ฟ้า fáa：ファー《人名》／ อยู่ yùu：住む／ จังหวัด caŋ-wàt：日本の県にあたる行政区

—**แล้ว**ตอนนี้อยู่ที่ไหน

lέεw tɔɔn níi yùu thîi nǎy

—**それで**今はどこに住んでいるんですか。

＊ ตอนนี้ tɔɔn níi：今

5 A または B

A หรือ(ว่า) B
ruǔɯ wâa

選択肢を提示する言い方です。相手に２つ提示することで，「A ですか，それとも B ですか」と選択させる疑問文にすることができます。

□ เอาแกงอะไรดี ต้มข่าไก่**หรือ**ต้มยำกุ้ง

ʔaw kɛɛŋ ʔa-ray dii tôm-khàa-kày **ruǔɯ** tôm-yam-kûŋ

スープは何がいいですか。鶏のトムカー**それとも**海老のトムヤムですか。

＊ เอา ʔaw：ほしい／ แกง kɛɛŋ：スープ／ อะไร ʔa-ray：何《疑問》／ ดี dii：よい

□ อยากไปเที่ยวระยอง**หรือ**หัวหิน

yàak pay thîaw ra-yɔɔŋ **ruǔɯ** hǔa-hǐn

ラヨーンへ遊びに行きたいですか。**それとも**ホアヒンですか。

＊ อยาก yàak：～したい／ เที่ยว thîaw：遊ぶ

□ จ่าย(เป็น)บัตรเครดิต**หรือว่า**เงินสดดี

càay (pen) bàt-khree-dìt **ruǔɯ wâa** ŋən sòt dii

クレジットカードで払いますか。**それとも**現金がいいですか。

＊ จ่าย càay：支払う／ เป็น pen：～として／ เงินสด ŋən sòt：現金

6 なぜならば，それで《因果関係》

เพราะ(ว่า)～
phrɔ́ʔ wâa

「なぜならば～（だからだ）」と理由を表すときに使います。

□ ผมไม่ชอบมะระ **เพราะว่า**ขม

phǒm mây chɔ̂ɔp ma-ráʔ **phrɔ́ʔ wâa** khǒm

私はニガウリが嫌いです。**なぜなら**苦いからです。

＊ ชอบ chɔ̂ɔp：好きだ／มะระ ma-ráʔ：ニガウリ／ขม khǒm：苦い

□ ทุกคนชอบเด็กคนนี้ **เพราะว่า**นิสัยน่ารัก

thúk khon chɔ̂ɔp dèk khon níi **phrɔ́ʔ wâa** nísǎy nâa-rák

みんなこの子が好きです。**なぜなら**性格が可愛いからです。

＊ ทุกคน thúk khon：みんな／เด็ก dèk：子供／นิสัย ní-sǎy：性格／น่ารัก nâa-rák：かわいい（愛すべき）

なお，「どうして～なのか」という質問に対する答えとしても使えます。

□ ทำไมเขามางานเลี้ยงไม่ได้

tham-may kháw maa ŋaan líaŋ mây dâay

どうして彼はパーティに来られないんですか。

＊ งานเลี้ยง ŋaan líaŋ：パーティ

―**เพราะว่า**ไม่สบาย

phrɔ́ʔ wâa mây sa-baay

――**なぜなら**具合が悪いからです。

(A) ก็เลย ~
kɔ̂ɔ ləəy

前で表されることが原因になって，後ろの部分「(A は) ～」が引き起こされたという場合に使います。この語は主語の後，動詞，助動詞の前に位置することに気をつけましょう。

□ ดิฉันมีเพื่อนคนไทย **ก็เลย**สนใจเมืองไทย

di-chán mii phûan khon thay **kɔ̂ɔ ləəy** sǒn-cay mʉaŋ thay

私はタイ人の友達がいます。**それで**タイに興味があります。

＊ มี mii：いる／เพื่อน phûan：友達／คน khon：～人／สนใจ sǒn-cay：興味がある

□ เขาเคยอยู่ญี่ปุ่น 4 ปี **ก็เลย**พูดภาษาญี่ปุ่นเก่ง

kháw khəəy yùu yîi-pùn sìi pii **kɔ̂ɔ ləəy** phûut phaa-sǎa yîi-pùn kèŋ

彼女は日本に４年いたことがあります。**それで**日本語を上手に話せます。

＊ เคย khəəy：～したことがある／อยู่ yùu：住む，いる／ญี่ปุ่น yîi-pùn：日本
ปี pii：～年／เก่ง kèŋ：上手だ／ภาษา phaa-sǎa：～語《言語》

□ ช่วงนี้งานยุ่งมาก ดิฉัน**ก็เลย**ต้องทำโอทีทุกวัน

chûaŋ níi ŋaan yûŋ mâak di-chán **kɔ̂ɔ ləəy** tɔ̂ŋ tham ʔoo-thii thúk wan

最近仕事がとても忙しいです。**それで**私は毎日残業をしなければなりません。

＊ ช่วงนี้ chûaŋ níi：最近／งาน ŋaan：仕事／ยุ่ง yûŋ：忙しい／มาก mâak：とても／
ต้อง tɔ̂ŋ：～しなければならない／โอที ʔoo-thii：残業（< Over Time）／ทุกวัน thúk wan：毎日

Ⅰ 次の日本語をタイ語にしましょう。

パターン①

1. 私は<u>りんご</u>（แอปเปิ้ล）と<u>ぶどう</u>（องุ่น）が好きです。
   ʔɛ́ɛp-pân　ʔa-ŋùn

   _____

2. 明日，私は<u>佐藤さん</u>（คุณซาโต้）と行きます。
   khun saa-tôo

   _____

3. <u>ノン</u>（คุณนนท์）さんは犬と猫と<u>鳥</u>（นก）を<u>飼って</u>（เลี้ยง）います。
   khun non　nók　líaŋ

   _____

4. 走って駅へ行きましたが，電車に<u>間に合いません</u>（ไม่ทัน）でした。
   mây than

   _____

5. 中国とオーストラリア，そして<u>シンガポール</u>（สิงคโปร์）に行ったことがあります。
   sǐŋ-kha-poo

   _____

6. ほかの<u>色</u>（สีอื่น）はありますか。—<u>黄色</u>（สีเหลือง），<u>オレンジ色</u>（สีแสด），それか
   sǐi ʔùɯn　sǐi lɯ̌aŋ　sǐi sɛ̀ɛt
   ら<u>淡いピンク色</u>（สีชมพูอ่อน）があります。
   sǐi chom-phuu ʔɔ̀ɔn

   _____

7. このお店は<u>雰囲気</u>（บรรยากาศ）がよくて，それから料理もおいしいです。
   ban-yaa-kàat

   _____

8. 彼女に会ったことがあると思いますが，名前を覚えていません。

   _____

パターン②

1. 先に部屋の掃除をして，それからお昼ご飯を食べます。

   _____

2. 宿題をして，その後，犬と<u>散歩に行き</u>（ไปเดินเล่น）ました。
   pay dəən lên

   _____

3. 先月，会社を<u>辞めた</u>（ลาออกจาก）んだ。―それで今は何をしているの？
   laa ʔɔ̀ɔk càak

   _____

4. 先にお土産を買って，それから喫茶店で休憩します。

   _____

5. 2週間出家して，その後結婚しました。

   _____

6. 先に卒業して，それから<u>仕事を探し</u>（หางาน）ます。
   hǎa ŋaan

   _____

7. 来週からタイへ行きます。―それで，どこに泊まるんですか。

   _____

パターン③

1. <u>オレンジジュース</u>（น้ำส้ม）を飲みますか。それとも<u>スイカジュース</u>（น้ำแตงโม）ですか。
   nám sôm   nám tɛɛŋ-moo

   _____

2. どうして彼は来ないんですか。―なぜなら具合が悪いからです。

   _____

3. 今日は雲（เมฆ）が多いです。それで，富士山（ภูเขาฟูจิ）が見えません。
mêek　　phuu-khǎw fuu-cìʔ

---

4. 夕方コーヒーを飲みました。それで眠れません（นอนไม่หลับ）。
nɔɔn mây làp

---

5. どうして4月にタイへ行くんですか。—なぜならソンクラーン（สงกรานต์）があるからです。
sǒŋ-kraan

---

6. 会社で働いていますか。それとも公務員ですか（公務に従事し（รับราชการ）ていますか）。
ráp râat-cha-kaan

Ⅱ 日本語の文と同じ意味になるように下の①～④から適当な語を選んで（　　）に入れてください。なお，各語 1 回の使用とします。

1. 私たちは友達とご飯を食べに行きます。

เราจะไปกินข้าว(　　)เพื่อน

raw ca pay kin khâaw（　　）phûan

2. 私はトムヤムクンと魚のライム蒸し，野菜炒めそれからご飯を注文しました。

ผมสั่งต้มยำกุ้ง ปลานึ่งมะนาว ผัดผักรวมมิตร(　　)ข้าว

phǒm sàŋ tôm-yam-kûŋ plaa nûŋ ma-naaw phàt phàk ruam mít（　　）khâaw

3. 帰りに私は果物とパンを買います。

ขากลับ ฉันจะซื้อผลไม้(　　)ขนมปัง

khǎa klàp chán ca sɯ́ɯ phǒn-la-máay（　）kha-nǒm paŋ

① และ lɛ́ʔ	② กับ kàp	③ แล้วก็ lɛ́ɛw kɔ̂ɔ	④ หรือ rɯ̌ɯ

4. 彼はタイ料理が好きです。でも辛いものはあまり食べられません。

เขาชอบอาหารไทย （　　　）กินเผ็ดไม่ค่อยได้

kháw chɔ̂ɔp ʔaa-hǎan thay （　　） kin phèt mây khɔ̂y dâay

5. 私たちはウボンへ遊びに行きました。それから国境を越えてラオスへも行きました。

เราไปเที่ยวอุบลฯ （　　　　　）ข้ามชายแดนไปลาวด้วย

raw pay thîaw ʔu-bon （　　　　） khâam chaay dɛɛn pay laaw dûay

＊ ชายแดน chaay-dɛɛn：国境

6. 今日の夕方，シーフードを食べに行きますか。それとも中華料理がいいですか。

เย็นนี้จะไปกินอาหารทะเล （　　　）กินอาหารจีนดี

yen níi ca pay kin ʔaa-hǎan tha-lee （　　） kin ʔaa-hǎan ciin dii

① หรือ	② แล้วก็	③ ก็เลย	④ แต่
rǔɯ	lɛ́ɛw kɔ̂ɔ	kɔ̂ɔ ləəy	tɛ̀ɛ

7. とても渋滞していました。それでホテルに着くのがとても遅くなりました。

รถติดมาก （　　　）ถึงโรงแรมช้ามาก

rót tìt mâak （　　） thǔŋ rooŋ-rɛɛm cháa mâak

8. 宿題をしてからゲームをします。

ทำการบ้าน(　　　　　)เล่นเกม

tham kaan bâan （　　　） lên keem

9. 私はライムソーダをもらいます。それで，あなたは？　何にしますか。

ผมจะเอาน้ำมะนาวโซดา （　　　）คุณล่ะ จะเอาอะไร

phǒm ca ʔaw nám ma-naaw soo-daa （　　） khun lâʔ ca ʔaw ʔa-ray

① ก็เลย	② แต่	③ แล้ว	④ ก่อน ค่อย
kɔ̂ɔ ləəy	tɛ̀ɛ	lɛ́ɛw	kɔ̀ɔn khôy

172

10. どうしてあなたはタイ語を勉強するんですか。

(　　　)คุณเรียนภาษาไทย

(　　　) khun rian phaa-săa thay

11. 私はタイ人の友達と話したいからです。

(　　　)ดิฉันอยากคุยกับเพื่อนคนไทย

(　　) di-chán yàak khuy kàp phŵan khon thay

12. 私はタイ料理が好きです。それで（だから）タイ料理作りを勉強したいです。

ผมชอบกินอาหารไทย (　　　)อยากเรียนทำอาหารไทย

phŏm chɔ̂ɔp kin ʔaa-hăan thay (　　　) yàak rian tham ʔaa-hăan thay

①แล้วก็	②เพราะ	③ทำไม	④ก็เลย
lɛ́ɛw kɔ̂ɔ	phrɔ́ʔ	tham-may	kɔ̂ɔ ləəy

Ⅲ 下の□から適当な語を選んで（　　）に入れてください。なお，各語１回の使用とします。（また，発音記号については各文の終わりに // を示します。）

1. เดือนที่แล้ว ผมไปเที่ยวเมืองไทย(　)เพื่อนมา จากสนามบินสุวรรณภูมิ เรานั่งรถไฟฟ้าแอร์พอร์ต เรล ลิงก์ (　　)กระเป๋าไม่ใหญ่ (　)โรงแรมก็อยู่ใกล้สถานีรถไฟฟ้าบีทีเอส

dɯan thîi lɛ́ɛw phŏm pay thîaw mɯaŋ thay (　) phŵan maa // càak sa-năam bin su-wan-na-phuum raw nâŋ rót-fay-fás ʔɛɛ-phɔ̀ɔt reew líŋ // (　) kra-păw mây yày // (　) rooŋ-rɛɛm kɔ̂ɔ yùu klây sa-thăa-nii rót-fay-fáa bii thii ʔéet/s

① กับ	② และ	③ แล้ว	④ เพราะ
kàp	lɛ́ʔ	lɛ́ɛw	phrɔ́ʔ

2. โรงแรมอยู่ใกล้สถานีมาก เราเช็กอินโรงแรม(　　　　)ออก
ไปกินข้าวกัน
เพื่อนถามผมว่าอยากกินอาหารไทย(　　)อาหารจีน ผมอยาก
กินอาหารไทย (　　)เพื่อนกินเผ็ดไม่ได้ (　　　)เลือกอาหารที่
ไม่เผ็ดมาก

rooŋ-rɛɛm yùu klây sa-thǎa-nii mâak // raw chék ʔin rooŋ-rɛɛm (　　　　) ʔɔ̀ɔk
pay kin khâaw kan

phɯ̂an thǎam phǒm wâa yàak kin ʔaa-hǎan thay (　　) ʔaa-hǎan ciin // phǒm yàak kin
ʔaa-hǎan thay (　　) phɯ̂an kin phèt mây dâay (　　　) lɯ̂ak ʔaa-hǎan thîi mây phèt
mâak

① ก่อน แล้วค่อย	② หรือ	③ ก็เลย
kɔ̀ɔn lɛ́ɛw khɔ̂y	rɯ̌ɯ	kɔ̂ɔ ləəy
④ เพราะ	⑤ แต่	⑥ แล้ว
phrɔ́ʔ	tɛ̀ɛ	lɛ́ɛw

3. เราสั่งแกงเลียงกุ้งสด ทอดมันปลา หมูมะนาว (　　　　)ข้าว
ผัดตะไคร้ อร่อยทุกอย่าง กินข้าวเสร็จแล้วเดินดูของที่ห้างฯ
(　　　　)ก็กลับโรงแรม

raw sàŋ kɛɛŋ liaŋ kûŋ sòt thɔ̂ɔt man plaa mǔu ma-naaw (　　　　) khâaw phàt ta-khráy
// ʔa-rɔ̀y thúk yàaŋ // kin khâaw sèt lɛ́ɛw dəən duu khɔ̌ɔŋ thîi hâaŋ // (　　　　) kɔ̂ɔ
klàp rooŋ-rɛɛm

① หลังจากนั้น	② ก็เลย	③ แล้วก็	④แต่
lǎŋ càak nán	kɔ̂ɔ ləəy	lɛ́ɛw kɔ̂ɔ	tɛ̀ɛ

(解答 p.181-182)

▶ 第1課　練習問題　p.62-63

I 1. อาหารไทย ʔaa-hǎan thay 2. สนามบิน sa-nǎam bin
3. ภาษาญี่ปุ่น phaa-sǎa yîi-pùn 4. รถไฟ rót-fay 5. มาก mâak 6. อร่อย ʔa-rɔ̀y
7. เพื่อนของดิฉัน/ผม phɯ̂an khɔ̌ɔŋ di-chán/phǒm 8. นิดหน่อย nít nɔ̀y

II 【パターン①】 1. เป็น pen 2. ชื่อ chɯ̂ɯ 3. เป็น pen 4. なし
【パターン②】 1. จะไป ca pay 2. มา maa 3. ซื้อ sɯ́ɯ 4. จะกิน ca kin

▶ 第2課　練習問題　p.72-73

I 1. นี่ไม่ใช่นาฬิกาของผม nîi mây chây naa-li-kaa khɔ̌ɔŋ phǒm
2. เขาไม่ใช่ซาโตชิ kháw mây chây saa-too-chíʔ
3. ผมจะไม่ซื้อรถ phǒm ca mây sɯ́ɯ rót
4. เขาพูดภาษาไทยไม่ค่อยเก่ง kháw phûut phaa-sǎa thay mây khɔ̂y kèŋ
5. ไม่ไปซื้อของหรือ mây pay sɯ́ɯ khɔ̌ɔŋ rɯ̌ɯ

II 1. คุณเป็นคนไทยใช่ไหม khun pen khon thay chây máy
2. นี่ไม่เผ็ดใช่ไหม nîi mây phèt chây máy
3. กินกาแฟไหม kin kaa-fɛɛ máy
4. คุณนกมางานเลี้ยงไหม khun nók maa ŋaan líaŋ máy
5. ไปซื้อของหรือ pay sɯ́ɯ khɔ̌ɔŋ rɯ̌ɯ
6. เขาไม่ใช่คนไทยหรือ kháw mây chây khon thay rɯ̌ɯ
7. คุณเป็นคนญี่ปุ่นหรือเปล่า khun pen khon yîi-pùn rɯ́ plàaw
8. เพื่อนคุณชอบอาหารไทยหรือเปล่า/ไหม
phɯ̂an khun chɔ̂ɔp ʔaa-hǎan thay rɯ́ plàaw/máy

III 1. ใคร khray 2. อย่างไร/ยังไง yàaŋ-ray/yàŋ-ŋay 3. อะไร ʔa-ray

▶ 第3課　練習問題　p.77

【パターン①】1. เรา raw 2. ดิฉัน/ผม di-chán/phǒm 3. พวกเขา phûak kháw

【パターン②】1. นี่ nîi 2. นั้น nán 3. ที่ไหน thîi nǎy

▶ 第4課　練習問題　p.86-87

【パターン①】1. อยู่ yùu 2. อยู่ yùu 3. ไม่มี mây mii 4. อยู่ yùu 5. มี mii 6. อยู่ yùu

【パターン②】1. ใกล้ (ๆ) klây (klây) 2. หน้า nâa 3. ใน nay

【パターン③】1. แล้วหรือยัง lɛ́ɛw rɯ́ yaŋ／แล้ว lɛ́ɛw

2. แล้วหรือยัง lɛ́ɛw rɯ́ yaŋ yaŋ／ไม่ได้ mây dây

3. ไว้ wáy

▶ 第5課　練習問題　p.96-97

【パターン①】1. 10 วัน sìp wan 2. วันที่ 14 wan thîi sìp sìi 3. 2 แก้ว sɔ̌ɔŋ kɛ̂ɛw

4. 3 ใบ sǎam bay／3 คู่ sǎam khûu 5. 5 คน hâa khon 6. วันที่ 2 wan thîi sɔ̌ɔŋ

【パターン②】1. บาง baaŋ 2. ตั้ง tâŋ／หลาย lǎay 3. ตั้ง tâŋ 4. แค่ khɛ̂ɛ

5. คันละ khan láʔ／ต่อวัน tɔ̀ɔ wan 6. ทุกวัน thúk wan 7. แต่ tɛ̀ɛ

▶ 第6課 練習問題 p.108-109

【パターン①】 1. 10 โมงเช้าครึ่ง sìp mooŋ cháaw khrûŋ 2. กี่โมง kìi mooŋ
3. ตั้งแต่ tâŋ-tɛ̀ɛ／บ่าย 2 โมง bàay sɔ̌ɔŋ mooŋ 4. ถึง thʉ̌ŋ／3 ทุ่ม sǎam thûm

【パターン②】 1. 30 นาที/ครึ่งชั่วโมง sǎam sìp naa-thii/khrûŋ chûa-mooŋ
2. 15 นาที sìp hâa naa-thii 3. 2 ชั่วโมง sɔ̌ɔŋ chûa-mooŋ

【パターン③】 1. เดือนพฤษภาคม dʉan phrʉ́t-sa-phaa-khom
2. วันที่เท่าไร wan thîi thâw-rày／เดือนอะไร dʉan ʔa-ray
3. เดือนกุมภาพันธ์ dʉan kum-phaa-phan

【パターン④】 1. วันจันทร์ wan can／วันพฤหัสบดี wan phrʉ́-hàt-sa-bɔɔ-dii
2. วันอะไร wan ʔa-ray 3. วันพุธ wan phút

▶ 第7課 練習問題 p.114-115

【パターン①】 1. ได้ dâay 2. ได้ไหม dâay máy／ไปได้ pay dâay
3. ได้ dâay 4. ได้ dâay／นิดหน่อย nít nɔ̀y
5. ได้ dâay／ไม่ได้ mây dâay／ได้ dâay

【パターン②】 1. ไม่เป็น mây pen 2. ไม่ไหว mây wǎy 3. เป็นไหม pen máy／เป็น pen
4. ไหวไหม wǎy máy 5. ไม่เป็น mây pen

▶ 第8課 練習問題 p.122-124

I 【パターン①】 1. เคย khəəy 2. เคย khəəy 3. ไม่เคย mây khəəy

【パターン②】 1. อยาก(จะ) yàak (ca) 2. ไม่อยาก(จะ) mây yàak(ca)
3. อยาก(จะ) yàak (ca)

【パターン③】 1. ต้อง tɔ̂ŋ 2. ไม่ต้อง mây tɔ̂ŋ 3. ต้อง tɔ̂ŋ

【パターン④】 1. ไม่ควร(จะ) mây khan (ca) 2. ควร(จะ) khan (ca) 3. ควร(จะ) khuan (ca)

【パターン⑤】 1. อาจ(จะ) ʔàat (ca) 2. อาจ(จะ) ʔàat (ca) 3. อาจ(จะ) ʔàat (ca)

【パターン⑥】 1. คง(จะ) khoŋ (ca) 2. คง(จะ) khoŋ (ca) 3. คง(จะ)ไม่ khoŋ (ca) mây

I 【パターン①】 1. วันนี้ร้อนกว่าเมื่อวานนี้ wan níi rɔ́ɔn kwàa mʉ̂a-waan-níi

2. เส้นเล็กกับเส้นหมี่ ชอบอย่างไหนมากกว่ากัน
sên lék kàp sên mìi chɔ̂ɔp yàaŋ-nǎy mâak kwàa kan

3. ไปรถไฟฟ้าสะดวกกว่า pay rót-fay-fáa sa-dùak kwàa

4. มกราคมกับกุมภาพันธ์ เดือนไหนหนาวกว่ากัน —กุมภาพันธ์หนาวกว่า
má-ka-raa-khom kàp kum-phaa-phan dʉan nǎy nǎaw kwàa kan —kum-phaa-phan nǎaw kwàa

5. ไปเที่ยวเชียงใหม่ดีกว่า pay thîaw chiaŋ-mày dii kwàa

【パターン②】 1. ห้องนี้ค่าที่พักแพงที่สุด hɔ̂ŋ níi khâa thîi-phák phɛɛŋ thîi sùt

2. ใน(บรรดา)ผลไม้ ชอบมังคุดที่สุด nay ban-daa phǒn-la-máay chɔ̂ɔp maŋ-khút thîi sùt

3. ในเมืองไทย จังหวัดนครราชสีมากว้างที่สุด
nay mʉaŋ thay caŋ-wàt ná-khɔɔn-râat-cha-sǐi-maa kwâaŋ thîi sùt

【パターン③】 1. คุณหมีกับพี่สาวฉัน หน้าตาคล้ายกัน
khun mǐi kàp phîi sǎaw chán nâa taa khláay kan

2. คุณกับพี่ชายคุณ คนไหน(ตัว)สูงกว่ากัน —สูงพอ ๆ กัน
khun kàp phîi chaay khun khon nǎy (tua) sǔuŋ kwàa kan —sǔuŋ phɔɔ phɔɔ kan

3. ต้มยำกุ้งร้านนี้กับร้านเมื่อวานนี้ รสชาติไม่เหมือนกัน
tôm yam kûŋ ráan níi kàp ráan mʉ̂a-waan-níi rót-châat mây mʉ̌an kan

4. ขนมญี่ปุ่นนี้เหมือนกับฝอยทองของ(เมือง)ไทย
khà-nǒm yîi-pùn níi mʉ̌an kàp fɔ̌y-thɔɔŋ khɔ̌ɔŋ (mʉaŋ) thay

5. คุณนัดกับคุณนิติจบมหาวิทยาลัยเดียวกัน
khun nát kàp khun ní-tìʔ còp ma-hǎa-wít-tha-yaa-lay diaw kan

6. คุณจิ๋วเป็นคนเชียงใหม่หรือคะ/ครับ คุณต้อยก็เป็นคนเชียงใหม่เหมือนกันค่ะ/ครับ
khun cǐw pen khon chiaŋ-mày rʉ̌ʉ kháʔ/khráp khun tɔ̂y kɔ̂ɔ pen khon chiaŋ-mày mʉ̌an kan khâʔ/khráp

[パターン①] 1. ได้ยินว่าเมืองไทยผลไม้อร่อย

dây-yin wâa mɯaŋ thay phŏn-la-máay ʔa-rɔ̀y

2. ผู้จัดการบอกว่าอะไร —(เขา)บอกว่าวันนี้ไม่มีประชุม

phûu-càt-kaan bɔ̀ɔk wâa ʔa-ray —(kháw) bɔ̀ɔk wâa wan níi mây mii pra-chum

3. นี่ ภาษาไทยเรียกว่าครองแครงกรอบ

nîi phaa-sǎa thay rîak wâa khrɔɔŋ-khrɛɛŋ-krɔ̀ɔp

4. ดิฉัน/ผมตั้งใจว่าจะไปเยี่ยมเพื่อนที่โรงพยาบาลพรุ่งนี้

di-chán/phŏm tâŋ-cay wâa ca pay yîam phɯ̂an thîi rooŋ-pha-yaa-baan phrûŋ-níi

5. ได้ข่าวว่าอาทิตย์หน้าคุณนากาโนะจะมาเมืองไทย

dây khàaw wâa ʔaa-thít nâa khun naa-kaa-nóʔ ca maa mɯaŋ thay

[パターン②] 1. อยากไปทะเลที่ไปเดือนที่แล้วอีกครั้ง

yàak pay tha-lee thîi pay dɯan thîi lɛ́ɛw ʔìik khráŋ

2. โรงแรมที่คุณ(จะ)พักอยู่แถวไหน

rooŋ-rɛɛm thîi khun (ca) phák yùu thɛ̌w nǎy

3. เชียงรายเป็นเมืองที่น่าอยู่มาก

chiaŋ raay pen mɯaŋ thîi nâa-yùu mâak

4. ผลไม้ที่ซื้อที่ตลาดน้ำเมื่อวานซืนนี้อร่อย

phŏn-la-máay thîi sɯ́ɯ thîi ta-làat náam mɯ̂a-waan-sɯɯn-níi ʔa-rɔ̀y

5. คนที่อยู่ข้างขวาของคุณชื่ออะไร

khon thîi yùu khâŋ khwǎa khɔ̌ɔŋ khun chɯ̂ɯ ʔa-ray khun

▶ 11課 練習問題 p.149-151

I 【パターン①】 1. ดิฉัน/ผมจะจองโรงแรมให้ di-chán/phǒm ca cɔɔŋ rooŋ-rɛɛm hây

2. เพื่อนส่งรูปถ่ายให้ดิฉัน/ผม phûan sòŋ rûup-thàay hây di-chán/phǒm

3. ดิฉัน/ผมจะชงกาแฟให้ di-chán/phǒm ca choŋ kaa-fɛɛ hây

4. พี่สาวสอนวิธีทำขนมให้ phîisǎaw sɔ̌ɔn wí-thii tham kha-nǒm hây

5. ดิฉัน/ผมจะบอกเรื่องเวลาประชุมคุณส้มให้
di-chán/phǒm ca bɔ̀ɔk rûaŋ we-laa pra-chum khun sôm hây

6. เขาเรียกแท็กซี่ให้ kháw rîak thɛ́k-sîi hây

II 【パターン①】 1. 姉に飛行機のチケットを予約させました／してもらいました。

2. 父は私に運転をさせてくれません（でした）。

3. 友達にタイへ旅行に来てほしいです。

4. ให้ลูกชายไปซื้อของ hây lûuk chaay pay sɯ́ɯ khɔ̌ɔŋ

5. จะให้พี่ชายมาช่วยย้ายบ้าน ca hây phîi chaay maa chûay yáay bâan

6. ให้เพื่อนมารับที่สนามบิน hây phûan maa ráp thîi sa-nǎam bin

【パターン②】 1. เพื่อนถูกล้วงกระเป๋า phûan thùuk lúaŋ kra-pǎw 友達がスリに遭いました。

2. เทศกาลอาหารไทยถูกยกเลิก thêet-sa-kaan aa-hǎan thay thùuk yók-lə̂ək
タイ料理フェスティバルは中止されました。

3. 弟は指をドアに挟まれました。

4. 子供のころ私は頑固（強情）だったので父によくお仕置きされました。

5. คุณช้างถูกแมลงกัดที่ป่า khun cháaŋ thùuk ma-lɛɛŋ kàt thîi pàa

6. ทะเลาะกับเพื่อน เลยถูกคุณครูดุ tha-lɔ́ʔ kàp phûan ləəy thùuk khun khruu dùʔ

▶ 12課 練習問題 p.155-157

I 【パターン①】 1. もしお金があれば車を買いたいです。

2. もし嫌いなら食べなくてもいいですよ。

3. ถ้ามีเวลา ไปกินข้าวด้วยกันไหม
thâa mii wee-laa pay kin khâaw dûay kan máy

4. ถ้าฝนตก จะอยู่บ้านอ่านหนังสือ thâa fǒn tòk ca yùu bâan ʔàan náŋ-sɯ̌ɯ

5. ถ้าพูดภาษาไทยได้ คง(จะ)สนุก
thâa phûut phaa-sǎa thay dâay khoŋ (ca) sa-nùk

【パターン②】1. パクチーを入れないでくださいね。

2. 朝遅く起きないでくださいね。／寝坊しないでくださいね。

3. อย่าบอกใครนะ yàa bɔ̀ɔk khray náʔ

4. อย่านั่งแท็กซี่คนเดียวตอนกลางคืน
yàa nâŋ thɛ́k-sîi khon diaw tɔɔn klaaŋ khɯɯn

5. อย่านอนดึก yàa nɔɔn dɯ̀k

【パターン③】1. 海で泳がないでください。（遊泳禁止）

2. 泊まる部屋にドリアンを持ち込まないでください。

3. ห้ามเลี้ยวขวา hâam líaw khwǎa

4. ที่นี่ห้ามจอดรถ thîi nîi hâam cɔ̀ɔt rót

5. ห้ามพูดภาษาญี่ปุ่นในห้องเรียน hâam phûut phaa-sǎa yîi-pùn nay hɔ̂ŋ-rian

▶ 13課 練習問題 p.169-174

I 【パターン①】1. ดิฉัน/ผมชอบแอปเปิ้ลและองุ่น di-chán/phǒm chɔ̂ɔp ʔɛ́ɛp-pə̂n lɛ́ʔ ʔa-ŋùn

2. พรุ่งนี้ ดิฉัน/ผมจะไปกับคุณซาโต้
phrûŋ-níi di-chán/phǒm ca pay kàp khun saa-tôo

3. คุณนนท์เลี้ยงหมา แมว และนก khun non líaŋ mǎa mɛɛw lɛ́ʔ nók

4. วิ่งไปสถานี แต่ไม่ทันรถไฟ wîŋ pay sa-thǎa-nii tɛ̀ɛ mây than rót-fay

5. เคยไปจีน ออสเตรเลีย และ/แล้วก็สิงคโปร์
khəəy pay ciin ʔɔ́ɔt(/s)-tree-lia lɛ́ʔ/lɛ́ɛw kɔ̂ɔ sǐŋ-kha-poo

6. มีสีอื่นไหม —มีสีเหลือง สีแสด แล้วก็สีชมพูอ่อน
mii sǐi ʔɯ̀ɯn máy —mii sǐi lɯ̌aŋ sǐi sɛ̀ɛt lɛ́ɛw kɔ̂ɔ sǐi chom-phuu ʔɔ̀ɔn

7. ร้านนี้บรรยากาศดี แล้วอาหารก็อร่อย
ráan níi ban-yaa-kàat dii lɛ́ɛw ʔaa-hǎan kɔ̂ɔ ʔa-rɔ̀y

8. คิดว่าเคยพบเขา แต่จำชื่อไม่ได้
khít wâa khəəy phóp kháw tɛ̀ɛ cam chɯ̂ɯ mây dâay

1. ทำความสะอาดห้องก่อน แล้วค่อยกินอาหารเที่ยง/ข้าวเที่ยง

tham khwaam sa-ʔàat hɔ̂ŋ kɔ̀ɔn　lɛ́ɛw khɔ̂y kin ʔaa-hǎan thîaŋ/khâaw thîaŋ

2. ทำการบ้านก่อน แล้วค่อยไปเดินเล่นกับหมา

tham kaan-bâan kɔ̀ɔn　lɛ́ɛw khɔ̂y pay dəən lên kàp mǎa

3. เดือนที่แล้ว ลาออกจากบริษัท —แล้วตอนนี้ทำอะไรอยู่

dɯan thîi lɛ́ɛw　laa ʔɔ̀ɔk càak bɔɔ-ri-sàt　—lɛ́ɛw tɔɔn níi tham ʔa-ray yùu

4. ซื้อของฝากก่อน แล้วค่อยนั่งพักที่ร้านกาแฟ

súɯ khɔ̌ɔŋ-fàak kɔ̀ɔn　lɛ́ɛw khɔ̂y nâŋ phák thîi ráan kaa-fɛɛ

5. บวช 2(สอง) อาทิตย์ก่อน แล้วค่อยแต่งงาน

bùat sɔ̌ɔŋ ʔaa-thít kɔ̀ɔn　lɛ́ɛw khɔ̂y tɛ̀ŋ-ŋaan

6. เรียนจบก่อน แล้วค่อยหางาน　rian còp kɔ̀ɔn　lɛ́ɛw khɔ̂y hǎa ŋaan

7. ไปเมืองไทยตั้งแต่อาทิตย์หน้า —แล้วจะพักที่ไหน

pay mɯaŋ thay tâŋ-tɛ̀ɛ ʔaa-thít nâa —lɛ́ɛw ca phák thîi-nǎy

1. ดื่มน้ำส้มหรือน้ำแตงโม　dùɯm nám sôm rɯ̌ɯ　nám tɛɛŋ-moo

2. ทำไมเขาไม่มา —เพราะ(ว่า)(เขา)ไม่สบาย

tham-may kháw mây maa　—phrɔ́ʔ (wâa) (kháw) mây sa-baay

3. วันนี้มีเมฆมาก ก็เลยไม่เห็นภูเขาฟูจิ

wan-níi mii mêek mâak　kɔ̂ɔ ləəy mây hěn phuu-khǎw fuu-cìʔ

4. ตอนเย็นกินกาแฟ ก็เลยนอนไม่หลับ

tɔɔn yen kin kaa-fɛɛ　kɔ̂ɔ ləəy nɔɔn mây làp

5. ทำไมไปเมืองไทยเดือนเมษายน —เพราะว่ามีสงกรานต์

tham-may pay mɯaŋ thay dɯan mee-sǎa-yon　—phrɔ́ʔ wâa mii sǒŋ-kraan

6. ทำงานที่บริษัทหรือรับราชการ

tham ŋaan thîi boo-ri-sàt rɯ̌ɯ ráp râat-cha-kaan

II 1. กับ kàp 2. แล้วก็ lɛ́ɛw kɔ̂ɔ 3. และ lɛ́ʔ 4. แต่ tɛ̀ɛ 5. แล้วก็ lɛ́ɛw kɔ̂ɔ

6. หรือ rɯ̌ɯ 7. ก็เลย kɔ̂ɔ ləəy 8. ก่อน ค่อย kɔ̀ɔn khɔ̂y 9. แล้ว lɛ́ɛw

10. ทำไม tham-may 11. เพราะ phrɔ́ʔ 12. ก็เลย kɔ̂ɔ ləəy

III 1. กับ kàp/เพราะ phrɔ́ʔ/และ lɛ́ʔ

2. ก่อน แล้วค่อย kɔ̀ɔn lɛ́ɛw khɔ̂y/หรือ rɯ̌ɯ/แต่ tɛ̀ɛ/ก็เลย kɔ̂ɔ ləəy

3. แล้วก็ lɛ́ɛw kɔ̂ɔ/หลังจากนั้น lǎŋ càak nán

III

会話編

最後に会話の練習をしましょう。文法項目のページも確認しながら進めてください。会話をよりなめらかにするために，会話で使われる相づちや間投詞についても少しずつ覚えていきましょう。

บทที่ หนึ่ง

第1課 あいさつ・自己紹介

まずはあいさつから勉強します。名前の言い方，聞き方，仕事など自分のことを話す練習をしましょう。

081

1 空港へ迎えに来てくれた人と

ธนานพ tha-naa-nóp	สวัสดีครับ คุณซากุระใช่ไหมครับ sa-wàt-dii khráp khun saa-ku-ráʔ chây máy khráp
ซากุระ saa-ku-ráʔ	ค่ะ คุณ...... khâʔ khun ......
ธนานพ tha-naa-nóp	ผมชื่อธนานพ phǒm chûɯɯ tha-naa-nóp เป็นลูกน้องของคุณมาซารุ pen lûuk nɔ́ɔŋ khɔ̌ɔŋ khun maa-saa-rúʔ มารับคุณซากุระครับ maa ráp khun saa-ku-ráʔ khráp
ซากุระ saa-ku-ráʔ	อ๋อ ขอบคุณค่ะ คุณ...... ʔɔ̌ɔ khɔ̀ɔp-khun khâʔ khun ......
ธนานพ tha-naa-nóp	ธนานพครับ เรียกว่าท็อปก็ได้ครับ tha-naa-nóp khráp rîak wâa thɔ́p kɔ̂ɔ dâay khráp

タナーノップ　こんにちは　サクラさんですね？

サクラ　ええ。あなたは……

タナーノップ　私はタナーノップと申します。
まさるさんの部下です。
さくらさんをお迎えに来ました。

サクラ　ああ，ありがとうございます。……

タナーノップ　タナーノップです。トップと呼んでください。

082

会話に出てくる単語

□ สวัสดี	sa-wàt-dii	こんにちは
□ ครับ	khráp	《男性が文末につける辞》
□ คุณ(～)	khun(～)	～さん
□ ～ใช่ไหม	～ chây máy	～ですよね？　**文法２課②**
□ ค่ะ	khâʔ	《女性が文末につける辞》
□ คุณ	khun	あなた
□ ผม	phǒm	私《男性》
□ ชื่อ(～)	chɯ̂ɯ(～)	（～という）名前だ，名前　**文法１課①**
□ เป็น～	pen ～	～だ　**文法１課①**
□ ลูกน้อง	lûuk nɔ́ɔŋ	部下
□ ของ～	khɔ̌ɔŋ ～	～の《所有》　**文法１課①**
□ มารับ(～)	maa ráp(～)	（～を）迎えに来る
□ อ๋อ	ʔɔ̌ɔ	ああ（わかった，そうなんだ）
□ ขอบคุณ	khɔ̀ɔp-khun	ありがとう
□ เรียกว่า～ก็ได้	rîak waa ～ kɔ̂ɔ dâay	～と呼んでください（呼んでも良いです）
□ มี	mii	ある　**文法４課①**
□ ไม่มี	mây mii	ない　**文法４課①**

文法解説

1 **สวัสดี** sa-wàt-dii

「おはよう」,「こんにちは」,「こんばんは」,「さようなら」などの意味でよく使われるあいさつです。「どうぞ幸福で，穏やかにお過ごしになりますように」という意味を持っています。

---

2 **ครับ/ค่ะ/คะ** khráp/khâʔ/kháʔ

丁寧に話す時に文の最後につける言葉です。男性は **ครับ** khráp を使います。女性は **ค่ะ** khâʔ と **คะ** kháʔ を使い分けます。通常の言い切りの文では **ค่ะ** khâʔ，質問文や話しかけの終助詞（例：**นะ** náʔ よ／ね）の後などは **คะ** kháʔ を使います。また，**ครับ** ／ **ค่ะ** だけで「ええ」「はい」のように相づちとして使われることもあります。（＊ **นะ** náʔ については 2 課③参照）

---

3 **ผมชื่อธนานพ** phǒm chɯ̂ɯ tha-naa-nóp

名前を言う時は「主語 +**ชื่อ** chɯ̂ɯ+ 名前」の順で言います。（文法編 1.1.2 参照）相手の名前を聞く時には「何 **อะไร** ʔa-ray」を使います。また，ニックネームを言う場合も同じ動詞 **ชื่อ** chɯ̂ɯ を使います。

□ คุณ**ชื่อ**อะไรคะ/ครับ

khun chɯ̂ɯ ʔa-ray kháʔ/khráp

あなたの名前は何ですか（あなたは何という名前ですか）。

□ ดิฉัน/ผม**ชื่อ**เล่นชื่อแดงค่ะ/ครับ

di-chán/phǒm chɯ̂ɯ lên chɯ̂ɯ dɛɛŋ khâʔ/khráp

私のニックネームはデーンと言います。

4 เรียกว่าท็อปก็ได้ rîak waa thɔ́p kɔ̂ɔ dâay

直訳すると「トップと呼んでもいいです」という文ですが,「トップと呼んでください」という意味の表現です。タイ人は多くの人がニックネームを持っています。ニックネームがなく，名前の一部を使って呼ぶこともあります。同僚や同級生などではニックネームや名前を略した言い方で呼び合うことが多いです。相手のニックネームを知りたい時には「(**คุณ**)**มีชื่อเล่นไหม** (khun) mii chɯ̂ɯ lên máy（ニックネームはありますか)」「**ชื่อเล่นชื่ออะไร** chɯ̂ɯ lên chɯ̂ɯ ʔa-ray（ニックネームは何ですか)」という聞き方をすることもできます。ニックネームがない場合,「**ไม่มีชื่อเล่น** mây mii chɯ̂ɯ lên（ニックネームはありません)」と言ってから，この表現を使ってどのように呼んで欲しいかを伝えましょう。

●あいさつの表現●

□	ขอบคุณครับ/ค่ะ	khɔ̀ɔp-khun khráp/khâʔ	ありがとうございます。
□	ไม่เป็นไรครับ/ค่ะ	mây pen ray khráp/khâʔ	どういたしまして。／大丈夫です。
□	ขอโทษครับ/ค่ะ	khɔ̌ɔ thôot khráp/khâʔ	すみません。《声かけ》／ ごめんなさい。《謝罪》
□	สบายดีไหมครับ/คะ	sa-baay dii máy khráp/kháʔ	お元気ですか。
□	สบายดีครับ/ค่ะ	sa-baay dii khráp/khâʔ	元気です。

ワーイ（合掌）ไหว้ wâay とは

タイでは目上の人への敬意を表す動作として手を合わせる所作があります。これをワーイと呼びます。この語はワーイをするという動詞としても使われます。また，感謝の気持ちを伝える時や，目下の人にワーイをされた時にそれを受けるあいさつとしてもワーイをすることがあります。ただ，子どもや後輩などに自分からすることはありませんので，気をつけましょう。

第 1 課　会話練習 1

1　言い換え練習です。何度も繰り返して言ってみましょう。

1 ผม phǒm	ชื่อ chûuɯ	a ไพโรจน์ phay-rôot	ครับ khráp
2 ดิฉัน di-chán		b อารี ʔaa-rii	ค่ะ khâʔ
3 เขา kháw		c พิรัล phí-ran	ค่ะ/ครับ khâʔ/khráp
4 ชื่อเล่น chûuɯ lên		d กุ้ง kûŋ	
5 คุณ khun		e อะไร ʔa-ray	คะ/ครับ kháʔ/khráp

1 私《男性》	は	a パイロート	（という名前）です。
2 私《女性》		b アーリー	
3 彼		c ピラン	
4 ニックネーム		d クン	
5 あなたの名前		e 何	（という名前）ですか。

2 タイ語で言ってみましょう。 （解答例 p.322）

(1) 自分の名前を言ってみましょう。

_____

(2) 相手の名前を聞いてみましょう。

_____

(3) ニックネームがあるかどうか聞いてみましょう。

_____

(4) 自分のニックネームを言ってみましょう。
　　ニックネームがなければ，なんと呼んで欲しいか言いましょう。

_____

2 友達を紹介する

อากิระ ?aa-ki-rá?
คุณภาครับ
khun phaa khráp

นภา ná-phaa
อ้าว คุณอากิระ ไปไหนมาคะ
?âaw khun ?aa-ki-rá? pay năy maa khá?

อากิระ ?aa-ki-rá?
ไปร้านหนังสือมาครับ คุณภาล่ะครับ
pay ráan náŋ-sɯ̌ɯ maa khráp khun phaa lâ? khráp

นภา ná-phaa
ไปรับเพื่อนมาค่ะ
pay ráp phɯ̂an maa khâ?
นี่น้องแพรว เพื่อนภาค่ะ
nîi nɔ́ɔŋ phrɛɛw phɯ̂an phaa khâ?
น้องคะ นี่พี่อากิระค่ะ
nɔ́ɔŋ khá? nîi phîi ?aa-ki-rá? khâ?

แพรว phrɛɛw
สวัสดีค่ะ พี่อากิระ ยินดีที่ได้รู้จักค่ะ
sa-wàt dii khâ? phîi ?aa-ki-rá? yin-dii thîi dây rúu-càk khâ?

อากิระ ?aa-ki-rá?
สวัสดีครับ ยินดีที่ได้รู้จักเช่นกันครับ
sa-wat dii khráp yin-dii thîi dây rúu-càk chên kan khráp

アキラ こんにちは　パーさん

ナパー あ，アキラさん

アキラ 本屋へ行ってきました。パーさんは？

ナパー 友達を迎えに行ってきました。
こちらはプレーオさんです。私の友達です。
プレーオ　こちらは聡さん。

プレーオ こんにちは　聡さん。お知り合いになれてうれしいです。

アキラ こんにちは　こちらこそお知り合いになれてうれしいです。

086

会話に出てくる単語

□ นภา(ภา)	ná-phaa(phaa)	ナパー（パー）
□ อ้าว	ʔâaw	あれ？，ええ？《意外》
□ ไปไหนมา	pay nǎy maa	どこへ行ってきたの？
□ ไป(～)มา	pay (～) maa	（～へ）行ってくる
□ ร้านหนังสือ	ráan náŋ-sɯ̌ɯ	本屋
□ คุณล่ะ	khun lâʔ	あなたは（どうですか）？
□ ไปรับเพื่อนมา	pay ráp phɯ̂an maa	友達を迎えに行ってきました
□ นี่	nîi	こちら　**文法３課②**
□ น้อง～	nɔ́ɔŋ ～	～さん《年下》
□ พี่～	phîi ～	～さん《年上》
□ เพื่อน	phɯ̂an	友達
□ ยินดีที่ได้รู้จัก	yin-dii thîi dây rúu-càk	お知り合いになれてうれしいです
□ เช่นกัน	chên kan	同様に

文法解説

1 อ้าว ʔâaw

意外だった時や，自分の考えていたことと違っていた時に使う，「あれ？」「ええ？」と似た間投詞です。例えば，思ったより早く到着した，意外な所で友達に会った，相手が持っていると思っていたのに持っていないとわかったというような時に使われます。思っていたのと違うということですから，言い方や口調によっては相手を非難しているように聞こえてしまうこともあります。

□ **อ้าว** ถึงแล้วหรือ ※หรือについては文法編参照。

ʔâaw thʉ̌ŋ lɛ́ɛw rə̌ə

えっ，もう着いたの？（思ったより早かったね） *～แล้ว lɛ́ɛw：もう～です《完了》

□ **อ้าว** คุณส้ม มาซื้อของหรือ

ʔâaw khun sôm maa sʉ́ʉ khɔ̌ɔŋ rə̌ə

《偶然ショッピングセンターで会って》**あれ**，ソムさん 買い物に来たの？

□ **อ้าว** วันนี้ไม่มีขนมหรือ

ʔâaw wan níi mây mii kha-nǒm rə̌ə

あれ，今日はお菓子ないの？（期待していたのに…） * ขนม kha-nǒm：お菓子

---

2 ～ล่ะ ～lâ

直前に話していたのと同じことを「～はどうですか」と，他のものについても尋ねる時に使います。または，何かを提案する時や「～はどうしたの？」と話を切り出すにも使われます。

□ ผมจะกินข้าวผัดปู คุณ**ล่ะ**ครับ

phǒm ca kin khâaw phàt puu khun **lâʔ** khráp

《レストランで》私は蟹炒飯を食べます。あなた**は**（何を食べますか）？

□ เจี๊ยบ**ล่ะ** ไม่มาหรือ

ciap **lâʔ** mây maa rʉ̌ʉ

《一緒に来ると思っていた友人がいないので》ジアップ**は**？ 来ないの？

3 ไป(～)มา pay (～) maa

～部分に場所や目的を入れます。**ไหน** nǎy「どこ」を入れれば，**ไปไหนมา** pay nǎy maa「どこへ行ってきましたか」となります。

□ ผมไปโตเกียว**มา**ครับ

phǒm **pay** tookiaw **maa** khráp

私は東京に**行ってきました**。　　＊โตเกียว tookiaw：東京

□ ดิฉัน**ไป**เที่ยวเมืองไทย**มา**ค่ะ

di-chán **pay** thîaw mɯaŋ thay **maa** khâʔ

私はタイへ旅行に**行ってきました**。　　＊ไปเที่ยว pay thîaw：旅行する

□ ผมจะ**ไป**ซื้อของ**มา**นะครับ

phǒm ca **pay** sɯ́ɯ khɔ̌ɔŋ **maa** náʔ khráp

私は買い物に**行ってきますね**。

4 น้อง～ nɔ́ɔŋ～／พี่～ phîi～

タイでは，会話の相手を自分の家族と同じように見なして，親族名詞を名前やニックネームの前につけて呼ぶことが多くあります。たとえば，先輩 (**รุ่นพี่** rûn-phîi) には兄姉という意味の **พี่** phîi，後輩 (**รุ่นน้อง** rûn-nɔ́ɔŋ) には弟妹という意味の **น้อง** nɔ́ɔŋ を名前やニックネームの前につけて呼びます。さらには，自分の母親の後輩には **น้า** náa，父親の後輩は **อา** ʔaa，両親の先輩にあたる年代の女性なら **ป้า** pâa，男性なら **ลุง** luŋ を使います。また，女性は仲のいい人たちと話す時には自分をニックネーム，またはニックネームがなければ名前の一部を使って呼ぶこともあります。

5 ยินดีที่ได้รู้จัก yin-dii thîi dây rúu-càk ／ ยินดีที่ได้รู้จักเช่นกัน yin-dii thîi dây rúu-càk chên kan

初対面の時に使う「お知り合いになれてうれしいです」という意味の言葉です。こういわれたら，同じように返しましょう。後ろに「同様に」という意味の **เช่นกัน** chên kan をつけて「(私も) 同様にお知り合いになれてうれしいです」と答えたり，**เช่นกัน** chên kan だけで「同様です」と答えたりすることもあります。

第1課　会話練習 2

1　言い換え練習です。何度も繰り返して言ってみましょう。

ดิฉัน/ผมไป di-chán/phǒm pay	1 ภูเก็ต phuu-kèt 2 แม่ฮ่องสอน mɛ̂ɛ-hɔ̂ŋ-sɔ̌ɔn 3 ซื้อของฝาก sɯ́ɯ khɔ̌ɔŋ fàak 4 ตีกอล์ฟ tii kɔ́p(/f) 5 หาเพื่อน hǎa phɯ̂an	มาค่ะ/ครับ maa khâʔ/khráp

私は	1 プーケットへ 2 メーホンソーンへ 3 お土産を買いに 4 ゴルフをしに 5 友達に会いに	行ってきました。

2 タイ語で言ってみましょう。 (解答例 p.322-323)

(1) 友達を紹介してみましょう。
名前と自分の友達であることをいいましょう。

---

(2) 友達にその友達を紹介されたと想定して，自己紹介をしてみましょう。

089

3 どんなお仕事をしていますか

แพรว phrɛɛw	พี่อากิ ทำงานอะไรคะ phîi ʔaa-kìʔ tham ŋaan ʔa-ray kháʔ
อากิระ ʔaa-ki-ráʔ	ผมเป็นวิศวกรครับ phǒm pen wít-sa-wá-kɔɔn khráp นี่นามบัตรของผมครับ nîi naam-bàt khɔ̌ɔŋ phǒm khráp
แพรว phrɛɛw	ขอบคุณค่ะ khɔ̀ɔp khun khâʔ
อากิระ ʔaa-ki-ráʔ	แล้วคุณแพรวล่ะครับ ทำงานอะไรครับ lɛ́ɛw khun phrɛɛw lâʔ khráp tham ŋaan ʔa-ray khráp
แพรว phrɛɛw	แพรวยังเป็นนักศึกษาค่ะ phrɛɛw yaŋ pen nák-sɯ̀k-sǎa khâʔ

プレーオ　アキさん　お仕事は？

アキラ　私はエンジニアです。

これは私の名刺です。

プレーオ　ありがとうございます。

アキラ　それでプレーオさんは？　何の仕事をしているんですか。

プレーオ　私はまだ大学生です。

090

会話に出てくる単語

□ ทำงาน	tham ŋaan	仕事をする
□ อะไร	ʔa-ray	何
□ วิศวกร	wít-sa-wá-kɔɔn	エンジニア
□ นี่	nîi	これ　**文法3課②**
□ นามบัตร	naam-bàt	名刺
□ ขอบคุณ	khɔ̀ɔp-khun	ありがとう
□ แล้ว	lɛ́ɛw	それで　**文法13課④**
□ ฉัน	chán	私　**文法3課①**
□ ยัง	yaŋ	まだ
□ นักศึกษา	nák-sɨ̀k-sǎa	大学生

091

職業に関する語まとめ

□ หมอ	mɔ̌ɔ	医者
□ เอ็นจิเนียร์	ʔen-ci-nia	エンジニア
□ วิศวกร	wít-sa-wá-kɔɔn	
□ ทำงานบริษัท	tham ŋaan bɔɔ-ri-sàt	会社で働く，会社員だ
□ พนักงานบริษัท	pha-nák-ŋaan bɔɔrisàt	会社員
□ นักวาดภาพ	nák-wâat-phâap	画家
□ จิตรกร	cìt-tra-kɔɔn	
□ ช่างภาพ	châŋ phâap	カメラマン
□ ช่างกล้อง	châŋ klɔ̂ŋ	
□ พยาบาล	pha-yaa-baan	看護師
□ พนักงานต้อนรับบนเครื่องบิน	pha-nák-ŋaan tɔ̂ɔn-ráp bon khrɯ̂aŋ-bin	客室乗務員
□ สจ๊วต	sa-cúat	男性客室乗務員
□ แอร์โฮสเตส	ʔɛɛ-hóot(/s)-tèet(/s)	女性客室乗務員
□ ครู	khruu	小学校などの先生・教師
□ อาจารย์	ʔaa-caan	大学などの教師
□ ชาวประมง	chaaw pra-moŋ	漁師
□ พนักงานธนาคาร	pha-nák-ŋaan tha-naa-khaan	銀行員
□ ตำรวจ	tam-rùat	警察官
□ สถาปนิก	sa-thǎa-pa-ník	建築家
□ ข้าราชการ	khâa-râat-cha-kaan	公務員
□ รับราชการ	ráp râat-cha-kaan	公務員だ（公務を引き受ける）
□ กุ๊ก	kúk	コック
□ พ่อครัว	phɔ̂ɔ-khrua	男性コック
□ แม่ครัว	mɛ̂ɛ-khrua	女性コック
□ สัตวแพทย์	sàt-ta-wá-phɛ̂ɛt	獣医《公用》

□ หมอสัตว์	mɔ̌ɔ-sàt	獣医《口語》
□ พ่อบ้าน	phɔ̂ɔ-baan	主夫
□ แม่บ้าน	mɛ̂ɛ-bâan	主婦
□ เจ้าหน้าที่ดับเพลิง	câw-nâa-thîi-dàp-phləəŋ	消防士
□ นักดับเพลิง	nák-dàp-phləəŋ	
□ นักกีฬา	nák-kii-laa	スポーツ選手
□ นักเรียน	nák-rian	生徒，児童，学習者
□ นักศึกษา	nák-sùk-sǎa	大学生
□ คนขับรถแท็กซี่	khon-khàp-rót thɛ́k-sîi	タクシー運転手
□ คนขับรถเมล์	khon-khàp-rót-mee	バス運転手
□ นักบิน	nák-bin	パイロット
□ กัปตัน	kàp-tan	
□ ดีไซน์เนอร์	dii-say-nə̂ə	デザイナー
□ เกษตรกร	ka-sèet-tra-kɔɔn	農家
□ ชาวสวน	chaaw-sǔan	果樹園農家
□ ชาวไร่	chaaw-rây	畑農家
□ ชาวนา	chaaw-naa	米農家
□ นักแสดง	nák-sa-dɛɛŋ	俳優
□ ดารา	daa-raa	芸能人
□ ช่างเสริมสวย	châŋ-sə̌əm-sǔay	美容師
□ ช่างทำผม	châŋ-tham-phǒm	
□ ช่างตัดผม	châŋ-tàt-phǒm	理容師
□ ทหาร	tha-hǎan	兵士，軍人
□ ทนายความ	tha-naay-khwaam	弁護士
□ เภสัชกร	phee-sàt-cha-kɔɔn	薬剤師

学問に関する語まとめ

□ แพทยศาสตร์	phɛ̂ɛt-tha-ya-sàat	医学
□ พยาบาลศาสตร์	pha-yaa-baan-sàat	看護学
□ บริหารธุรกิจ	bɔɔ-ri-hǎan thú-rá-kìt	経営
□ เศรษฐศาสตร์	sèet-tha-sàat	経済学
□ ภาษาศาสตร์	phaa-sǎa-sàat	言語学
□ วิศวกรรมศาสตร์	wít-sa-wá-kam-ma-sàat	工学
□ ทันตแพทยศาสตร์	than-ta-phɛ̂ɛt-tha-yá-sàat	歯学
□ สังคมศาสตร์	sǎŋ-khom-ma-sàat	社会学
□ สัตวแพทยศาสตร์	sàt-ta-wá-phɛ̂ɛt-tha-yá-sàat	獣医学
□ มนุษยศาสตร์	ma-nút-sa-yá-sàat	人文学
□ รัฐศาสตร์	rát-tha-sàat	政治学
□ วิเทศศึกษา	wi-thêet sʉ̀k-sǎa	国際学
□ เอเชียศึกษา	ʔee-sia sʉ̀k-sǎa	アジア学
□ เกษตรศาสตร์	ka-sèet-tra-sàat	農学
□ อักษรศาสตร์	ʔàk-sɔ̌ɔ-ra-sàat	文学
□ นิติศาสตร์	ní-tì-sàat	法学
□ กฎหมาย	kòt-mǎay	法律
□ เภสัชศาสตร์	phee-sàt-cha-sàat	薬学
□ ภาษา	phaa-sǎa	言語
□ ภาษาญี่ปุ่น	phaa-sǎa yîi-pùn	日本語
□ ภาษาไทย	phaa-sǎa thay	タイ語
□ ภาษาอังกฤษ	phaa-sǎa ʔaŋ-krìt	英語《イギリス》
□ ภาษาจีน	phaa-sǎa ciin	中国語

人を表す語まとめ

職業を言う時に使われる「人」を表す言葉には色々あります。

□ **พนักงาน pha-nák-ŋaan**：従業員

- □ **พนักงาน**ธนาคาร　**pha-nák-ŋaan** tha-naa-khaan　銀行員
- □ **พนักงาน**บริษัท　**pha-nák-ŋaan** bɔɔ-ri-sàt　会社員

□ **ชาว chaaw**：同一の職業，居住地などを持つ人

- □ **ชาว**ไร่　**chaaw**-rây　農民《畑作》

□ **ช่าง châŋ**：技術者，職人

- □ **ช่าง**ภาพ　**châŋ**-phâap　カメラマン
- □ **ช่าง**ไฟฟ้า　**châŋ**-fay-fáa　電気修理工

□ ～ **กร kɔɔn**：～を為す者

- □ วิศว**กร**　wít-sa-wá-**kɔɔn**　エンジニア
- □ พิธี**กร**　phí-thii-**kɔɔn**　司会者

□ **ข้า khâa**：下僕，下婢，人

- □ **ข้า**ราชการ　**khâa**-râat-cha-kaan　公務員

□ **นัก nák**～：～を専門とする人，～を業とする人

- □ **นัก**ร้อง　**nák**-rɔ́ɔŋ　歌手
- □ **นัก**การเมือง　**nák**-kaan-mɯaŋ　政治家

□ **ผู้ phûu**～：人

- □ **ผู้**จัดการ　**phûu**-càt-kaan　マネージャー，支配人
- □ **ผู้**บริหาร　**phûu**-bɔɔ-ri-hǎan　経営者
- □ **ผู้**ชาย　**phûu**-chaay　男性
- □ **ผู้**หญิง　**phûu**-yǐŋ　女性

第 1 課　会話練習 3

1 言い換え練習です。何度も繰り返して言ってみましょう。

1 ดิฉัน/ผม di-chán/phǒm 2 เขา kháw 3 คุณ khun	เป็น pen	a คนญี่ปุ่น khon yîi-pùn b พนักงานบริษัท pha-nák-ŋaan bɔɔ-ri-sàt c คนไทย khon-thay d ข้าราชการ khâa-râat-cha-kaan e คนจีน khon-ciin	ค่ะ/ครับ khâʔ/khráp หรือเปล่าคะ/ครับ rɯ́ plàaw kháʔ/khráp

1 私 2 彼 / 彼女 3 あなた	は	a 日本人 b 会社員 c タイ人 d 公務員 e 中国人	です。 ですか。

（解答例 p.323）

2 タイ語で言ってみましょう。

(1) 相手の職業を聞いてみましょう。
　　学生なら何を勉強しているかを聞いてみましょう。

_____

(2) 自分の職業を言ってみましょう。
　　学生なら何を勉強しているかを言ってみましょう。

_____

4 休みの日は何をしますか

อากิระ ʔaa-ki-ráʔ	วันหยุด น้องแพรวทำอะไรบ้าง wan yùt nɔ́ɔŋ phrɛɛw tham ʔa-ray bâaŋ
แพรว phrɛɛw	ไปเล่นเทนนิสกับเพื่อนบ้าง อ่านหนังสือที่บ้านบ้างค่ะ พี่อากิระล่ะคะ ทำอะไรบ้าง pay lên then-nít(/s) kàp phûan bâaŋ ʔàan náŋ-sɯ̌ɯ thîi bâan bâaŋ khâʔ phîi ʔaa-ki-ráʔ lâʔ kháʔ tham ʔa-ray bâaŋ
อากิระ ʔaa-ki-ráʔ	ไปตีกอล์ฟกับลูกค้าบ้าง ไปขับรถเล่นบ้าง หรือไม่ก็ไปปั่นจักรยานครับ pay tii kɔ́ɔp(/f) kàp lûuk-kháa bâaŋ pay khàp rót lên bâaŋ rɯ̌ɯ mây kɔ̂ɔ pay pàn càk-kra-yaan khráp

アキラ プレーオさん，休みの日はどんなことをしますか。

プレーオ 友達とテニスをしたり，家で本を読んだりします。
アキラさんは？　どんなことをしますか。

アキラ お客さんとゴルフをしに行ったり，ドライブに行ったり，さもなければサイクリングに行きます。

096

会話に出てくる単語

□ วันหยุด	wan yùt	休みの日
□ ～บ้าง	～ bâaŋ	多少は～
□ เล่น	lên	（スポーツを）する，遊ぶ
□ เทนนิส	then-nít(/s)	テニス
□ กับ～	kàp ～	～と
□ เพื่อน	phɯ̂an	友達
□ ～บ้าง …บ้าง	～ bâaŋ...bâaŋ	～たり…たり
□ อ่าน	ʔàan	読む
□ หนังสือ	náŋ-sɯ̌ɯ	本
□ บ้าน	bâan	家
□ ตี	tii	打つ
□ กอล์ฟ	kɔ́p(/f)	ゴルフ
□ ลูกค้า	lûuk-khá	お客さん，顧客
□ หรือไม่ก็～	rɯ̌ɯ mây kɔ̂ɔ ～	さもなければ～
□ ปั่น	pàn	（自転車を）こぐ，回転させる
□ จักรยาน	càk-kra-yaan	自転車

文法解説

1 ～**บ้าง** ～bâaŋ

「どんなこと」のように複数の答えを想定して質問している時，**บ้าง** bâaŋ を使って質問します。

□ ชอบกินอะไร**บ้าง**

chɔ̂ɔp kin ʔa-ray **bâaŋ**

どんなもの（何）を食べるのが好きですか。　＊ ชอบ chɔ̂ɔp：好きだ

□ ไปไหน**บ้าง**

pay nǎy **bâaŋ**

どんな所（どこ）へ行きますか。

□ ใครมา**บ้าง**

khray maa **bâaŋ**

どんな人（誰）が来ましたか。　＊ ใคร khray：誰

---

2 ～**บ้าง** … **บ้าง** ～bâaŋ … bâaŋ

「～たり…たり」と複数のことを例に挙げて言う時，それぞれに **บ้าง** bâaŋ をつけて言います。また，「やったりやらなかったりする」のように逆のことを言う時にも使えます。

□ ดูหนัง**บ้าง** ฟังเพลง**บ้าง**

duu nǎŋ **bâaŋ**　faŋ phleeŋ **bâaŋ**

映画を見**たり**音楽を聞い**たりします**。

□ ไปทะเล**บ้าง** (ไป)ภูเขา**บ้าง**

pay tha-lee **bâaŋ**　(pay) phuu-khǎw **bâaŋ**

海へ行ったり山へ行ったりします。　＊ ทะเล tha-lee：海／ ภูเขา phuu-khǎw：山

□ กินข้าวเช้า**บ้าง** ไม่กิน**บ้าง**

kin khâaw cháaw **bâaŋ** mây kin **bâaŋ**

朝ご飯を食べたり食べなかっ**たりします**。

＊ข้าวเช้า khâaw cháaw：朝ご飯

098

趣味に関する語まとめ

□ อ่านหนังสือ	ʔàan náŋ-sɯ̌ɯ	本を読む
□ ดูหนัง	duu nǎŋ	映画を見る
□ ฟังเพลง	faŋ phleeŋ	音楽を聞く
□ ร้องเพลง	rɔ́ɔŋ phleeŋ	歌を歌う
□ ปีนเขา	piin khǎw	山に登る
□ ขับรถเล่น	khàp rót lên	ドライブする
□ ทำอาหาร	tham ʔaa-hǎan	料理する
□ ทำขนม	tham kha-nǒm	お菓子を作る
□ เล่นกีฬา	lên kii-laa	スポーツをする
□ เล่นฟุตบอล	lên fút-bɔn	サッカーをする
□ เล่นเปียโน	lên pia-noo	ピアノを弾く
□ วาดภาพ	wâat phâap	絵を描く
□ ถ่ายรูป	thàay rûup	写真を撮る
□ เล่นเกม	lên keem	ゲームをする
□ ไปเที่ยว	pay thîaw	遊びに行く 旅行する 観光する

第 1 課　会話練習 4

1 言い換え練習です。何度も繰り返して言ってみましょう。

1 วันหยุด wan yùt **2** อาหารไทย ʔaa-hǎan thay **3** ที่เมืองไทย thîi mɯaŋ thay	(คุณ) (khun)	**a** ทำอะไร tham ʔa-ray **b** ชอบกินอะไร chɔ̂ɔp kin ʔa-ray **c** ไปเที่ยวไหน pay thîaw nǎy **d** ชอบเล่นกีฬาอะไร chɔ̂ɔp lên kii-laa ʔa-ray **e** ชอบสีอะไร chɔ̂ɔp sǐi ʔa-ray	บ้างคะ/ครับ bâaŋ kháʔ/khráp

1 休日に **2** 料理で **3** タイで	(あなたは)	**a** どんなことをします **b** どんなものを食べるのが好きです **c** どんな所へ観光に行きました **d** どんなスポーツをするのが好きです **e** どんな色が好きです	か。

2 言い換え練習です。何度も繰り返して言ってみましょう。

1 อ่านหนังสือ ʔàan náŋ-sʉ̌ʉ	บ้าง bâaŋ	a ดูหนัง duu nǎŋ	บ้างค่ะ/ครับ bâaŋ khâʔ/khráp
2 ไปขับรถเล่น pay khàp rót lên		b ไปปีนเขา pay piin khǎw	
3 วาดภาพ wâat phâap		c ถ่ายรูป thàay rûup	
4 ทำอาหาร tham ʔaa-hǎan		d (ทำ)ขนม (tham) kha-nǒm	
5 ร้องเพลง rɔ́ɔŋ phleeŋ		e เล่นเปียโน lên pia-noo	

1 本を読んだ	り	a 映画を見た	りします。
2 ドライブに行った		b 山に登った	
3 絵を描いた		c 写真を撮った	
4 料理を作った		d お菓子を作った	
5 うたを歌った		e ピアノを弾いた	

3 タイ語で言ってみましょう。

（解答例 p.323）

（1） 休みの日にどんなことをするのか，聞いてみましょう。

（2） 自分は休みの日に何をするのか，言ってみましょう。

บทที่ สอง

第2課　タクシーに乗る

タクシーに乗る時には手を上げて，タクシーを止め，ドアを開けて行き先を運転手に告げます。タイのタクシーは自動ドアではありません。乗客が開け閉めをします。

100

1　行き先を告げる

ซากุระ saa-ku-ráʔ	ไปตลาดดอกไม้ปากคลองตลาดค่ะ pay ta-làat dɔ̀ɔk-máay pàak khlɔɔŋ ta-làat khâʔ
คนขับรถแท็กซี่ khon khàp rót thέk-sîi	100 บาท nɯ̀ŋ rɔ́ɔy bàat
ซากุระ saa-ku-ráʔ	อ้าว ไม่ใช้มิเตอร์หรือคะ ʔâaw　mây cháy mí-tôə rə̌ə kháʔ
คนขับรถแท็กซี่ khon khàp rótthέksîi	ตอนนี้แถวนั้นรถติดมาก ไม่คุ้มครับ tɔɔn níi thɛ̌w nán rót tìt mâak　mây khúm khráp
ซากุระ saa-ku-ráʔ	ยังไงก็ใช้มิเตอร์ด้วยนะคะ yaŋ-ŋay kɔ̂ɔ cháy mí-tôə dûay náʔ kháʔ
คนขับรถแท็กซี่ khon khàp rót thέk-sîi	ครับ ๆ khráp khráp

サクラ　パークローンタラート花市場へ行ってください。

タクシー運転手　100 バーツです。

サクラ　あれ？メーターを使わないんですか。

タクシー運転手　今はその辺りは渋滞していて，割に合わないんです。

サクラ　とにかく，メーターを使ってください。

タクシー運転手　はい。

101

会話に出てくる単語

□ คนขับรถ	khon khàp rót	運転手
□ แท็กซี่	thέk-sîi	タクシー
□ ตลาด	ta-làat	市場
□ ดอกไม้	dɔ̀ɔk-máay	花
□ ปากคลองตลาด	pàak khlɔɔŋ ta-làat	パークローンタラート《地名》
□ มิเตอร์	mí-tɤ̂ə	メーター
□ หรือ	rɯ̌ɯ/rɤ̌ə	～（な）んですか　**文法２課②**
□ ตอนนี้	tɔɔn níi	今
□ แถวนั้น	thɛ̌w nán	あの辺り
□ รถติด	rót tìt	渋滞
□ คุ้ม	khúm	引き合う，採算がとれる
□ ยังไง(ก็)	yaŋ-ŋay (kɔ̂ɔ)	とにかく，ともあれ
□ ～ด้วย	～ dûay	《依頼》～てください
□ ครับ ๆ	khráp khráp	はいはい

文法解説

1 ยังไง(主語)ก็～ yaŋ-ŋay (主語) kɔ̂ɔ～

ยังไงก็ yaŋ-ŋay kɔ̂ɔ は「ともあれ」「とにかく」「いずれにしても」という表現です。ก็ kɔ̂ɔ はそれまでの話を受ける働きをしますが，省略されることもあります。

□ **ยังไง**(เรา)**ก็**รีบไปกันเถอะค่ะ/ครับ

yaŋ-ŋay (raw) kɔ̂ɔ rîip pay kan thə̀ʔ khâʔ/khráp

とにかく（私達は）急いで行きましょう。　＊～(กัน)เถอะ ～(kan) thə̀ʔ：～（しま）しょう

□ **ยังไง**(**ก็**)เจอกันพรุ่งนี้นะคะ/ครับ

yaŋ-ŋay (**kɔ̂ɔ**) cəə kan phrûŋ-níi náʔ kháʔ/khráp

ともあれ，明日会いましょう。　＊เจอ cəə：会う／พรุ่งนี้ phrûŋ-níi：明日

□ **ยังไงก็**ลองทำดูดีกว่า

yaŋ-ŋay kɔ̂ɔ lɔɔŋ tham duu dii kwàa

とにかくやってみるほうがいい。　＊ลอง ～ ดู lɔɔŋ ～ duu：試しに～てみる

2 (ช่วย) ~ **ด้วย** (chûay) ~ dûay

「~してください」とお願いする時に使用します。会話 2.4 参照

□ (**ช่วย**)ขับช้า ๆ **ด้วย**ค่ะ/ครับ

(**chûay**) khàp chá-cháa **dûay** khâʔ/khráp

ゆっくり運転**してください。**　＊ ขับรถ khàp rót：車を運転する／ ช้า ๆ chá-cháa：ゆっくり

□ (**ช่วย**)จอด(รถ)**ด้วย**ค่ะ/ครับ

(**chûay**) cɔ̀ɔt (rót) **dûay** khâʔ/khráp

（車を）止め**てください。**　＊ จอด cɔ̀ɔt：（車を）止める

□ (**ช่วย**)ทำความสะอาดห้อง**ด้วย**ค่ะ/ครับ

(**chûay**) tham khwaam sa-ʔàat hɔ̂ŋ **dûay** khâʔ/khráp

部屋の掃除を**してください。**

＊ ทำความสะอาด tham khwaam sa-ʔàat：掃除する／ ห้อง hɔ̂ŋ：部屋

第2課　会話練習1

1 言い換え練習です。何度も繰り返して言ってみましょう。

(ช่วย) (chûay)		ด้วยค่ะ/ครับ dûay khâʔ/khráp
	1 รีดเสื้อเชิ้ต rîit sɯ̂a chə́ət	
	2 นวดเบา ๆ nûat baw baw	
	3 ส่งของไปถึงที่พัก sòŋ khɔ̌ɔŋ pay thɯ̌ŋ thîi phák	
	4 จดเบอร์โทร.ของร้าน còt bəə thoo khɔ̌ɔŋ ráan	
	5 แนะนำร้านอาหารอร่อย nɛ́ʔ nam ráan ʔaa-hǎan ʔa-rɔ̀y	

1 シャツにアイロンをかけて	ください。
2 弱くマッサージして	
3 泊まっているところに荷物を送って	
4 店の電話番号を書き留めて	
5 おいしいレストランを紹介して	

2 タクシーに行き先を伝えましょう。

…› 〜まで行ってください。

例：ไปโรงแรมศรีภูมิค่ะ/ครับ pay rooŋb-rɛɛm sǐiphuum khâʔ/khráp

❶ สนามบินสุวรรณภูมิ sa-nǎam bin su-wan-na-phuum	スワンナプーム空港
❷ สถานีขนส่งเอกมัย sa-thǎa-nii khǒn-sòŋ ʔèek-ka-may	エカマイバスターミナル
❸ ธนาคารกรุงเทพ สาขาสีลม tha-naa-khaan kruŋ-thêep sǎa-khǎa sǐi-lom	バンコク銀行　シーロム支店
❹ ตลาดวัดใหญ่ ta-làat wát yày	ワット・ヤイ市場
❺ วัดไตรมิตร wát tray-mít	ワット・トライミット
❻ ไปรษณีย์กลาง pray-sa-nii klaaŋ	中央郵便局

104

2 行き方（高速か一般道か）を選ぶ

คนขับรถแท็กซี่ khon khàp rót thɛ́k-sîi	ขึ้นทางด่วนไหมครับ khŷn thaaŋ-dùan máy khráp
ซากุระ saa-ku-ráʔ	ไปทางข้างล่างได้ไหม pay thaaŋ khâŋ-lâaŋ dâay máy วันนี้ รถติดหรือเปล่า wan-níi rót tìt rʉ́ʉ plàaw
คนขับรถแท็กซี่ khon khàp rót thɛ́k-sîi	คิดว่าไม่ติดมาก khít wâa mây tìt mâak แต่ไปทางด่วนเร็วกว่าครับ tɛ̀ɛ pay thaaŋ-dùan rew kwàa khráp
ซากุระ saa-ku-ráʔ	งั้นไปทางด่วนแล้วกัน ŋán pay thaaŋ-dùan lɛ́ɛw kan

タクシー運転手　高速道路に乗りますか。

サクラ　下の道（一般道）を行けますか。
今日は渋滞しているでしょうか。

タクシー運転手　あまり渋滞していないと思います。
でも，高速道路を行ったほうが速いです。

サクラ　じゃあ，高速を行ってください。

105

会話に出てくる単語

□ ขึ้น~	khûn ~	~に乗る，上がる
□ ทางด่วน	thaaŋ-dùan	高速道路
□ ข้างล่าง	khâŋ-lâaŋ	下　**文法 4 課②**
□ ~ได้ไหม	~ dâay máy	~でもいいですか
□ รถติด	rót tìt	渋滞（する）
□ เร็ว	rew	速い
□ ~กว่ากัน	~ kwàa kan	より~ですか
□ คิดว่า~	khít wâa ~	~と思う　**文法 10 課①**
□ แต่	tὲε	しかし，でも　**文法 13 課③**
□ งั้น	ŋán	じゃあ，そういうことなら
□ ~แล้วกัน	~ lέεw kan	~にしましょう

文法解説

1 ～(ก็)แล้วกัน　～ (kɔ̂ɔ) lɛ́ɛw kan

「～（ということ）にします」と，迷った時に自分の選択，決定を相手に伝えたい，または話し合いや交渉の落としどころを決めたいときに文末につけて使います。話し合いや，交渉の場合，前の話を受ける働きをする **ก็** kɔ̂ɔ を使って～ **ก็แล้วกัน** kɔ̂ɔ lɛ́ɛw kan ということもあります。

□ วันนี้ดึกแล้ว คุยกันพรุ่งนี้**แล้วกัน**

wan-níi dùk lɛ́ɛw　khuy kan phrûŋ-níi **lɛ́ɛw kan**

今日はもう遅いので，明日話すこと**にしましょう**。

＊ ดึก dùk：夜遅い／ คุยกัน khuy kan：話す，しゃべる

□ ตกลงอาหารเที่ยงวันนี้ กินอะไรดี

tòk-loŋ ʔaa-hǎan thîaŋ wan-níi　kin ʔa-ray dii

結局，今日のお昼は何を食べようか。

＊ ตกลง tòk-loŋ：結局，合意する

—อืม อยากกินเผ็ด ๆ ไก่ย่างส้มตำ**ก็แล้วกัน**

ʔɯɯm　yàak kin phèt phèt　kày yâaŋ sôm tam **kɔ̂ɔ lɛ́ɛw kan**

——うーん。辛いものが食べたい。ガイヤーンとソムタム**にしよう**。

□ เสาร์อาทิตย์นี้ ไปเที่ยวไหนดี

sǎw ʔaa-thít níi　pay thîaw nǎy dii

この土日はどこへ遊びに行きましょうか。

＊ เสาร์อาทิตย์ sǎw ʔaa-thít：土日

―อยากไปทะเล มีทะเลใกล้ ๆ ไหม

yàak pay tha-lee　mii tha-lee klây klây máy

―海へ行きたいです。近くに海はありませんか。

＊ อยาก yàak：～（し）たい／ใกล้ ๆ klay klay：近い（ところ）

พัทยาเป็นยังไง

phát-tha-yaa pen yaŋ-ŋay

パタヤーはどうですか。

―พัทยาคนเยอะ ไปบางแสน**ก็แล้วกัน**

phát-tha-yaa khon yəʔ　pay baaŋ-sɛ̌ɛn **kɔ̂ɔ lɛ́ɛw kan**

―パタヤーは人が多いです。バーンセーンへ行くこと**にしましょう**。

第２課　会話練習２

次の問いかけに答えてみましょう。　（解答例 p.323）

(1) Ⓐ ไปดูหนังหรือไปชอปปิง

pay duu nǎŋ rʉ̌ʉ pay chɔ́p-pîŋ

映画を見に行くか，買い物に行きませんか。

Ⓑ

---

(2) Ⓐ ไปเที่ยวไหนดี

pay thîaw nǎy dii

どこへ遊びに行ったらよいでしょう？

Ⓑ

---

(3) Ⓐ ไปอย่างไรดี ไปเครื่องบินหรือรถไฟ

pay yàaŋ-ray dii　pay khrʉ̂aŋ-bin rʉ̌ʉ rót-fay

どう行きましょうか。飛行機で行きますか。それとも電車ですか。

Ⓑ

タイの地名③　中央部
ภาคกลาง phâak klaaŋ

❶	กรุงเทพมหานคร	kruŋ-thêep-ma-hǎa-ná-khɔɔn	クルンテープ・マハーナコーン（バンコク）
❷	กาญจนบุรี	kaan-ca-ná-bu-rii	カンチャナブリー
❸	ชัยนาท	chay-nâat	チャイナート
❹	นครปฐม	ná-khɔɔn-pa-thǒm	ナコーンパトム
❺	นนทบุรี	non-thá-bu-rii	ノンタブリー
❻	ปทุมธานี	pa-thum-thaa-nii	パトゥムターニー
❼	ประจวบคีรีขันธ์	pra-cùap-khii-rii-khǎn	プラチュアップキリカン
❽	พระนครศรีอยุธยา	phrá-ná-khɔɔn-sǐi-ʔa-yút-tha-yaa	（プラナコーンシー）アユタヤ
❾	เพชรบุรี	phét-cha-bu-rii	ペッチャブリー
❿	ราชบุรี	râat-cha-bu-rii	ラーチャブリー
⓫	ลพบุรี	lóp-bu-rii	ロッブリー
⓬	สมุทรสงคราม	sà-mùt-sǒŋ-khraam	サムットソンクラーム
⓭	สมุทรสาคร	sa-mùt-sǎa-khɔɔn	サムットサーコーン
⓮	สระบุรี	sa-rà-bu-rii	サラブリー
⓯	สิงห์บุรี	sǐŋ-bu-rii	シンブリー
⓰	สุพรรณบุรี	sù-phan-bu-rii	スパンブリー
⓱	อ่างทอง	ʔàaŋ-thɔɔŋ	アーントーン

108

3 ホテルへ行ってもらう

ซากุระ saa-ku-ráʔ	ไปโรงแรมซิตี้ อินน์ค่ะ pay rooŋ-rɛɛm si-tîi ʔin khâʔ
คนขับรถแท็กซี่ khon khàp rót thɛ́k-sîi	โรงแรมอะไรนะครับ rooŋ-rɛɛm ʔa-ray náʔ khráp
ซากุระ saa-ku-ráʔ	โรงแรมซิตี้ อินน์ค่ะ rooŋ-rɛɛm si-tîi ʔin khâʔ
คนขับรถแท็กซี่ khon khàp rót thɛ́k-sîi	บอกทางได้ไหมครับ bɔ̀ɔk thaaŋ dâay máy khráp
ซากุระ saa-ku-ráʔ	ฉันก็ไม่เคยไป chán kɔ̂ɔ mây khəəy pay
คนขับรถแท็กซี่ khon khàp rót thɛ́k-sîi	อ้าว...... อยู่แถวไหนครับ ʔâaw... yùu thɛ̌w nǎy khráp
ซากุระ saa-ku-ráʔ	ถนนสีลม tha-nǒn sǐi-lom ชื่อเก่าชื่อโรงแรมสยามค่ะ chɯ̂ɯ kàw chɯ̂ɯ rooŋ-rɛɛm sa-yǎam khâʔ
คนขับรถแท็กซี่ khon khàp rót thɛ́k-sîi	อ๋อ โรงแรมสยาม รู้จักครับ ʔɔ̌ɔ rooŋ-rɛɛm sa-yǎam rúu-càk khráp
ซากุระ saa-ku-ráʔ	ระหว่างทาง ขอแวะเซเว่นหน่อยนะคะ ra-wàaŋ thaaŋ khɔ̌ɔ wɛ́ʔ see-wên nɔ̀y náʔ kháʔ
คนขับรถแท็กซี่ khon khàp rót thɛ́k-sîi	ได้ครับ dâay khráp

サクラ　シティインホテルへ行ってください。

タクシー運転手　何ホテルですって？

サクラ　シティインホテルです。

タクシー運転手　道を教えてくださいますか。

サクラ　私も行ったことがないんです。

タクシー運転手　え……　どの辺りにありますか。

サクラ　シーロム通りです。
古い名前はサイアムホテルです。

タクシー運転手　ああ，サイアムホテル。知ってます。

サクラ　途中でセブンイレブンに寄らせてください。

タクシー運転手　いいですよ。

109

会話に出てくる単語

□ โรงแรมซิตี้ อินน์	rooŋ-rɛɛm　si-tîi ʔin	シティーインホテル
□ โรงแรม	rooŋ-rɛɛm	ホテル
□ อะไรนะ	ʔa-ray náʔ	何ですって？
□ บอก	bɔ̀ɔk	教える，告げる，指示する
□ บอกทาง	bɔ̀ɔk thaaŋ	道（順）を教える
□ ～ก็	～ kɔ̂ɔ	～も
□ ไม่เคย～	mây khəəy ～	～したことがない　**文法８課①**
□ อยู่	yùu	ある　**文法４課①**
□ แถวไหน	thɛ̌w nǎy	どの辺り
□ ถนนสีลม	tha-nǒn sǐi-lom	シーロム通り
□ ชื่อเก่า	chʉ̂ʉ kàw	古い名前
□ โรงแรมสยาม	rooŋ-rɛɛm sa-yǎam	サイアムホテル
□ อ๋อ	ʔɔ̌ɔ	ああ（わかった！）
□ ได้	dâay	いいですよ
□ ระหว่างทาง	ra-wàaŋ thaaŋ	道中，途中
□ แวะ	wɛ́ʔ	寄る
□ เซเว่น	see-wên	セブンイレブン

文法解説

1 ～นะ ～náʔ

聞き取れなかった場合や，確認のために聞き返したい時などにも **นะ** náʔ を文末につけることがあります。

□ เมื่อกี้อาจารย์พูดว่าอะไร**นะ**คะ/ครับ

mûa-kîi ʔaa-caan phûut wâa ʔa-ray **náʔ** kháʔ/khráp

さっき先生は何と言いましたか。

＊เมื่อกี้(นี้) mûa-kîi(-níi)：さっき／อาจารย์ ʔaa-caan：先生／พูด phûut：話す

□ คุณจะไปเมืองไทยเมื่อไร**นะ**คะ/ครับ

khun ca pay mɯaŋ thay mûa-rày **náʔ** kháʔ/khráp

あなたはいつタイへ行くんでしたっけ？

＊เมืองไทย mɯaŋ thay：タイ（国）／เมื่อไร/เมื่อไหร่ mûa-ray/mûa-rày：いつ

□ พรุ่งนี้ ประชุมกี่โมง**นะ**คะ/ครับ

phrûŋ-níi pra-chum kìi mooŋ **náʔ** kháʔ/khráp

明日 何時から会議するんでしたっけ？

＊ประชุม pra-chum：会議（する）

---

2 อ๋อ ʔɔ̌ɔ

อ๋อ ʔɔ̌ɔ は「ああ，そういうことか」「ああ，そのことか」「ああ，わかった」等，納得できた場合に使われる間投詞です。

□ ป้ายนั้นเขียนว่าอะไร

pâay nán khǐan wâa ʔa-ray kháʔ/khráp

あの看板はなんて書いてありますか。

＊ป้าย pâay：看板／เขียน(ว่า～) khǐan (wâa～)：（～と）書いてある

—ป้ายไหน...... **อ๋อ** เขียนว่าห้ามสูบบุหรี่

pâay nǎy...... ʔɔ̌ɔ khǐan wâa hâam sùup bu-rìi

――どの看板ですか…。**ああ**，禁煙と書いてあります。

＊ห้ามสูบบุหรี่ hâam sùup bu-rìi：禁煙

□ ช่วงนี้เห็นดอกสีขาวนี้บ่อยนะคะ/ครับ ที่ร้านหนังสือก็มี

chûaŋ níi hěn dɔ̀ɔk sǐi khǎaw níi bɔ̀y náʔ kháʔ/khráp thîi ráan náŋ-sɯ̌ɯ kɔ̂ɔ mii

最近よくこの白い花を見ますね。本屋にもありました。

＊ช่วงนี้ chûaŋ níi：このところ，最近／เห็น hěn：見える／ดอก(ไม้) dɔ̀ɔk (máay)：花
สีขาว sǐi khǎaw：白い／บ่อย bɔ̀y：頻繁に，よく／ร้านหนังสือ ráan náŋ-sɯ̌ɯ：本屋

—เพราะใกล้วันแม่ค่ะ/ครับ เราจะให้ดอกมะลิแม่

phrɔ́ʔ klây wan mɛ̂ɛ khâʔ/khráp raw ca hây dɔ̀ɔk ma-líʔ mɛ̂ɛ

——母の日が近いから。私たちは母にジャスミンをあげます。

＊เพราะ phrɔ́ʔ：なぜならば／วันแม่ wan mɛ̂ɛ：母の日／ดอกมะลิ dɔ̀ɔk ma-líʔ：ジャスミンの花

อ๋อ หรือคะ/ครับ

ʔɔ̌ɔ rɯ̌ɯ kháʔ/khráp

ああ，そうなんですか。

3 ขอ ～ khɔ̌ɔ ～

ขอ khɔ̌ɔ は「請う」という意味です。後ろに名詞が続く時には「～を請う」「～をください」と訳されますが，動詞が続く場合は「～することを請う」ですから，「～させてください」または「～させてもらいます」となります。話す人がしたいことに使います。相手にして欲しいことに使うのではない点に注意しましょう。

□ ดิฉัน/ผม**ขอ**นั่งที่นี่

di-chán/phǒm **khɔ̌ɔ** nâŋ thîi nîi

私はここに座ら**せていただきます**。

＊นั่ง nâŋ：座る／ที่นี่ thîi nîi：ここ

□ (ดิฉัน/ผม)**ขอ**ดูเมนู

(di-chán/phǒm) **khɔ̌ɔ** duu mee-nuu

＊ดู duu：見る／เมนู mee-nuu：メニュー

（私は）メニューを見**せてください**。

□ **ขอ**ยืมมีดปอกผลไม้

khɔ̌ɔ yɯɯm mîit pɔ̀ɔk phǒn-la-máay

果物の皮を剥くナイフを貸**してください**（借り**させてください**）。

＊ยืม yɯɯm：借りる／มีด mîit：ナイフ／ปอก pɔ̀ɔk：（皮を）剥く／ผลไม้ phǒn-la-máay：果物

111

第2課　会話練習3

1 言い換え練習です。何度も繰り返して言ってみましょう。

ขอ khɔ̌ɔ	1 ยืมปากกา yɯɯm pàak-kaa 2 พูดกับคุณแก้ว phûut kàp khun kɛ̂ɛw 3 แวะซื้อกาแฟ wɛ́ʔ sɯ́ɯ kaa-fɛɛ 4 เข้าห้องน้ำ khâw hɔ̂ŋ-náam 5 สั่งอาหาร sàŋ ʔaa-hǎan	(หน่อย) ค่ะ/ครับ (nɔ̀y) khâʔ/khráp

1 ペンを貸して 2 ケーオさんと話させて 3 コーヒーを買いに寄らせて 4 お手洗いに入らせて 5 料理を注文させて	ください。

2 メーターを使うことを確認して，タクシーに行き先を伝えましょう。

…→ メーターを使ってスワンナプーム空港まで行ってください。

例：ไปสนามบินสุวรรณภูมิ ใช้มิเตอร์นะคะ/ครับ

pay sa-nǎam bin su-wan-na-phuum cháy mi-tə̂ə náʔ kháʔ/khráp

❶ สนามบินอู่ตะเภา sa-nǎam bin ʔùu-ta-phaw	ウタパオ空港
❷ สถานีขนส่งหมอชิต 2 sa-thǎa-nii- khǒn-sòŋ mɔ̌ɔ-chít-sɔ̌ɔŋ	第２モーチットバスターミナル
❸ โรงแรมไทยธานี rooŋ-rɛɛm thay-thaa-nii	タイターニーホテル

3 地方の乗り合いタクシーでは，価格交渉が必要な場合もあります。行き先を告げた後は運賃を聞いてみましょう。

…→ 空港までいくらですか。

例：ไปสนามบิน เท่าไรคะ/ครับ pay sa-nǎam bin thâw-rày kháʔ/khráp

❶ สนามบิน sa-nǎam bin	空港
❷ ตลาด ta-làat	市場
❸ สถานีขนส่ง sa-thǎa-nii khǒn-sòŋ	長距離バスターミナル

4 エアコンを弱めてもらう

ซากุระ saa-ku-ráʔ	ขอโทษนะคะ khɔ̌ɔ thôot náʔ kháʔ
คนขับรถแท็กซี่ khon khàp rót thɛ́k-sîi	ครับ khráp
ซากุระ saa-ku-ráʔ	ช่วยหรี่แอร์หน่อยค่ะ chûay rìi ʔɛɛ nɔ̀y khâʔ
คนขับรถแท็กซี่ khon khàp rót thɛ́k-sîi	หนาวไปหรือครับ nǎaw pay rɯ̌ə khráp ได้ครับ dâay khráp
ซากุระ saa-ku-ráʔ	ขอบคุณค่ะ khɔ̀ɔp khun khâʔ

サクラ　すみません。

タクシー運転手　はい。

サクラ　エアコンを弱くしてください。

タクシー運転手　寒すぎますか。
いいですよ。

サクラ　ありがとうございます。

113

会話に出てくる単語

□ ช่วย	chûay	《依頼する時に使う》，手伝う
□ หรี่	rìi	弱くする
□ แอร์	ʔɛɛ	エアコン
□ ～หน่อย	～ nɔ̀y	ちょっと～
□ หนาว	nǎaw	寒い
□ ～ไป	～ pay	～すぎる

文法解説

1 ช่วย～ chûay～

「ちょっと～してください」とお願いする時に使用します。ช่วย chûay の後ろに手伝って欲しいことや，相手にして欲しいことを続けます。最後に「ちょっとお願いします」の「ちょっと」と似た意味を持つ หน่อย nɔ̀y を使うことが多いです。以前で学習した ด้วย dûay の方がどちらかというと「指示する」意味合いが強い表現になることがあります。

□ **ช่วย**เรียกแท็กซี่**หน่อย**ค่ะ/ครับ

chûay rîak thɛ́k-sîi **nɔ̀y** khâʔ/khráp

タクシーを呼んで**ください**。　＊เรียก rîak：呼ぶ

□ **ช่วย**เปิดประตู**หน่อย**ค่ะ/ครับ

chûay pə̀ət pra-tuu **nɔ̀y** khâʔ/khráp

ドアを開けて**ください**。　＊เปิด pə̀ət：開ける／ประตู pratuu：ドア

□ **ช่วย**เขียนที่อยู่ของร้าน**หน่อย**ค่ะ/ครับ

chûay khǐan thîi-yùu khɔ̌ɔŋ ráan **nɔ̀y** khâʔ/khráp

お店の住所を書いてください。　＊ที่อยู่ thîi yùu：住所

2 ～ไป ～pay

「～すぎる」という時には形容詞や副詞の後ろに (เกิน)ไป (kəən)pay を使います。

□ เสื้อเชิ้ตตัวนี้เล็ก(**เกิน**)**ไป**

sûa-chə́ət tua níi lék (**kəən**) **pay**

このシャツは小さ**すぎます**。

＊ เสื้อเชิ้ต sûa-chə́ət：シャツ／ ตัว tua ：《服の類別詞》／ เล็ก lék ：小さい

□ เราสั่งอาหารเยอะ(**เกิน**)**ไป**

raw sàŋ ʔaa-hǎan yə́ʔ (**kəən**) **pay**

私たちは料理をたくさん注文し**すぎました**（**多すぎました**）。

＊ สั่ง sàŋ：注文する／ อาหาร ʔaa-hǎan：料理／ เยอะ yə́ʔ：たくさん

□ เมื่อวานนี้ ผมดื่มเบียร์มาก(**เกิน**)**ไป**

mûa-waan-níi phǒm dùum bia mâak (**kəən**) **pay**

昨日私はビールをたくさん飲み**すぎました**。

＊ ดื่ม dùum：飲む／ เบียร์ bia：ビール／ มาก mâak：たくさん，とても

第2課　会話練習 4

言い換え練習です。何度も繰り返して言ってみましょう。

(1)　ช่วย　chûay

1 เปิดหน้าต่าง pə̀ət nâa-tàaŋ
2 จองรถตู้ cɔɔŋ rót-tûu
3 แนะนำร้านอาหาร nɛ́ʔ-nam ráan ʔaa-hǎan
4 จดเบอร์โทรศัพท์ còt bəə thoo-ra-sàp
5 บอกชื่อร้าน bɔ̀ɔk chɯ̂ɯ ráan

หน่อยค่ะ/ครับ　nɔ̀y khâʔ/khráp

1 窓を開けて
2 ワンボックスカーを予約して
3 レストランを紹介して
4 電話番号を書きとめて
5 店の名前を教えて

ください。

(2)

1 ผ้าผืนนี้   หนา   เกินไปค่ะ/ครับ

phâa phǔɯn níi   nǎa   kəən pay khâʔ/khráp

2 ห้องนี้   แคบ

hɔ̂ŋ níi   khɛ̂ɛp

3 กระเป๋าเขา   เล็ก

kra-pǎw kháw   lék

4 ขนมเค้กนี้   หวาน

kha-nǒm-khéek níi   wǎan

5 ใส่พริก   มาก

sày phrík   mâak

1 この生地は	厚	すぎます。
2 この部屋は	狭	
3 彼 / 彼女の鞄は	小さ	
4 このケーキは	甘	
5 唐辛子を入れるのが	多	

116

1 道を聞く

อากิระ ʔaa-ki-ráʔ	ขอโทษครับ ขอถามหน่อยครับ khɔ̌ɔ thôot khráp khɔ̌ɔ thǎam nɔ̀y khráp
พนักงานโรงแรม pha-nák-ŋaan rooŋ-rɛɛm	ค่ะ มีอะไรหรือคะ khâʔ mii ʔa-ray rə̌ə kháʔ
อากิระ ʔaa-ki-ráʔ	ผมอยากไปร้านอาหารที่ชื่อสยามโภชนาครับ phǒm yàak pay ráan ʔaa-hǎan thîi chɯ̂ɯ sa-yǎam phoo-cha-naa khráp
พนักงานโรงแรม pha-nák-ŋaan rooŋ-rɛɛm	เรียกแท็กซี่ไหมคะ rîak thɛ́k-sîi máy kháʔ
อากิระ ʔaa-ki-ráʔ	ไม่ครับ ผมอยากเดินไป เดินกี่นาทีครับ mây khráp phǒm yàak dəən pay dəən kìi naa-thii khráp
พนักงานโรงแรม pha-nák-ŋaan rooŋ-rɛɛm	เดินไปประมาณ 15 นาทีค่ะ dəən pay pra-maan sìp hâa naa-thii khâʔ
อากิระ ʔaa-ki-ráʔ	เดินไปอย่างไรครับ dəən pay yàaŋ-ray khráp
พนักงานโรงแรม pha-nák-ŋaan rooŋ-rɛɛm	เดินตรงไปแล้วเลี้ยวซ้ายที่ซอย 11 dəən troŋ pay lɛ́ɛw líaw sáay thîi sɔɔy sìp ʔèt
อากิระ ʔaa-ki-ráʔ	เลี้ยวซ้ายเข้าซอย 11 ใช่ไหมครับ líaw sáay khâw sɔɔy sìp ʔèt chây máy khráp
พนักงานโรงแรม pha-nák-ŋaan rooŋ-rɛɛm	ค่ะ แล้วเดินไปเรื่อย ๆ khâʔ lɛ́ɛw dəən pay rɯ̂ay rɯ̂ay ร้านจะอยู่ทางขวามือค่ะ ráan ca yùu thaaŋ khwǎa mɯɯ khâʔ
อากิระ ʔaa-ki-ráʔ	ครับ ขอบคุณมากครับ khráp khɔ̀ɔp khun mâak khráp

アキラ	すみません。ちょっとお尋ねします。	
ホテル従業員	はい。何でしょう。	
アキラ	サイアム・ポーチャナーというレストランへ行きたいんですが。	
ホテル従業員	タクシーを呼びましょうか。	
アキラ	いいえ。歩いて行きたいです。歩いて何分ですか。	
ホテル従業員	歩いて 15 分ぐらいです。	
アキラ	どう（歩いて）行くんですか。	
ホテル従業員	まっすぐ行って，ソイ 11 を左に曲がります。	
アキラ	左に曲がってソイ 11 に入るんですね。	
ホテル従業員	ええ。それからずっと歩いて行くとお店は右手にあります。	
アキラ	はい。どうもありがとうございます。	

117

会話に出てくる単語

☐ ขอ~หน่อย	khɔ̌ɔ ~ nɔ̀y	～させてください
☐ ถาม	thǎam	尋ねる，質問する
☐ ร้านอาหาร	ráan ʔaa-hǎan	レストラン
☐ สยามโภชนา	sa-yǎam phoo-cha-naa	サイアム・ポーチャナー《店名》
☐ เรียก	rîak	呼ぶ
☐ เดินไป	dəən pay	歩いて行く
☐ ไกล	klay	遠い
☐ ประมาณ~	pra-maan ~	約～
☐ 15 นาที	sìp hâa naa-thii	15 分
☐ งั้น	ŋán	（それ）じゃあ
☐ ตรงไป	troŋ pay	まっすぐ行く
☐ แล้ว	lɛ́ɛw	それから（その後で）
☐ เลี้ยวซ้าย	líaw sáay	左に曲がる
☐ ซอย 11	sɔɔy sìp ʔèt	ソイ 11
☐ เข้า	khâw	入る
☐ ~เรื่อย ๆ	~ rûay rûay	ずっと～
☐ ทางขวามือ	thaaŋ khwǎa mɯɯ	右手のほう

道順の言い方

☐ ตรงไป	troŋ pay	直進する
☐ เลี้ยวขวา	líaw khwǎa	右折する
☐ ชิดซ้าย	chít sáay	左に寄る
☐ ข้ามสะพาน	khâam sa-phaan	橋を渡る
☐ ลอดใต้สะพานยกระดับ	lɔ̂ɔt tâay sa-phaan yók ra-dàp	高架橋の下をくぐる
☐ ไปตามถนน	pay taam tha-nǒn	道なりに行く
☐ กลับรถ	klàp rót	(車で) Uターンする
☐ เลยสถานีรถไฟ	ləəy sa-thǎa-nii rót-fay	駅を通り過ぎる
☐ สี่แยก	sìi yɛ̂ɛk	交差点（四つ角）
☐ สามแยก	sǎam yɛ̂ɛk	三叉路
☐ (ทาง)โค้ง	(thaaŋ) khóoŋ	カーブ（曲り道）
☐ ทางม้าลาย	thaaŋ máa laay	横断歩道
☐ สะพานลอย	sa-phaan lɔɔy	歩道橋，陸橋
☐ ทางเท้า	thaaŋ tháaw	歩道
☐ ไฟแดง(สัญญาณไฟจราจร)	fay dɛɛŋ (sǎn-yaan fay ca-raa-cɔɔn)	信号
☐ ป้ายรถเมล์	pâay rót-mee	バス停
☐ สถานีรถไฟ	sa-thǎa-nii rót-fay	駅
☐ ป้อมตำรวจ	pɔ̂m tam-rùat	交番
☐ แม่น้ำ	mɛ̂ɛ-náam	川
☐ คลอง	khlɔɔŋ	運河

119

第 3 課　会話練習 1

言い換え練習です。何度も繰り返して言ってみましょう。

(1) เดินตรงไป แล้ว
dəən troŋ pay léɛw

1 เลี้ยวซ้าย
líaw sáay

2 ข้ามแม่น้ำ
khâam mɛ̂ɛ-náam

ค่ะ/ครับ
khâʔ/khráp

まっすぐ歩いて行って

1 左に曲がります
2 川を渡ります

。

(2) ลอดใต้สะพานแล้ว
lɔ̂ɔt tâay sa-phaan léɛw

1 ไปตามถนน
pay taam tha-nǒn

2 เลี้ยวขวา
líaw khwǎa

ค่ะ/ครับ
khâʔ/khráp

橋をくぐって

1 道なりに行きます
2 右に曲がります

。

(3) เลยสถานีรถไฟแล้ว
ləəy sa-thǎa-nii rót-fay léɛw

1 เข้าซอย 34
khâw sɔɔy sǎam sìp sìi

2 จะอยู่ทางขวา
ca yùu thaaŋ khwǎa

ค่ะ/ครับ
khâʔ/khráp

駅を通り過ぎて

1 ソイ 34 に入ります
2 右のほうにあります

。

120

2 電車の切符を買う

มาซารุ maa-saa-rúʔ	รถไฟไปอยุธยาจะออกกี่โมงครับ rót-fay pay ʔa-yút-tha-yaa ca ʔɔ̀ɔk kìi mooŋ khráp
พนักงานขายตั๋ว pha-nák-ŋaan khǎay tǔa	6:40 ค่ะ hòk mooŋ sìi sìp (naa-thii) khâʔ
มาซารุ maa-saa-rúʔ	ถึงอยุธยากี่โมงครับ thʉ̌ŋ ʔa-yút-tha-yaa kìi mooŋ khráp
พนักงานขายตั๋ว pha-nák-ŋaan khǎay tǔa	8:25 ค่ะ pɛ̀ɛt mooŋ yîi sìp hâa (naa-thii) khâʔ
มาซารุ maa-saa-rúʔ	เที่ยวต่อไปล่ะครับ thîaw tɔ̀ɔ pay lâʔ khráp
พนักงานขายตั๋ว pha-nák-ŋaan khǎay tǔa	7:00 ถึงอยุธยา 8:37 ค่ะ cèt mooŋ thʉ̌ŋ ʔa-yút-tha-yaa pɛ̀ɛt mooŋ sǎam sìp cèt (naa-thii) khâʔ
มาซารุ maa-saa-rúʔ	ขอเที่ยว 6:40 แล้วกัน เท่าไรครับ khɔ̌ɔ thîaw hòk mooŋ sìi sìp (naa-thii) lɛ́ɛw kan thâw-rày khráp
พนักงานขายตั๋ว pha-nák-ŋaan khǎay tǔa	15 บาทค่ะ ขึ้นรถที่ชานชาลาที่ 7 ค่ะ sìp hâa bàat khâʔ khʉ̂n rót thîi chaan-chaa-laa thîi cèt khâʔ

マサル　アユタヤへ行く電車は何時に出発しますか。

販売員　6 時 40 分です。

マサル　アユタヤに何時に着きますか。

販売員　8 時 25 分です。

マサル　次の電車は？

販売員　7 時です。アユタヤに 8 時 37 分に着きます。

マサル　6 時 40 分の電車にします。いくらですか。

販売員　15 バーツです。7 番ホームで乗車してください。

121

会話に出てくる単語

□ รถไฟ	rót-fay	電車
□ อยุธยา	ʔa-yút-tha-yaa	アユタヤ
□ ออก	ʔɔ̀ɔk	出る，出発する
□ กี่โมง	kìi mooŋ	何時
□ เที่ยว	thîaw	便
□ ต่อไป	tɔ̀ɔ pay	次の（続く）
□ ขอ～	khɔ̌ɔ ～	～をください
□ ขึ้น	khûn	乗る
□ ชานชาลาที่ 7	chaan-chaa-laa thîi cèt	7 番線ホーム
□ ชานชาลา	chaan-chaa-laa	プラットホーム

第３課　会話練習２

1 言い換え練習です。何度も繰り返して言ってみましょう。

ขอโทษนะคะ/ครับ
khɔ̌ɔ thôot náʔ kháʔ/khráp

1 รถไฟไปหนองคาย
rót-fay pay nɔ̌ɔŋ-khaay

2 เครื่องบินไปภูเก็ต
khrɯ̂aŋ-bin pay phuu-kèt

3 รถทัวร์ไปจันทบุรี
rót-thua pay can-thá-bu-rii

4 รถไฟไปลำปาง
rót-fay pay lam-paaŋ

5 รถทัวร์ไปชุมพร
rót-thua pay chum-phɔɔn

ออกกี่โมงคะ/ครับ
ʔɔ̀ɔk kìi mooŋ kháʔ/khráp

すみません。

1 ノンカーイへ行く電車は

2 プーケットへ行く飛行機

3 ジャンタブリーへ行くバス

4 ランパーンへ行く電車

5 チュンポーンへ行くバス

何時に出発しますか。

2 時間を選んで次のチケットを買ってみましょう。 (解答例 p.324)

(1) รถไฟไปมหาชัย

rót-fay pay ma-hǎa-chay

マハーチャイ行き電車

วงเวียนใหญ่	woŋ-wian-yày	07:00	07:40	08:35
↓		↓	↓	↓
มหาชัย	ma-hǎa-chay	07:58	08:39	09:28

(2) รถทัวร์ไปหัวหิน

rót-thua pay hǔa-hǐn

フアヒン行き長距離バス

กรุงเทพฯ	kruŋ-thêep	06:00	10:00	11:30
↓		↓	↓	↓
หัวหิน	hǔa-hǐn	08:20	12:20	15:30

(3) รถไฟไปอุบลราชธานี

rót-fay pay ʔu-bon-râat-cha-thaa-nii

ウボンラーチャターニー行き電車

กรุงเทพฯ	kruŋ-thêep	05:45	6:40	18:55	20:30
↓		↓	↓	↓	↓
อุบลฯ	ʔu-bon	14:00	18:00	06:15	06:35

3 予約を変更する

พนักงาน
pha-nák ŋaan

สวัสดีค่ะ
sa-wàt-dii khâʔ

ยูกิ
yuu-kìʔ

สวัสดีครับ ผมจองรถตู้ไว้มะรืนนี้
sa-wàt-dii khráp phǒm cɔɔŋ rót-tûu wáy ma-rɯɯn níi

พนักงาน
pha-nák-ŋaan

ค่ะ ขอทราบชื่อด้วยค่ะ
khâʔ khɔ̌ɔ sâap chɯ̂ɯ dûay khâʔ

ยูกิ
yuu-kìʔ

ชื่อยูกิ มิยาโมโตะครับ
chɯ̂ɯ yuu-kìʔ mí-yaa-moo-tòʔ khráp

อยากจะขอเลื่อนเป็นวันพุธหน้าครับ
yàak càʔ khɔ̌ɔ lɯ̂an pen wan-phút nâa khráp

พนักงาน
pha-nák ŋaan

รอสักครู่นะคะ จะเช็กรถค่ะ
rɔɔ sák khrûu náʔ kháʔ   ca chék rót khâʔ

*****

พนักงาน
pha-nák ŋaan

เลื่อนได้ค่ะ
lɯ̂an dâay khâʔ

วันพุธหน้า รถมารับที่โรงแรมเวลาเดิม 6 โมงครึ่งนะคะ
wan phút nâa rót maa ráp thîi rooŋ-rɛɛm wee-laa dəəm hòk mooŋ khrɯ̂ŋ náʔ kháʔ

ยูกิ
yuu-kìʔ

ครับ ขอบคุณมากครับ
khráp khɔ̀ɔp khun mâak khráp

従業員 こんにちは。

ユウキ こんにちは。明後日ワンボックスカーを予約しているんですが。

従業員 はい。お名前を伺えますか。

ユウキ 宮本悠生です。
利用する日を来週の水曜日に延期したいんですが。

従業員 少々お持ちください。車を確認します。

＊＊＊＊＊

従業員 変更（延期）できます。
来週の水曜日，ホテルに（延期前と）同じ６時半に（車が）迎えに来ます。

ユウキ はい。ありがとうございます。

124

会話に出てくる単語

□ ~ไว้	～ wáy	（～て）おく，ある　**文法４課③**
□ รถตู้	rót-tûu	ワンボックスカー
□ มะรืนนี้	ma-ruuun níi	明後日　**文法６課⑥**
□ ขอทราบ~ด้วย	khɔ̌ɔ sâap ～ dûay	～を教えてください
□ เลื่อนเป็น~	lûan pen ～	～に延期する
□ วันพุธหน้า	wan-phút nâa	次の水曜日　**文法６課⑤**
□ รอ	rɔɔ	待つ
□ สักครู่	sák khrûu	しばらく
□ เช็ก~	chék ～	～をチェックする，確認する
□ มารับ~	maa ráp ～	～を迎えにくる
□ เวลาเดิม	wee-laa dəəm	同じ時間，元の時間

文法解説

1 ขอทราบชื่อด้วยค่ะ **khɔ̌ɔ sâap** chɯ̂ɯ **dûay khâʔ**

直訳すると「お名前を（私に）知らせてください」ですが，「お名前を教えてください」という意味になります。

□ **ขอทราบ**เบอร์ติดต่อ**ด้วย**ค่ะ

khɔ̌ɔ sâap bəə tìt-tɔ̀ɔ **dûay** khâʔ

連絡先を**教えてください**。

＊เบอร์ติดต่อ bəə tìt-tɔ̀ɔ：連絡先（電話）番号

□ **ขอทราบ**อีเมล**ด้วย**ครับ

khɔ̌ɔ sâap bəə ʔii-meew **dûay** khráp

Eメール（アドレス）を**教えてください**。

＊อีเมล ʔii-meew：Eメール（アドレス）

2 เป็น～ pen～

「延期する」「変える」「翻訳する」などの変化を与える語とともに เป็น pen を使うと助詞の「に」と同じ役割をします。

□ อยากจะแลก**เป็น**เงินบาท

yàak ca lɛ̂ɛk **pen** ŋən bàat

タイバーツ**に**両替したいです。

＊เงินบาท ŋən bàat：バーツ

□ ช่วยแปลภาษาไทย**เป็น**ภาษาญี่ปุ่นหน่อย

chûay plɛɛ phaa-sǎa thay **pen** phaa-sǎa yîi-pùn nɔ̀y

タイ語を日本語**に**翻訳してください。

＊แปล plɛɛ：訳す／ภาษาไทย phaa-sǎa thay：タイ語／ภาษาญี่ปุ่น phaa-sǎa yîi-pùn：日本語

第3課　会話練習3

1 言い換え練習です。何度も繰り返して言ってみましょう。

(1) ขอเปลี่ยน เป็น
khɔ̌ɔ plìan　pen

(แกงจืด)
(kɛɛŋ cʉ̀ʉt)

รถไฟเที่ยว 8 โมง
rót-fay thîaw pɛ̀ɛt mooŋ

ต้มยำกุ้ง
tôm-yam-kûŋ

ค่ะ/ครับ
khâʔ/khráp

（ゲーンジュートを）
トムヤムクン
8時の電車
に変えさせてください。

(2) ขอแลก เป็น
khɔ̌ɔ lɛ̂ɛk　pen

(เงิน)ดอลลาร์
(ŋən)dɔɔ-lâa

(เงิน)เยน
(ŋən)yeen

ค่ะ/ครับ
khâʔ/khráp

ドル
円
に交換させてください。

(3) ช่วยแปลภาษาไทย เป็น
chûay plɛɛ phaa-sǎa thay pen

ภาษาอังกฤษ
phaa-sǎa ʔaŋ-krìt

ภาษาจีน
phaa-sǎa ciin

หน่อยค่ะ/ครับ
nɔ̀y khâʔ/khráp

タイ語を
英語
中国語
に翻訳してください。

2 今予約してあるのは朝一番早い電車や飛行機の便です。これを好きな時間のものに変更してもらえるようにタイ語で依頼してみましょう。 （解答例 p.324）

(1) รถไฟไปเชียงใหม่
rót-fay pay chiaŋ-mày
チェンマイ行き電車

กรุงเทพฯ　kruŋ-thêep	08:30	18:10	19:35	22:00
↓	↓	↓	↓	↓
เชียงใหม่　chiaŋ-mày	19:30	7:15	08:40	12:10

(2) เครื่องบินไปหาดใหญ่
khrûaŋ-bin pay hàat-yày
ハートヤイ行き飛行機

กรุงเทพฯ　kruŋ-thêep	06:00	09:20	13:25	17:20
↓	↓	↓	↓	↓
หาดใหญ่　hàat-yày	07:25	10:45	14:45	18:40

(3) รถทัวร์ไปน่าน
rót-thua pay nâan
ナーン行き長距離バス

กรุงเทพฯ　kruŋ-thêep	07:45	08:30	19:55	20:30
↓	↓	↓	↓	↓
น่าน　nâan	18:45	18:30	06:00	06:30

第4課 食事やショッピングに誘う

127

1 電話で誘う

นามิ
naa-míʔ

สวัสดีค่ะ
sa-wàt-dii khâʔ

พลับ
phláp

สวัสดีครับ คุณนามิหรือครับ
sa-wàt-dii khráp khun naa-míʔ rə̌ə khráp

นามิ
naa-míʔ

ค่ะ คุณพลับ ว่าไงคะ
khâʔ khun phláp wâa ŋay kháʔ

พลับ
phláp

ผมอยากชวนไปกินข้าวเย็นครับ
phǒm yàak chuan pay kin khâaw yen khráp

นามิ
naa-míʔ

เย็นนี้หรือคะ นัดเพื่อนแล้วค่ะ
yen níi rʉ̌ʉ kháʔ nát phʉ̂an lɛ́ɛw khâʔ

พรุ่งนี้ได้ไหมคะ
phrûŋ-níi dâay máy kháʔ

พลับ
phláp

ได้ครับ
dâay khráp

งั้นพรุ่งนี้ ผมไปรับที่หน้าบริษัทคุณสัก 5 โมงครึ่งนะครับ
ŋán phrûŋ-níi phǒm pay ráp thîi nâa bɔɔ-ri-sàt khun sák hâa mooŋ khrʉ̂ŋ náʔ khráp

นามิ
naa-míʔ

ค่ะ พรุ่งนี้เจอกันค่ะ
khâʔ phrûŋ-níi cəə kan khâʔ

ナミ　こんにちは。

プラップ　こんにちは。ナミさんですか。

ナミ　ええ。プラップさん。どうしましたか。

プラップ　夕食に誘いたいんですが…。

ナミ　今日ですか。友達と先約があるんです。
明日でもいいですか。

プラップ　いいですよ。
じゃあ，明日，ナミさんの会社の前に５時半くらいに迎えに行きますね。

ナミ　はい。明日会いましょう。

128

会話に出てくる単語

□ ว่าไง	wâa ŋay	どうしましたか
□ อยากชวน～	yàak chuan ～	～に誘いたい　**文法８課②**
□ นัดเพื่อน	nát phʉ̂an	友達と（会う）約束する
□ พรุ่งนี้	phrûŋ-níi	明日
□ ～ได้ไหม	～ dâay máy	～ても／でもいいですか
□ งั้น	ŋán	（それ）じゃあ
□ ไปรับ～	pay ráp ～	～を迎えに行く
□ ที่～	thîi ～	～（のところ）に　**文法４課②**
□ หน้า～	nâa ～	～の前　**文法４課②**
□ บริษัท	bɔɔ-ri-sàt	会社
□ สัก～	sák ～	～ほど，くらい
□ ครึ่ง	khrʉ̂ŋ	半　**文法６課①**
□ เจอกัน	cəə kan	会う

129

文法解説

1 ว่าไงคะ wâa ŋay kháʔ

ว่าอย่างไร wâa yàaŋ-ray が略されると，**ว่ายังไง** wâa yaŋ-ŋay，**ว่าไง** wâa ŋay のようになります。「何ですか」「どうしましたか」という表現としても使われます。

2 อยากชวน～ yàak chuan ～

直訳は「～に誘いたい」ですが，ここでは「～しませんか」という勧誘の表現になっています。

□ **อยากชวน**ไปซื้อของ

yàak chuan pay sʉ́ʉ khɔ̌ɔŋ

買い物に行き**ませんか**。

□ **อยากชวน**เรียนภาษาอังกฤษด้วยกัน

yàak chuan rian phaa-sǎa ʔaŋ-krìt dûay kan

一緒に英語を勉強し**ませんか**。

＊เรียน rian：勉強する／ด้วยกัน dûay kan：一緒に

3 ～ได้ไหม ～ dâay máy

「～してくれますか／できますか」のほか，「～ても／でもいいですか」と相手の了解を求める言い方としても使用されます。

□ ดิฉันไปกับคุณ**ได้ไหม**

di-chán pay kàp khun **dâay máy**

あなたと一緒に行っ**てもいいですか**。

□ ผมไม่ไป**ได้ไหม**

phǒm mây pay **dâay máy**

私は行かなく**てもいいですか**。

4 **กัน** kan

～**กัน** kan は「共に，または互いに～する，～だ」という意味で，複数の人が同じ動作をする，同じ状態を共有することを表します。主語が省略されていても，主語（人以外も可）は複数であることがわかります。

□ เขาพูดภาษาไทย**กัน**

kháw phûut phaa-săa thay **kan**

彼**ら**はタイ語で話します。

□ จะไปดูหนัง**กัน**เมื่อไร

ca pay duu năŋ **kan** mûa-rày

（**複数の人が**）いつ映画を見に行きますか。

□ เมื่อวานนี้ไปเที่ยวไหน**กัน**มา

mûa-waan-níi pay thîaw năy **kan** maa

昨日（あなた**たち**は）どこへ遊びに行ってきたの？

□ ช่วย**กัน**ทำความสะอาด

chûay **kan** tham khwaam sa-ʔàat

手伝い**合って**掃除をします。

＊ทำความสะอาด tham khwaam sa-ʔàat：掃除する

□ หน้าร้อน คนไทยชอบไปเที่ยวทะเล**กัน**

nâa rɔ́ɔn khon thay chɔ̂ɔp pay thîaw tha-lee **kan**

夏はタイ人（**たち**）は海へ遊びに行くのが好きです。

□ เราเป็นเพื่อนสนิท**กัน**ตั้งแต่เด็ก

raw pen phûan sa-nìt kan tâŋ-tɛ̀ɛ dèk

私**たち**は子どもの頃から仲のいい友人です。

＊สนิท sa-nìt：仲がいい，親しい

□ หิว**กัน**แล้วหรือยัง

hĭw kan lɛ́ɛw rɯ́u yaŋ

（**みんな**）お腹が空いていますか。

130

第4課　会話練習1

1 言い換え練習です。何度も繰り返して言ってみましょう。

ดิฉัน/ผมอยากชวน
di-chán/phǒm yàak chuan

1 ไปกินอาหารทะเล
pay kin ʔaa-hǎan tha-lee

2 ไปเที่ยวชะอำ
pay thîaw cha-ʔam

3 ไปชอปปิง
pay chóp-pîŋ

4 เล่นเบสบอล
lên béet(/s)-bɔn

5 ไปนวดแผนโบราณ
pay nûat phɛ̌ɛn boo-raan

ค่ะ/ครับ
khâʔ/khráp

私は
1 シーフードを食べに行くのに
2 チャアムへ旅行に行くのに
3 野球をするのに
4 買い物に行くのに
5 古式マッサージに行くのに

誘いたいです。

タイの地名④　東部
ภาคตะวันออก phâak ta-wan-ʔɔ̀ɔk

1	จันทบุรี	can-thá-bu-rii	チャンタブリー
2	ฉะเชิงเทรา	chà-chəəŋ-saw	チャチューンサオ
3	ชลบุรี	chon-bu-rii	チョンブリー
4	ตราด	tràat	トラート
5	นครนายก	ná-khɔɔn naa-yók	ナコーンナーヨック
6	ปราจีนบุรี	praa-ciin-bu-rii	プラーチーンブリー
7	ระยอง	ra-yɔɔŋ	ラヨーン
8	สมุทรปราการ	sa-mùt-praa-kaan	サムットプラカーン
9	สระแก้ว	sà-kɛ̂ɛw	サケーオ

131

2 待ち合わせ場所・時間を決める

ซากุระ saa-ku-ráʔ

ดาว เสาร์นี้ไปซื้อของกันไหม

daaw sǎw níi pay sʉ́ʉ khɔ̌ɔŋ kan máy

ดาว daaw

ได้ อยากไปไหนหรือ

dâay yàak pay nǎy rə̌ə

ซากุระ saa-ku-ráʔ

เอ็มควอเทียร์ดีไหม

ʔem-khwɔɔ-thia dii máy

ดาว daaw

ดี เจอกันที่ไหนกี่โมง

dii cəə kan thîi-nǎy kìi mooŋ

ซากุระ saa-ku-ráʔ

เจอกัน 11 โมงที่สถานีพร้อมพงษ์ ฝั่งทางออกที่ 1
ตรงทางเข้าเอ็มควอเทียร์ดีไหม

cəə kan sìp ʔèt mooŋ thîi sa-thǎa-nii phrɔ́ɔm-phoŋ fàŋ thaaŋ ʔɔ̀ɔk thîi nʉ̀ŋ
troŋ thaaŋ khâw ʔem-khwɔɔ-thia dii máy

ดาว daaw

โอเค งั้นวันเสาร์เจอกัน

ʔoo-khee ŋán wan sǎw cəə kan

サクラ ダーオ。今度の土曜日，買い物に行かない？

ダーオ いいよ。どこへ行きたいの？

サクラ エムクォーティエはどう？

ダーオ いいよ。どこで，何時に待ち合わせする？

サクラ 11 時にプロームポン駅の 1 番出口側エムクォーティエ入口の所でどう？

ダーオ OK。じゃあまた土曜日に。

132

会話に出てくる単語

□ ดาว	daaw	ダーオ《ニックネーム》
□ เสาร์นี้	sǎw níi	今度の土曜日　**文法 6 課⑤**
□ ซื้อของ	súɯɯ khɔ̌ɔŋ	買い物する
□ เอ็มควอเทียร์	ʔem-khwɔɔ-thia	エムクオーティエ《ショッピングセンター》
□ สถานีพร้อมพงษ์	sa-thǎa-nii phrɔ́ɔm-phoŋ	プローンポン駅
□ ฝั่ง～	fàŋ ～	～側
□ ทางออก	thaaŋ ʔɔ̀ɔk	出口
□ ตรง～	troŋ ～	～の所
□ ทางเข้า	thaaŋ khâw	入口
□ โอเค	ʔoo-khee	OK

文法解説

● ตรง ~ troŋ ~

「~の所」と場所を点のように狭い範囲で表現したい時，場所を表す言葉の前に ตรง troŋ をつけます。

□ อยู่**ตรง**เคาน์เตอร์การบินไทย

yùu **troŋ** khaw-tə̂ə kaan-bin-thay

タイ航空のカウンター**のところ**にいます。

＊ เคาน์เตอร์ kháw-tə̂ə：カウンター／การบินไทย kaan bin thay：タイ航空

□ จอด**ตรง**หน้าร้านเซเว่นด้วย

cɔ̀ɔt **troŋ** nâa ráan see-wên dûay

セブンイレブンの前**のところ**で停めてください。

＊ ร้าน ráan：店／เซเว่น see-wên：セブン（=セブンイレブン）

□ โรงแรม(ที่)คุณ(จะพัก)อยู่**ตรงไหน**ของถนนสาทร

rooŋ-rɛɛm (thîi) khun (ca phák) yùu **troŋ nǎy** khɔ̌ɔŋ tha-nǒn sǎa-thɔɔn

あなたが泊まるホテルはサートーン通りの**どこ**（**のところ**）にあるんですか。

□ ผมจะไปเอารถมา รออยู่**ตรง**นี้นะครับ

phǒm ca pay ʔaw rót maa rɔɔ yùu **troŋ** níi náʔ khráp

車を取ってきますから，**ここ**（**のところ**）で待っていて下さい。

第4課　会話練習2

1 言い換え練習です。何度も繰り返して言ってみましょう。

เจอกัน cəə kan	**1** เก้าโมงครึ่ง kâaw mooŋ khrʉ̂ŋ	ที่ thîi	**a** สถานีโตเกียว sa-thǎa-nii too-kiaw	ค่ะ/ครับ khâʔ/khráp
	2 เที่ยง thîaŋ		**b** ล็อบบี้ lɔ́p-bîi	
	3 บ่ายโมง bàay mooŋ		**c** โรงแรม rooŋ-rɛɛm	
	4 ห้าโมง hâa mooŋ		**d** หน้าบริษัท nâa bɔɔ-ri-sàt	
	5 ทุ่มครึ่ง thûm khrʉ̂ŋ		**e** บ้านคุณ bâan khun	

	1 9時半	に	**a** 東京駅	で会いましょう。
	2 正午		**b** ロビー	
	3 午後1時		**c** ホテル	
	4 5時		**d** 会社の前	
	5 午後7時半		**e** あなたの家	

135

3 遅れることを連絡する

ซากุระ saa-ku-ráʔ	ฮัลโหล คุณดาว hǎn-lǒo khun daaw
ดาว daaw	ว่ายังไงคะ wâa yaŋ-ŋay kháʔ
ซากุระ saa-ku-ráʔ	ตอนนี้อยู่แถวลาดพร้าว รถติดมาก tɔɔn níi yùu thɛ̌w lâat-phráaw rót tìt mâak คงไม่ทันเวลานัดค่ะ khoŋ mây than wee-laa nát khâʔ
ดาว daaw	เหรอคะ ไม่เป็นไรค่ะ ขับรถดี ๆ นะคะ rə̌ə kháʔ mây pen ray khâʔ khàp rót dii dii náʔ kháʔ
ซากุระ saa-ku-ráʔ	ค่ะ ถึงแล้วจะโทร.หานะคะ khâʔ thʉ̌ŋ lɛ́ɛw ca thoo hǎa náʔ kháʔ
ดาว daaw	ได้ค่ะ dâay khâʔ

サクラ もしもし，ダーオさん。

ダーオ どうしたんですか。

サクラ 今ラートプラーオ付近にいます。渋滞がひどいんです。
約束の時間に間に合わないと思います。

ダーオ そうですか。大丈夫ですよ。気をつけて運転してくださいね。

サクラ はい。着いたら電話しますね。

ダーオ わかりました。

136

会話に出てくる単語

□ ฮัลโหล	hăn-lŏo	もしもし《電話で》<hallo
□ คง～	khoŋ ～	（きっと）～だろう **文法 8.4**
□ ไม่ทัน	mây than	間に合わない
□ แถว～	thĕw ～	～の辺り
□ เวลานัด	wee-laa nát	約束の時間
□ เหรอ	rə̆ə	そう《相づち》
□ ขับรถดี ๆ นะ	khàp rót dii dii náʔ	気をつけて運転してね
□ ถึง	thʉ̆ŋ	到着する，着く
□ โทร.หา (～)	thoo hăa(～)	（～に）電話をする

文法解説

●ขับรถดี ๆ นะ khàp rót dii dii náʔ

同じ言葉を繰り返すことで強調したり，複数を意味したり，またはその傾向を表したりします。上にある文の場合は ดี dii を２回繰り返して，「よくよく」という日本語と似て「しっかり，よく，気をつけて（車を運転してね)」という意味になります。

□ กิน**เยอะ ๆ** นะ ไม่ต้องเกรงใจ

kin **yə́ʔ yə́ʔ** náʔ mây tɔ̂ŋ kleeŋ-cay

たくさん食べてくださいね。遠慮する必要はありません。

＊ไม่ต้อง mây tɔ̂ŋ ：～する必要ない／เกรงใจ kleeŋ-cay ：遠慮する

□ เขียนตัวหนังสือ**สวย ๆ** นะ

khǐan tua náŋ-sɯ̌ɯ **sǔay sǔay** náʔ

文字を**きれいに**書いてくださいね。

＊สวย sǔay ：きれいだ，美しい

□ วันนี้อากาศร้อน**จริง ๆ**

wan níi ʔaa-kàat rɔ́ɔn **ciŋ ciŋ**

今日は（天気が）**本当に**暑いです。

＊อากาศ ʔaa-kàat ：天気，気候／จริง ciŋ ：本当だ

□ คุณมีความคิด**ดี ๆ** ไหม

khun mii khwaam-khít **dii dii** máy

何か**いい**考えがありますか。

＊ความคิด khwaam-khít ：考え

□ มีร้านอาหาร**อร่อย ๆ**

mii ráan ʔaa-hǎan **ʔa-rɔ̀y ʔa-rɔ̀y**

おいしいレストランがあります。

＊อร่อย ʔa-rɔ̀y ：おいしい

□ **เด็ก ๆ** ชอบเล่นสาดน้ำ

dèk dèk chɔ̂ɔp lên sàat náam

子ども達は水かけをして遊ぶのが好きです。

＊สาดน้ำ sàat náam ：水をかける

第4課　会話練習3

1 言い換え練習です。何度も繰り返して言ってみましょう。

ตอนนี้อยู่
tɔɔn níi yùu

1 ที่บริษัท thîi bɔɔ-ri-sàt	ค่ะ/ครับ khâʔ/khráp
2 ที่โรงแรมสยาม thîi rooŋ-rɛɛm sa-yǎam	
3 แถวดอนเมือง thɛ̌w dɔɔn-mɯaŋ	
4 หน้าธนาคาร nâa tha-naa-khaan	
5 ในไปรษณีย์ nay pray-sa-nii	

今,

1 会社
2 サイアムホテル
3 ドンムアンの辺り
4 銀行の前
5 郵便局の中

にいます。

2 到着したことを知らせてから，相手が今どこで待っているか聞きます。
どう言ったらよいでしょうか。

（解答例 p.325）

139

1 商品の場所を聞く

มาซารุ maa-saa-rúʔ	ขอโทษครับ เครื่องแกงอยู่ที่ไหนครับ khɔ̌ɔ thôot khráp khrɯ̂aŋ-kɛɛŋ yùu thîi-nǎy khráp
พนักงานขาย pha-nák-ŋaan khǎay	อยู่ข้างในค่ะ เห็นป้ายเบอร์ 11 ไหมคะ yùu khâŋ-nay khâʔ hěn pâay bəə sìp ʔèt máy kháʔ
มาซารุ maa-saa-rúʔ	ครับ khráp
พนักงานขาย pha-nák-ŋaan khǎay	อยู่ที่นั่นค่ะ yùu thîi-nân khâʔ
มาซารุ maa-saa-rúʔ	ขอบคุณครับ khɔ̀ɔp khun khráp

優 すみません。カレーの素はどこにありますか。

販売員 中のほうにあります。11 番の看板が見えますか。

優 はい。

販売員 そこにあります。

優 ありがとうございます。

140

会話に出てくる単語

■ เครื่องแกง	khrɯ̂aŋ-kɛɛŋ	カレーの素
■ อยู่	yùu	ある **文法４課①**
■ ที่ไหน	thîi-nǎy	どこ **文法２課③**
■ ข้างใน	khâŋ-nay	中（側）
■ เห็น	hěn	見える，目につく
■ ป้าย	pâay	看板，ラベル

第５課　会話練習１

1　言い換え練習です。何度も繰り返して言ってみましょう。

ขอโทษนะคะ/ครับ
khɔ̌ɔ thôot náʔ kháʔ/khráp

1 แผนกเครื่องเขียน
pha-nɛ̀ɛk khrʉ̂aŋ-khǐan

2 ยาดม
yaa-dom

3 ยาสีฟัน
yaa-sǐi-fan

4 น้ำมันมะพร้าว
nám-man ma-phráaw

5 ทุเรียนทอดกรอบ
thú-rian thɔ̂ɔt krɔ̀ɔp

อยู่ที่ไหนคะ/ครับ
yùu thîi nǎy kháʔ/khráp

すみません。

1 文房具売り場
2 ヤードム（ノーズミント）
3 歯磨き粉
4 ココナッツオイル
5 ドリアンチップ

はどこにありますか。

タイの地名⑤　南部
ภาคใต้ phâak tâay

1	กระบี่	kra-bìi	クラビー
2	ชุมพร	chum-phɔɔn	チュンポーン
3	ตรัง	traŋ	トラン
4	นครศรีธรรมราช	ná-khɔɔn-sǐi-tham-má-râat	ナコーンシータマラート
5	นราธิวาส	na-raa-thí-wâat	ナラーティワート
6	ปัตตานี	pàt-taa-nii	パッターニー
7	พังงา	phaŋ-ŋaa	パンガー
8	พัทลุง	phát-tha-luŋ	パッタルン
9	ภูเก็ต	phuu-kèt	プーケット
10	ยะลา	yá-laa	ヤラー
11	ระนอง	ra-nɔɔŋ	ラノーン
12	สงขลา	sǒŋ-khlǎa	ソンクラー
13	สตูล	sa-tuun	サトゥーン
14	สุราษฎร์ธานี	sù-râat-thaa-nii	スラーターニー

142

2 色違いがあるかどうか聞く

มาซารุ maa-saa-rúʔ	ขอโทษนะครับ khɔ̌ɔ thôot náʔ khráp เสื้อแบบนี้มีสีอื่นไหมครับ sûa bɛ̀ɛp níi mii sǐi ʔɨ̀ɨn máy khráp
พนักงานขาย pha-nák-ŋaan khǎay	มีสีขาว สีชมพู สีเหลืองค่ะ mii sǐi khǎaw sǐi chom-phuu sǐi lɨ̌aŋ khâʔ
มาซารุ maa-saa-rúʔ	ขอลองสีเหลืองได้ไหมครับ khɔ̌ɔ lɔɔŋ sǐi lɨ̌aŋ dâay máy khráp
พนักงานขาย pha-nák-ŋaan khǎay	ได้ค่ะ ขนาดเอ็มเท่ากันนะคะ dâay khâʔ kha-nàat ʔem thâw kan náʔ kháʔ เชิญทางนี้ค่ะ chəən thaaŋ níi khâʔ

まさる　すみません。この（型の）服は，ほかの色はありますか。

店員　白，ピンク，黄色がございます。

まさる　黄色を試着させていただけませんか。

店員　はい。同じ M サイズでございますね。こちらへどうぞ。

143

会話に出てくる単語

■ เสื้อ	sʉ̂a	服
■ แบบ	bɛ̀ɛp	タイプ，型
■ สี	sǐi	色
■ สีอื่น	sǐi ʔɯ̀ɯn	ほかの色
■ ขอ～（動詞句）	khɔ̌ɔ ～（動詞句）	～させてください
■ ลอง	lɔɔŋ	試す
■ ขนาด	kha-nàat	大きさ
■ ขนาดเอ็ม	kha-nàat ʔem	M サイズ

色に関する語まとめ

■ สีขาว	sǐi khǎaw	白
■ สีดำ	sǐi dam	黒
■ สีแดง	sǐi dɛɛŋ	赤
■ สีฟ้า	sǐi fáa	青（空）
■ สีน้ำเงิน	sǐi nám-ŋən	紺，藍
■ สีเหลือง	sǐi lɯ̌aŋ	黄
■ สีเขียว	sǐi khǐaw	緑
■ สีน้ำตาล	sǐi nám-taan	茶
■ สีม่วง	sǐi mûaŋ	紫
■ สีเขียวอมเหลือง	sǐi khǐaw ʔom lɯ̌aŋ	黄緑
■ สีชมพู	sǐi chom-phuu	ピンク
■ สีเทา	sǐi thaw	グレー
■ สีเบจ, สีเนื้อ	sǐi bèet, sǐi nɯ́a	ベージュ
■ สีส้ม	sǐi sôm	オレンジ
■ สีทอง	sǐi thɔɔŋ	金
■ สีชมพูอ่อน	sǐi chom-phuu ʔɔ̀ɔn	薄いピンク
■ สีเทาเข้ม	sǐi thaw khêm	濃いグレー

145

第5課　会話練習 2

言い換え練習です。何度も繰り返して言ってみましょう。

ขอโทษนะคะ/ครับ　มี
khɔ̌ɔ thôot náʔ kháʔ/khráp　mii

1 ลายอื่น
laay ʔɯ̀ɯn

2 สีเขียว
sǐi khǐaw

3 ขนาดใหญ่กว่านี้
kha-nàat yày kwàa níi

4 ขนาดเล็กกว่านี้
kha-nàat lék kwàa níi

5 แขนยาว
khɛ̌ɛn yaaw

6 กางเกงขาสั้น
kaaŋ-keeŋ khǎa sân

ไหมคะ/ครับ
máy kháʔ/khráp

すみません。

1 ほかの柄
2 緑色
3 これより大きいサイズ
4 これより小さいサイズ
5 長袖
6 ハーフパンツ

はありますか。

3 価格を聞く

มาซารุ maa-saa-rúʔ	ขอตัวนี้ครับ khɔ̌ɔ tua níi khráp
พนักงานขาย pha-nák-ŋaan khǎay	รับอย่างอื่นด้วยไหมคะ ráp yàaŋ ʔɯ̀ɯn dûay máy kháʔ
มาซารุ maa-saa-rúʔ	ขอตัวเดียวก่อนดีกว่าครับ เท่าไรครับ khɔ̌ɔ tua diaw kɔ̀ɔn dii kwàa khráp thâw-rày khráp
พนักงานขาย pha-nák-ŋaan khǎay	375 บาทค่ะ sǎam rɔ́ɔy cèt sìp hâa bàat khâʔ
มาซารุ maa-saa-rúʔ	จ่ายบัตรเครดิตได้ไหมครับ càay bàt-khree-dìt dâay máy khráp
พนักงานขาย pha-nák-ŋaan khǎay	ได้ค่ะ dâay khâʔ

まさる これをください。

店員 ほかにも何かご入り用ですか。

まさる とりあえずこれ一着で良いです。いくらですか。

店員 375 バーツです。

まさる クレジットカードで支払えますか。

店員 お使いいただけます。

147

会話に出てくる単語

□ ตัวนี้	tua níi	これ《衣類》，この服
□ รับ	ráp	受ける，《転じて客が商品等を》要る
□ อย่างอื่น	yàaŋ ʔɯ̀ɯn	ほかの（種類の）もの
□ ～ด้วย	～ dûay	～も
□ ตัวเดียว	tua diaw	１着
□ ～เดียว	～ diaw	単一の～
□ ～ก่อน	～ kɔ̀ɔn	とりあえず～
□ ～ดีกว่า	～ dii kwàa	～のほうがいい　**文法９課①**
□ จ่าย	càay	支払う
□ บัตรเครดิต	bàt khree-dìt	クレジットカード

文法解説

1 รับอย่างอื่น**ด้วย**ไหม ráp yàaŋ ʔùuun **dûay** máy

「～も」という時に後ろに ด้วย dûay を使います。他のこともあったうえに追加で何かをする，何かを含めるという意味です。

□ ผมสั่งก๋วยเตี๋ยวต้มยำ และสั่งบะหมี่แห้ง**ด้วย**

phǒm sàŋ kǔay-tǐaw tôm-yam lɛ́ʔ sàŋ ba-mìi hɛ̂ɛŋ **dûay**

私はクイティアオ・トムヤムを注文しました。そして，汁なしバミー**も**注文しました。

＊ ก๋วยเตี๋ยว kǔay-tǐaw ：米粉で作った麺（ก๊วยเตี๋ยว kúay-tǐaw ともいう）
บะหมี่ ba-mìi ：中華麺／แห้ง hɛ̂ɛŋ ：《麺類》汁なし，乾いた

□ ฝนตกหนัก ลมพัดแรง**ด้วย**

fǒn tòk nàk lom phát rɛɛŋ **dûay**

雨がひどく降っています。風**も**強く吹いています。

＊ ฝน fǒn ：雨／ตก tòk ：（雨が）降る／หนัก nàk ：（降雨，渋滞などが）ひどい
ลม lom ：風／พัด phát ：（風が）吹く／แรง rɛɛŋ ：強い

□ ผมอยากกินกาแฟร้อน

phǒm yàak kin kaa-fɛɛ rɔ́ɔn

私はホットコーヒーを飲みたい。

＊ กาแฟร้อน kaa-fɛɛ rɔ́ɔn ：ホットコーヒー

—ฉัน**ด้วย**

chán **dûay**

——私**も**。

第5課　会話練習3

言い換え練習です。何度も繰り返して言ってみましょう。

1 ทำธุระเสร็จแล้ว tham thú-ráʔ sèt lɛ́ɛw	a แวะซื้อของ wɛ́ʔ sɯ́ɯ khɔ̌ɔŋ	ด้วยไหมคะ/ครับ dûay máy kháʔ/khráp
2 ซื้อของเสร็จแล้ว sɯ́ɯ khɔ̌ɔŋ sèt lɛ́ɛw	b ดื่มกาแฟ dɯ̀ɯm kaa-fɛɛ	
3 กินข้าวเสร็จแล้ว kin khâaw sèt lɛ́ɛw	c กินของหวาน kin khɔ̌ɔŋ wǎan	
4 ไปพัทยาหรือคะ/ครับ pay phát-tha-yaa rɯ̌ɯ kháʔ/khráp	d ไปตลาดหนองมน pay ta-làat nɔ̌ɔŋ-mon	
5 ชอบเสื้อแบบนี้หรือคะ/ครับ chɔ̂ɔp sɯ̂a bɛ̀ɛp níi rɯ̌ɯ kháʔ/khráp	e ลองเสื้อตัวนี้ lɔɔŋ sɯ̂a tua níi	

1 用事が済んだら	a 買い物に	も	寄り	ますか。
2 買い物し終えたら	b コーヒー		飲み	
3 ご飯を食べ終えたら	c デザート		食べ	
4 パタヤへ行くんですか。	d ノンモン市場に		行き	
5 このタイプの服が好きなんですか。	e このシャツ		試着し	

4 価格交渉する

อากิระ ʔaa-ki-ráʔ	นี่เท่าไรครับ nîi thâw-rày khráp
พนักงานขาย pha-nák-ŋaan khǎay	ตัวละ 300 บาทค่ะ tua láʔ sǎam rɔ́ɔy bàat khâʔ
อากิระ ʔaa-ki-ráʔ	นี่ล่ะครับ nîi lâʔ khráp
พนักงานขาย pha-nák-ŋaan khǎay	เท่ากันค่ะ thâw kan khâʔ
อากิระ ʔaa-ki-ráʔ	ลดได้ไหมครับ lót dâay máy khráp
พนักงานขาย pha-nák-ŋaan khǎay	ซื้อเท่าไรคะ súɯɯ thâw-rày kháʔ
อากิระ ʔaa-ki-ráʔ	ยิ่งซื้อมาก ยิ่งลดมากใช่ไหม yîŋ súɯɯ mâak yîŋ lót mâak chây máy 5 ตัว 1000 บาทได้ไหมครับ hâa tua phan bàat dâay máy khráp
พนักงานขาย pha-nák-ŋaan khǎay	ไม่ได้ค่ะ mây dâay khâʔ 1,200 บาทก็แล้วกันค่ะ nùŋ phan sɔ̌ɔŋ rɔ́ɔy bàat kɔ̂ɔ lɛ́ɛw kan khâʔ

あきら これはいくらですか。

店員 1 着 300 バーツです。

あきら これは？

店員 同じです。

あきら 値引きしてもらえますか。

店員 いくつ買いますか。

あきら たくさん買えばたくさんまけてもらえるんですよね？
5 着 1,000 バーツになりますか。

店員 それはできません。
1,200 バーツにしましょう。

151

会話に出てくる単語

□ ～ละ…	～ láʔ...	～当たり… **文法５課⑤**
□ ตัวละ～	tua láʔ ～	1 着当たり～
□ ～ล่ะ	～ lâʔ	～はどうですか。
□ นี่ล่ะ	nîi lâʔ	これは（どうですか）？
□ ลด	lót	まける，値引きする
□ ซื้อ	sɯ́ɯ	買う
□ ยิ่ง	yîŋ	ますます，なおいっそう

文法解説

● ยิ่ง~ (ก็)ยิ่ง… yîŋ ～ (kɔ̂ɔ) yîŋ …

ยิ่ง yîŋ には「ますます，いっそう」という意味があります。これを２回重ねて使うことにより「～れば～ほど，…だ／になる」ということができます。２回目の **ยิ่ง** yîŋ がある節には，主語の後ろに **ก็** kɔ̂ɔ がつくことがあります。

□ **ยิ่ง**รู้จัก (**ก็**)**ยิ่ง**ชอบ

yîŋ rúu-càk (**kɔ̂ɔ**) **yîŋ** chɔ̂ɔp

＊รู้จัก rúucàk ：知っている

知れ**ば**知る**ほど**好き**になります**。

□ **ยิ่ง**เกา (**ก็**)**ยิ่ง**คัน

yîŋ kaw (**kɔ̂ɔ**) **yîŋ** khan

＊เกา kaw ：掻く／คัน khan ：かゆい

掻け**ば**掻く**ほど**かゆく**なります**。

□ **ยิ่ง**พักนาน ค่าพัก(**ก็**)จะ**ยิ่ง**ถูก

yîŋ phák naan khâa phák (**kɔ̂ɔ**) ca **yîŋ** thùuk

長く泊まれ**ば**泊まる**ほど**宿泊料は安く**なります**。

＊พัก phák ：泊まる／นาน naan ：長い《期間，時間》／ค่าพัก khâa phák ：宿泊代／ถูก thùuk ：安い

第 5 課　会話練習 4

1 言い換え練習です。何度も繰り返して言ってみましょう。

ยิ่ง yîŋ	**1** เผ็ด phèt	(ก็)ยิ่ง (kɔ̂ɔ)yîŋ	**a** อร่อย ʔa-rɔ̀y	ค่ะ/ครับ khâʔ/khráp
	2 คิด khít		**b** ปวดหัว pùat hǔa	
	3 ฟัง faŋ		**c** สนุก sa-nùk	
	4 เร็ว rew		**d** ดี dii	
	5 ร้อน rɔ́ɔn		**e** ขายดี khǎay dii	

1 辛ければ辛い	ほど	**a** おいしい	です。
2 考えれば考える		**b** 頭が痛い	
3 聞けば聞く		**c** おもしろい	
4 早ければ早い		**d** 良い	
5 暑ければ暑い		**e** よく売れ	ます。

2 お土産を買います。価格交渉をしてみましょう。 （解答例 p.325）

(1) Ⓐ เสื้อยืด ตัวละเท่าไร

sûa-yʉ̂ʉt tua láʔ thâw-rày

Tシャツはいくらですか。

Ⓑ ตัวละ 350 บาท

tua láʔ sǎam rɔ́ɔy hâa sìp bàat

1枚350バーツです。

Ⓐ

＊ เสื้อยืด sʉ̂a-yʉ̂ʉt：Tシャツ

(2) Ⓐ มะม่วงอบแห้ง ถุงละเท่าไร

ma-mûaŋ ʔòp hɛ̂ɛŋ thǔŋ láʔ thâw-rày

ドライマンゴーは1袋いくらですか。

Ⓑ ถุงละ 180 บาท

thǔŋ láʔ rɔ́ɔy pɛ̀ɛt sìp bàat

1袋180バーツです。

Ⓐ

＊ มะม่วงอบแห้ง ma-mûaŋ ʔòp hɛ̂ɛŋ：ドライマンゴー／ถุง thǔŋ：袋

果物に関する語まとめ

例：ลิ้นจี่ กิโลละเท่าไร lín-cìi ki-loo láʔ thâw-rày　ライチは 1 キロいくらですか。

ผลไม้	phǒn-la-máay		（買う時によく使う類別詞）		
□ มังคุด	maŋ-khút	マンゴスチン	กิโล	ki-loo	kg
□ ส้ม	sôm	みかん	กิโล	ki-loo	kg
□ ลิ้นจี่	lín-cìi	ライチ	กิโล	ki-loo	kg
□ เงาะ	ŋɔ́ʔ	ランブータン	กิโล	ki-loo	kg
□ น้อยหน่า	nɔ́ɔy-nàa	釈迦頭	กิโล	ki-loo	kg
□ ลำไย	lam-yay	竜眼	กิโล	ki-loo	kg
□ ฝรั่ง	fa-ràŋ	グアバ	กิโล / ลูก	ki-loo/lûuk	kg／個
□ มะม่วง	ma-mûaŋ	マンゴー	กิโล / ลูก	ki-loo/lûuk	kg／個
□ แคนตาลูป	khɛɛn-taa-lúup	カンタループ（メロン）	ลูก	lûuk	個
□ ส้มโอ	sôm-ʔoo	ザボン	ลูก	lûuk	個
□ สับปะรด	sàp-pa-rót	パイナップル	ลูก	lûuk	個
□ มะละกอ	malakɔɔ/ ma-lá-kɔɔ	パパイヤ	ลูก	lûuk	個
□ เมลอน	mee-lɔ̂n	メロン	ลูก	lûuk	個
□ แอปเปิ้ล	ʔɛ́ɛp-pə̂n	りんご	ลูก	lûuk	個
□ แตงโม	tɛɛŋ-moo	すいか	ลูก	lûuk	個
□ สตรอว์เบอร์รี	strɔɔ-bəə-rîi	いちご	แพ็ก	phɛ́k	パック

155

1 飲み物を注文をする

พนักงานเสิร์ฟ pha-nák-ŋaan sə̀əp	กี่ท่านครับ kìi thân khráp
มาซาเอะ maa-saa-ʔèʔ	สองคนค่ะ sɔ̌ɔŋ khon khâʔ
พนักงานเสิร์ฟ pha-nák-ŋaan sə̀əp	เชิญทางนี้ครับ chəən thaaŋ níi khráp รับน้ำอะไรดีครับ ráp náam ʔa-ray dii khráp
มาซาเอะ maa-saa-ʔèʔ	ขอมะนาวโซดากับน้ำแตงโมปั่น khɔ̌ɔ ma-naaw soo-daa kàp nám tɛɛŋ-moo pàn ไม่หวานนะคะ mây wǎan náʔ kháʔ
พนักงานเสิร์ฟ pha-nák-ŋaan sə̀əp	ครับ ไม่หวานเลยนะครับ khráp mây wǎan ləəy náʔ khráp
มาซาเอะ maa-saa-ʔèʔ	แตงโมปั่น หวานนิดหน่อยค่ะ tɛɛŋ-moo pàn wǎan nít nɔ̀y khâʔ มะนาวโซดา ขอน้ำเชื่อมแยกต่างหากค่ะ ma-naaw soo-daa khɔ̌ɔ nám chʉ̂am yɛ̂ɛk tàaŋ hàak khâʔ
พนักงานเสิร์ฟ pha-nák-ŋaan sə̀əp	ครับ รอสักครู่ครับ khráp rɔɔ sák khrûu khráp

ウェイター	何名様ですか。
総恵（まさえ）	２人です。
ウェイター	こちらへどうぞ。 飲み物は何になさいますか。
総恵	ライムソーダとスイカスムージーをください。 甘くしないでくださいね。
ウェイター	はい。全く甘くないものですね。
総恵	スイカスムージーは少し甘くしてください。 ライムソーダはシロップを別にください。
ウェイター	はい。少々お待ちください。

156

会話に出てくる単語

□ กี่～	kìi ～	いくつの～
□ ท่าน	thân	２人称・３人称の丁寧な表現，～（名前）様
□ เชิญ	chəən	どうぞ
□ ทางนี้	thaaŋ níi	こちら
□ รับ	ráp	受け取る，要る，もらう
□ น้ำอะไร	náam ʔa-ray	何ジュース，何の飲み物
□ มะนาวโซดา	ma-naaw soo-daa	ライムソーダ
□ น้ำแตงโมปั่น	nám tɛɛŋ-moo pàn	スイカスムージー
□ แตงโม	tɛɛŋ-moo	スイカ
□ ปั่น	pàn	早く回す，かき回す
□ หวาน	wǎan	甘い
□ ไม่ ～ เลย	mây ～ ləəy	まったく～ではない
□ นิดหน่อย	nít nɔ̀y	少し
□ น้ำเชื่อม	nám chûam	シロップ
□ แยก	yɛ̂ɛk	分ける
□ ต่างหาก	tàaŋ hàak	別に，そうではなく
□ รอสักครู่	rɔɔ sák khrûu	しばらく待つ

文法解説

●กี่ท่านครับ kìi thân khráp

レストランなどで丁寧に聞く言い方です。人数をそのまま 3 **คน** 3 khon，4 **คน** 4 khon のように答えます。また，座席数，何人分必要か **กี่ที่ครับ/คะ** kìi thîi khráp/kháʔ と聞かれることもあります。こちらも答え方は同様です。２人なら **2 คน** 2 khon，**2 ที่** 2 thîi のように答えます。

●～ดี ～dii

「何」「どこ」「誰」などの疑問詞を含む文の後ろに **ดี** dii をつけると「～たらいいか」という意味になります。相手の意向を聞く時，相談したい時，自分が迷っていて考えている時などによく使われます。

□ ถามใคร**ดี**

thǎam khray **dii**

誰に聞い**たらいい**でしょう？

＊ถาม thǎam ：聞く，尋ねる，質問する

□ กินอะไร**ดี**

kin ʔa-ray **dii**

何を食べ**たらいい**だろうか（何を食べようか）。

□ เราจะไปเที่ยวไหนกัน**ดี**

raw ca pay thîaw nǎy kan **dii**

私たちはどこへ遊びに行っ**たらいい**だろうか（どこへ遊びに行こうか）。

会話に出てくる単語

□ กาแฟร้อน	kaa-fɛɛ rɔ́ɔn	ホットコーヒー
□ โอเลี้ยง	ʔoo-líaŋ	アイスブラックコーヒー（<烏涼）
□ ชา(นม)เย็น	chaa (nom) yen	アイスミルクティー
□ น้ำผลไม้	nám phǒn-la-máay	フルーツジュース
□ น้ำส้ม	nám sôm	オレンジジュース
□ น้ำลำไย	nám lam-yay	竜眼ジュース
□ น้ำกระเจี๊ยบ	nám kra-cíap	ハイビスカスティー
□ น้ำอัญชัน	nám ʔan-chan	バタフライピーティー
□ น้ำมะตูม	nám ma-tuum	ベルノキティー
□ น้ำใบเตย	nám bay-təəy	パンダンリーフティー
□ น้ำผลไม้ปั่น	nám phǒn-la-máay pàn	フルーツスムージー
□ น้ำสับปะรดปั่น	nám sàp-pa-rót pàn	パイナップルスムージー
□ โอวัลติน	ʔoo-wan-tin	オバルティン（< Ovaltine）
□ ไมโล	may-loo	ミロ
□ โกโก้	koo-kôo	ココア
□ โค้ก/(โคคา-)โคล่า	khóok /(khoo-khaa) khoo-lâa	コーラ
□ สไปรท์	sa-práy	スプライト
□ เบียร์สด	bia sòt	生ビール
□ เบียร์สิงห์	bia sǐŋ	シンハビール
□ เบียร์ช้าง	bia cháaŋ	チャーンビール
□ น้ำ(เปล่า)	náam, nám plàaw	水
□ น้ำแข็ง	nám khěŋ	氷

第６課　会話練習１

言い換え練習です。何度も繰り返して言ってみましょう。

เรา(จะ) raw (càʔ)	❶ ไปกินข้าวที่ร้านไหน pay kin khâaw thîi ráan nǎy ❷ ฟังเพลงอะไร faŋ phleeŋ ʔa-ray ❸ เอาอะไรไป ʔaw ʔa-ray pay ❹ ซื้อเสื้อสีไหน súɯɯ sɯ̂a sǐi nǎy ❺ แต่งตัวยังไงไป tɛ̀ŋ tua yaŋ-ŋay pay	กันดีคะ/ครับ kan dii kháʔ/khráp

私たちは	❶ どの店へご飯を食べに行った ❷ 何の音楽／曲を聴いた ❸ 何を持って行った ❹ どの色の服を買った ❺ どのような服装をして行った	らいいだろうか。

ขอ **1** โคคา-โคล่า   **a** 2 ขวด   ค่ะ/ครับ

khɔ̌ɔ   khoo-khaa-khoo-lâa   sɔ̌ɔŋ khùat   khâʔ/khráp

2 น้ำเปล่า   **b** 3 แก้ว

nám plàaw   sǎam kɛ̂ɛw

3 ข้าว   **c** 1 จาน

khâaw   nùŋ caan

4 สมุดโน้ต   **d** 2 เล่ม

sa-mùt nóot   sɔ̌ɔŋ lêm

5 สายชาร์จไอโฟน   **e** 1 เส้น

sǎay cháat ʔay-foon   nùŋ sên

---

1 コカ・コーラ   を   **a** 2本   ください。

2 水   **b** 3杯（グラス）

3 ライス   **c** 1皿

4 ノート   **d** 2冊

5 iPhone のチャージケーブル   **e** 1本

160

2 料理を注文する

พนักงานเสิร์ฟ pha-nák-ŋaan sə̀əp(/f)	อาหารรับอะไรดีครับ ʔaa-hǎan ráp ʔa-ray dii khráp
มาซาเอะ maa-saa-ʔèʔ	มีอะไรแนะนำไหมคะ mii ʔa-ray nɛ́ʔ-nam máy kháʔ
พนักงานเสิร์ฟ pha-nák-ŋaan sə̀əp(/f)	ต้มยำกุ้งไหมครับ tôm-yam kûŋ máy khráp กุ้งวันนี้สดมากครับ kûŋ wan níi sòt mâak khráp
มาซาเอะ maa-saa-ʔèʔ	ดีค่ะ dii khâʔ แล้วก็ขอยำถั่วพูกับไก่ห่อใบเตยด้วยค่ะ lɛ́ɛw kɔ̂ɔ khɔ̌ɔ yam thùa-phuu kàp kày hɔ̀ɔ bat-təəy dûay khâʔ
พนักงานเสิร์ฟ pha-nák-ŋaan sə̀əp(/f)	รับข้าวด้วยไหมครับ ráp khâaw dûay máy khráp
มาซาเอะ maa-saa-ʔèʔ	มีข้าวอะไรบ้างคะ mii khâaw ʔa-ray bâaŋ kháʔ
พนักงานเสิร์ฟ pha-nák-ŋaan sə̀əp(/f)	วันนี้มีข้าวหอมมะลิ ข้าวกล้อง ข้าวมันปู ข้าวไรซ์เบอร์รี ข้าวกล้องงอกครับ wan níi mii khâaw hɔ̌ɔm ma-líʔ khâaw klɔ̂ŋ khâaw man-puu khâaw ráy(s)-bəə-rîi khâaw klɔ̂ŋ ŋɔ̂ɔk khráp
มาซาเอะ maa-saa-ʔèʔ	ขอข้าวกล้องงอกค่ะ khɔ̌ɔ khâaw klɔ̂ɔŋ ŋɔ̂ɔk khâʔ
พนักงานเสิร์ฟ pha-nák-ŋaan sə̀əp(/f)	รับข้าวกล้องงอกนะครับ ráp khâaw klɔ̂ɔŋ ŋɔ̂ɔk náʔ khráp รอสักครู่ครับ rɔɔ sák khrûu khráp

ウェイター	料理は何になさいますか。
マサエ	何かオススメはありますか。
ウェイター	トムヤムクンはどうですか。 今日の海老はとても新鮮です。
マサエ	いいですね。 それから，シカク豆のヤムと鶏のパンダンリーフ包み揚げもください。
ウェイター	ご飯も要りますか。
マサエ	ご飯（米）は何がありますか。
ウェイター	今日はジャスミンライス，玄米，赤米（Red Cargo rice），ライスベリー米（黒米），発芽玄米があります。
マサエ	発芽玄米をください。
ウェイター	発芽玄米ですね。 少々お待ちください。

161

会話に出てくる単語

□ อะไร	ʔa-ray	何か
□ แนะนำ	néʔ-nam	勧める
□ ต้มยำ	tôm-yam	トムヤム
□ กุ้ง	kûŋ	海老
□ สด	sòt	新鮮な
□ แล้วก็	léɛw kɔ̂ɔ	それから **文法 13 課②**
□ ยำถั่วพู	yam thùa-phuu	四角豆のヤム（タイ風サラダ）
□ ไก่ห่อใบเตย	kày hɔ̀ɔ bay-təəy	鶏肉のパンダンリーフ包み揚げ
□ ข้าว	khâaw	ご飯，米
□ ข้าวหอมมะลิ	khâaw hɔ̌ɔm ma-líʔ	ジャスミンライス
□ ข้าวกล้อง	khâaw klɔ̂ŋ	玄米
□ ข้าวมันปู	khâaw man-puu	赤米（Red Cargo rice）
□ ข้าวไรซ์เบอร์รี	khâaw ráy(s)-bəə-rîi	ライスベリー米（黒米）
□ ข้าวกล้องงอก	khâaw klɔ̂ŋ ŋɔ̂ɔk	発芽玄米

文法解説

● อะไร ʔa-ray

อะไร ʔa-ray などの疑問詞は「何か」という不定疑問詞にもなります。その場合には**หรือเปล่า** rɯ́ plàaw, **ไหม** máy のような疑問文を作る語と一緒に使われることもあります。

□ อยากซื้อ**อะไร**หรือเปล่า

yàak sɯ́ɯ **ʔa-ray** rɯ́ plàaw

何か買いたいですか。

□ มี**ใคร**อยู่ไหม

mii **khray** yùu máy

誰かいませんか。

□ รู้จักร้านอร่อย ๆ **ที่ไหน**ไหม

rúu-càk ráan ʔa-rɔ̀y ʔa-rɔ̀y **thîi-nǎy** máy

どこかおいしいお店を知りませんか。

□ อยากกิน**อะไร**เย็น ๆ

yàak kin **ʔa-ray** yen yen

何か冷たいものを飲みたいです。

163

第６課　会話練習２

言い換え練習です。何度も繰り返して言ってみましょう。

มี mii	1 ใคร khray	a รู้จัก rúu-càk	ไหมคะ/ครับ máy khâʔ/khráp
	2 อะไร ʔa-ray	b อยากได้ yàak dâay	
	3 ที่ไหน thîi-nǎy	c น่าสนใจ nâa sǒn-cay	
	4 วันไหน wan nǎy	d ว่าง wâaŋ	
	5 ตอนไหน tɔɔn nǎy	e สะดวก sa-dùak	

1 誰か	a 知っている（人）	はいますか。
2 何か	b ほしい（もの）	はありますか。
3 どこか	c 興味深い（所）	
4 何日か（いつか）	d 空いている（日）	
5 どの時間帯か	e 都合のいい（時間帯）	

タイ料理に関する語まとめ

□ ต้มยำกุ้ง	tôm-yam kûŋ	海老のトムヤム
□ ต้มข่าไก่	tôm-khàa kày	鶏のトムカー
□ แกงจืดเต้าหู้	kɛɛŋ-cùuɯt tâw-hûu	豆腐のタイ中華風すまし汁
□ ยำมะเขือยาว	yam ma-khǔa-yaaw	長茄子のタイ風サラダ
□ ส้มตำ	sôm-tam	パパイヤサラダ
□ ลาบหมู	lâap mǔu	豚のラープ
□ ผัดผักรวมมิตร	phàt phàk ruam-mít	ミックス野菜炒め
□ ปูผัดผงกะหรี่	puu phàt phǒŋ-ka-rìi	蟹のカレー粉炒め
□ ไก่ย่าง	kày yâaŋ	ガイ・ヤーン（炙った鶏）
□ ไข่ยัดไส้	khày yát sây	タイ中華風オムレツ
□ แกงเขียวหวานไก่	kɛɛŋ-khǐaw-wǎan kày	鶏のグリーンカレー
□ แกงเผ็ดเป็ดย่าง	kɛɛŋ-phèt pèt-yâaŋ	炙り家鴨のレッドカレー
□ ข้าวผัดทะเล	khâaw-phàt tha-lee	海鮮炒飯
□ สุกี้	su-kîi	タイスキ
□ (ก๋วยเตี๋ยว)เส้นใหญ่ ราดหน้า	(kǔay-tǐaw) sên-yày râat-nâa	餡かけ米粉の太麺
□ (ก๋วยเตี๋ยว)เส้นเล็กแห้ง	(kǔay-tǐaw) sên-lék hɛ̂ɛŋ	米粉の細麺　スープなし
□ (ก๋วยเตี๋ยว)เส้นหมี่น้ำ	(kǔay-tǐaw) sên-mìi náam	ビーフン　スープあり
□ บะหมี่หมูแดง	ba-mìi mǔu-dɛɛŋ	チャーシュー入り中華麺
□ ผัดไทย	phàt-thay	パッタイ

＊ スープ，サラダ類等で主となる具は注文時にお好みに合わせて指定します。麺類は麺の種類，スープの有無，スープの種類，主となる具を選んで注文します。

165

3 食事を注文する

พลับ phláp	คุณอยากกินอะไรครับ khun yàak kin ʔa-ray dii khráp
นามิ naa-míʔ	อยากกินราดหน้าหมูค่ะ yàak kin râat-nâa mǔu kháʔ
พลับ phláp	น้ำล่ะครับ náam lâʔ khráp
นามิ naa-míʔ	อืม......ชาไทยเย็นค่ะ ʔɯɯm... chaa thay yen khâʔ
พลับ phláp	น้องครับ nɔ́ɔŋ khráp ขอก๋วยเตี๋ยวราดหน้าหมู ข้าวขาหมู แล้วก็ชาไทยเย็นและน้ำฝรั่งครับ khɔ̌ɔ kǔay-tǐaw râat-nâa mǔu khâaw khǎa-mǔu lɛ́ɛw kɔ̂ɔ chaa thay yen lɛ́ʔ nám fa-ràŋ khráp
พนักงานเสิร์ฟ pha-nák-ŋaan sə̀əp(/f)	ราดหน้า เส้นอะไรดีคะ râat nâa sên ʔa-ray dii kháʔ
นามิ naa-míʔ	เส้นหมี่ค่ะ sên mìi khâʔ
พนักงานเสิร์ฟ pha-nák-ŋaan sə̀əp(/f)	รอสักครู่ค่ะ rɔɔ sák khrûu khâʔ

プラップ 何を食べたいですか。

南美 豚の餡かけ麺を食べたいです。

プラップ 飲み物は？

南美 うーん……アイスタイティーにします。

プラップ すみません。
豚の餡かけ麺（麵）と豚足ご飯，それからアイスタイティーとグアバジュースをください。

店員 麺は何にしますか。

南美 ビーフンにします。

店員 少々お待ちください。

166

会話に出てくる単語

□ ก๋วยเตี๋ยว	kǔay-tǐaw / kúay-tǐaw	米粉で作った麵
□ ราดหน้าหมู	râat-nâa mǔu	豚の餡かけ麺（麵）
□ น้ำ	náam	飲み物，水
□ อืม	ʔɯɯm	えーと，うーん
□ ชาไทยเย็น	chaa thay yen	アイスタイティー
□ น้อง	nɔ́ɔŋ	年下の人に呼びかける時に使用する語
□ ข้าวขาหมู	khâaw khǎa-mǔu	豚足（をのせた）ご飯
□ และ	lɛ́ʔ	そして，～と **文法 13 課①**
□ น้ำฝรั่ง	nám fa-ràŋ	グアバジュース
□ เส้น	sên	麵，線
□ เส้นหมี่	sên-mìi	ビーフン
□ รอสักครู่	rɔɔ sák khrûu	少々お待ちください

文法解説

● น้องครับ nɔ́ɔŋ khráp

レストランを始め，商店などで店員を呼ぶ時，街中で人に話しかける時，自分より年下と思われる時にこのように呼び止めます。相手が年上であると思う時は พี่ phîi，さらには，自分の母親より年下は น้า náa，両親より年上だと思う年代の女性なら ป้า pâa，男性なら ลุง luŋ を使って呼びかけることもあります。もちろん，「あなた」という意味の คุณ khun も使います。または，日本語で「すみません」と呼びかけるのと同様に ขอโทษนะคะ/ครับ khɔ̌ɔ thôot náʔ kháʔ/khráp ขอโทษค่ะ/ครับ khɔ̌ɔ thôot khâʔ/khráp と言うこともあります。

167

第 6 課　会話練習 3

友達と 2 人で食堂に行きました。質問に答えながら，注文してみましょう。

(解答例 p.325)

(1) กี่ที่คะ/ครับ

kìi thîi kháʔ/khráp

何名ですか。

(2) รับน้ำอะไรดีคะ/ครับ

ráp náam ʔa-ray dii kháʔ/khráp

お飲み物は何にいたしますか。

(3) อาหารล่ะคะ/ครับ

ʔaa-hǎan lâʔ kháʔ/khráp

料理はいかがいたしますか。

(4) คุณชอบเผ็ดไหมคะ/ครับ

khun chɔ̂ɔp phèt máy kháʔ/khráp

辛いものはお好きですか。

4 デザートを勧める／会計する

168

พลับ phláp	กินของหวานไหมครับ kin khɔ̌ɔŋ wǎan máy khráp
นามิ naamíʔ	ฉันอิ่มแล้ว ขอกาแฟดีกว่าค่ะ chán ʔìm lɛ́ɛw khɔ̌ɔ kaa-fɛɛ dii kwàa khâʔ
พลับ phláp	ลองไอศกรีมกะทิสดไหมครับ lɔɔŋ ʔay-s(a)-khriim ka-thíʔ sòt máy khráp ร้านนี้อร่อยนะครับ ráan níi ʔa-rɔ̀y náʔ khráp
นามิ naamíʔ	ก็ได้ค่ะ kɔ̂ɔ dâay khâʔ
พลับ phláp	น้องครับ ขอไอศกรีมกะทิสด nɔ́ɔŋ khráp khɔ̌ɔ ʔay-s(a)-khriim ka-thíʔ sòt แล้วก็กาแฟ 2 ที่ lɛ́ɛw kɔ̂ɔ kaa-fɛɛ sɔ̌ɔŋ thîi

*****

นามิ naamíʔ	เช็กบิลด้วยค่ะ chék bin dûay khâʔ
พนักงาน phanákŋaan	ค่ะ รอสักครู่ค่ะ khâʔ rɔɔ sák khrûu khâʔ

プラップ	デザートを食べませんか。
南美	私はもうお腹がいっぱいです。コーヒーのほうがいいです。
プラップ	ココナッツミルクのアイスクリームを試してみませんか。
	この店はおいしいですよ。
南美	ええ，じゃあ。
プラップ	すみません。ココナッツミルクのアイスクリーム，
	それからコーヒーを2つください。

* * * * *

南美	お会計をお願いします。
店員	はい。少々お待ちください。

169

会話に出てくる単語

☐ ของหวาน	khɔ̌ɔŋ wǎan	デザート，甘いもの
☐ อิ่ม	ʔìm	お腹がいっぱいだ，満腹だ
☐ ～แล้ว	～ lɛ́ɛw	もう～だ　**文法4課④**
☐ กาแฟ	kaa-fɛɛ	コーヒー
☐ ～ดีกว่า	～ dii kwàa	～のほうがいい　**文法9課①**
☐ ลอง	lɔɔŋ	試す
☐ ไอศกรีม	ʔay-s(a)-khriim	アイスクリーム
☐ กะทิ	ka-thíʔ	ココナッツミルク
☐ สด	sòt	新鮮な
☐ ก็ได้	kɔ̂ɔ dâay	（それ）でもいい
☐ เช็กบิลด้วย	chék bin dûay	会計をお願いします

170

文法解説

● เช็กบิลด้วยค่ะ chék bin dûay khâʔ

レストランで会計をお願いする時このように言います。小さな食堂や屋台では注文を記録したものはありませんから「(代金の) 計算をしてください」という別の表現を使います。なお, **คิดเงินด้วย** khít ŋən dûay はレストランでも使います。

お勘定をお願いします。

- □ คิดเงินด้วย khít ŋən dûay
- □ คิดตังค์ด้วย khít taŋ dûay
- □ เก็บเงินด้วย kèp ŋən dûay
- □ เก็บตังค์ด้วย kèp taŋ dûay

171

デザートに関する語まとめ

□ กล้วยเชื่อม	klûay chûam	バナナのシロップ煮
□ กล้วยบวชชี	klûay bùat chii	バナナのココナッツミルク煮
□ ขนมครก	kha-nǒm khrók	カノム・クロック
□ เฉาก๊วย	chǎw-kúay	仙草ゼリー
□ ขนมตะโก้	kha-nǒm ta-kôo	カノム・タコー
□ ขนมถ้วย	kha-nǒm thûay	カノム・トゥアイ
□ สาคูเปียก	sǎa-khuu pìak	タピオカのココナッツミルク煮
□ ข้าวเหนียวมะม่วง	khâaw-nǐaw ma-mûaŋ	餅米にマンゴーをのせたもの
□ เต้าส่วน	tâw-sùan	皮をむいた緑豆を砂糖とコーンスターチ／片栗粉で煮たもの
□ ทับทิมกรอบ	tháp-thim-krɔ̀ɔp	クワイを使ったデザート
□ บัวลอยเผือก	bua-lɔɔy phʉ̀ak	タロイモ入り白玉のココナッツミルク煮
□ บัวลอยน้ำขิง	bua-lɔɔy nám-khǐŋ	白玉入り生姜湯
□ ผลไม้ลอยแก้ว	phǒn-la-máay lɔɔy kɛ̂ɛw	フルーツの糖蜜煮
□ ฝอยทอง	fɔ̌y-thɔɔŋ	鶏卵そうめん
□ ฟักทองสังขยา	fák-thɔɔŋ sǎŋ-kha-yǎa	タイ風南瓜プディング
□ ลอดช่อง	lɔ̂ɔt chɔ̂ŋ	チェンドル
□ ไอศกรีม	ʔay-s(a)-khriim	アイスクリーム

172

第6課　会話練習 4

言い換え練習です。何度も繰り返して言ってみましょう。

ลอง
lɔɔŋ

1 ชิม
chim

2 ขี่ช้าง
khìi cháaŋ

3 อ่านการ์ตูนเรื่องนี้
ʔàan kaa-tuun rûaŋ níi

4 ไปตลาดสวนจตุจักร
pay ta-làat sǔan ca-tù-càk

5 เข้าร้านนี้
khâw ráan níi

(ดู)ไหมคะ/ครับ
(duu) máy kháʔ/khráp

試しに

1 味見して

2 象に乗って

3 この漫画を読んで

4 チャトゥチャック公園市場へ行って

5 この店に入って

みますか。

1 市場に連れて行ってもらう

173

แพรว phrɛɛw	เคยไปตลาดร่มหุบไหมคะ khəəy pay ta-làat rôm hùp máy khá?
อากิระ ʔaakirá?	ไม่เคยครับ อยู่ที่ไหนครับ mây khəəy khráp yùu thîi-nǎy khráp
แพรว phrɛɛw	สมุทรสงครามค่ะ เป็นตลาดที่อยู่ริมทางรถไฟ sa-mùt-sǒŋ-khraam khâ? pen ta-làat thîi yùu rim thaaŋ rót-fay
อากิระ ʔaakirá?	อ๋อ เคยได้ยินครับ ʔɔ̌ɔ khəəy dây-yin khráp
แพรว phrɛɛw	อยากไปไหมคะ yàak pay máy khá?
อากิระ ʔaakirá?	อยากครับ ไปยังไงครับ yàak khráp pay yaŋ-ŋay khráp
แพรว phrɛɛw	ตอนเช้านั่งรถตู้ไป เดินตลาด กินข้าว tɔɔn cháaw nâŋ rót-tûu pay dəən ta-làat kin khâaw ดูรถไฟผ่านเข้ามาในตลาด แล้วนั่งรถไฟกลับมาดีไหมคะ duu rót-fay phàan khâw maa nay ta-làat lɛ́ɛw nâŋ rót-fay klàp maa dii máy khá?
อากิระ ʔaakirá?	ดีมากเลยครับ dii mâak ləəy khráp

| プレーオ | ロムフップ市場（メークロン鉄道市場）へ行ったことはありますか。 |

| 聡 | ないです。どこにあるんですか。 |

| プレーオ | サムットソンクラームです。線路の脇にある市場です。 |

| 聡 | ああ，聞いたことがあります。 |

| プレーオ | 行きたいですか。 |

| 聡 | 行きたいです。どうやって行くんですか。 |

| プレーオ | 朝，ワンボックスカーに乗って行きます。市場を歩いて，ご飯を食べて，電車が市場に入ってくるのを見てから，電車に乗って帰ってくるっていうのはどうですか。 |

| 聡 | すごくいいですね。 |

174

会話に出てくる単語

□ เคย ~	khəəy ~	～したことがある　**文法 8 課①**
□ ตลาดร่มหุบ	ta-làat rôm hùp	ロムフップ市場（メークロン鉄道市場）
□ สมุทรสงคราม	sa-mùt sǒŋ-khraam	サムットソンクラーム（県）
□ ริม	rim	～に沿って，接して
□ ทางรถไฟ	thaaŋ rót-fay	線路
□ อ๋อ	ʔɔ̌ɔ	ああ（わかった，思い出した）
□ ได้ยิน	dây-yin	聞く，耳にする
□ ยังไง	yaŋ-ŋay	どのように
□ ตอนเช้า	tɔɔn cháaw	朝，午前中
□ รถตู้	rót-tûu	ワンボックスカー
□ ผ่าน	phàan	通過する，通る
□ เลย	ləəy	《強調》

175

交通手段に関する語まとめ

□ เครื่องบิน	khrɯ̂aŋ bin	飛行機
□ รถไฟ	rót-fay	電車（長距離）
□ สายเหนือ	sǎay nɯ̌a	北線（北部へ行く路線）
□ รถไฟฟ้า(บีทีเอส)	rót fay-fáa (bii thii ʔées)	電車（BTS）
□ รถไฟ(ฟ้า)ใต้ดิน	rót-fay(-fáa) tâay din	地下鉄
□ รถเมล์	rót mee	路線バス
□ รถทัวร์	rót thua	長距離バス，ツアーバス
□ แท็กซี่	(rót) thɛ́k-sîi	タクシー
□ (รถ)สองแถว	(rót) sɔ̌ɔŋ-thɛ̌w	乗り合いタクシー
□ (รถ)ตุ๊ก ๆ	(rót) túk-tuk	トゥクトゥク

176

方角に関する語まとめ

□ เหนือ	nɯ̌a	北
□ ใต้	tâay	南
□ ตะวันออก	ta-wan-ʔɔ̀ɔk	東
□ ตะวันตก	ta-wan-tòk	西
□ ตะวันออกเฉียงเหนือ	ta-wan-ʔɔ̀ɔk chǐaŋ nɯ̌a	東北
□ ภาคเหนือ	phâak nɯ̌a	北部（地方）

観光地に関する語まとめ

□ วัดพระแก้ว	wát phráʔ-kɛ̂ɛw	エメラルド寺院
□ วัดโพธิ์	wát phoo	ワット・ポー
□ วัดอรุณฯ	wát ʔa-run	ワット・アルン
□ พิพิธภัณฑสถานแห่งชาติ	phí-phít-tha-phan-tha-sa-thǎan hɛ̀ŋ châat	国立博物館
□ สนามมวยลุมพินี	sa-nǎam muay lum-phi-nii	ルンピニボクシングスタジアム
□ มิวเซียมสยาม	miw-sîam sa-yǎam	サイアムミュージアム
□ บ้านจิม ทอมป์สัน	bâan cim-thɔm-sǎn	ジムトンプソンの家
□ ตลาดน้ำตลิ่งชัน	ta-làat náam ta-lìŋ chan	タリンチャン水上市場
□ เมืองโบราณ	mɯaŋ boo-raan	古代都市公園ムアンボーラーン
□ พัทยา	phát-tha-yaa	パタヤ
□ เกาะล้าน	kɔ̀ʔ láan	ラーン島
□ ระยอง	ra-yɔɔŋ	ラヨーン
□ เกาะเสม็ด	kɔ̀ʔ sa-mèt	サメット島
□ อยุธยา	ʔa-yút-tha-yaa	アユタヤ
□ วัดมหาธาตุ	wát ma-hǎa-thâat	ワット・マハータート
□ วัดใหญ่ชัยมงคล	wát yày-chay-moŋ-khon	ワット・ヤイチャイモンコン
□ วัดไชยวัฒนาราม	wát chay-wát-tha-naa-raam	ワット・チャイワタナーラーム
□ วัดพระศรีสรรเพชญ์	wát phráʔ-sǐi-sǎn-phét	ワット・プラスィーサンペット
□ บางปะอิน	baaŋ-pàʔ-ʔin	バンパイン
□ นครปฐม	ná-khɔɔn pa-thǒm	ナコンパトム
□ พระปฐมเจดีย์	phráʔ-pa-thǒm-cee-dii	プラパトムチェディ
□ กาญจนบุรี	kaan-ca-ná-bu-rii	カンチャナブリ
□ น้ำตกเอราวัณ	nám-tòk ʔee-ra-wan	エラワン滝

第7課　会話練習1

1 次の質問に答えましょう。 （解答例 p.326）

(1) คุณอยากไปพิพิธภัณฑ์บ้านจิม ทอมป์สันหรือเปล่า

khun yàak pay phí-phít-tha-phan bâan cim-thɔm-sǎn rʉ́ʉ plàaw

ジム・トンプソンの家に行きませんか（行きたいですか）。

(2) ชะอำ ไปยังไงดี

cha-ʔam pay yaŋ-ŋay dii

チャアムへはどうやって行きますか。

(3) เชียงใหม่ ไปยังไงดี

chiaŋ-mày pay yaŋ-ŋay dii

チェンマイへはどうやって行きますか。

（解答例 p.326）

2 タイ語で言ってみましょう。

(1) ２，３か所候補地を挙げて，友達に行きたい所を聞いてみましょう。

_____

(2) 日本へ遊びに来た人に質問されました。答えてみましょう。

ดิฉัน/ผมอยากไปเที่ยวฮิโรชิมะ/ฮิโรชิมา ไปยังไงดีคะ/ครับ

di-chán/phǒm yàak pay thîaw hi-roo-chi-máʔ/hi-roo-chi-mâa　pay yaŋ-ŋay dii kháʔ/khráp

私は広島に行きたいです。広島へはどうやって行きますか。

_____

2 友達を遊びに連れて行く

ธนานพ tha-naa-nóp

ได้ข่าวว่าเพื่อนคุณจะมาเที่ยวเมืองไทย

dây khàaw wâa phʉ̂an khun ca maa thîaw mʉaŋ thay

ซากุระ saa-ku-ráʔ

ใช่ค่ะ เพื่อนจะมาเดือนหน้า

chây khâʔ phʉ̂an ca maa dʉan nâa

ธนานพ tha-naa-nóp

คุณจะพาเพื่อนไปไหนครับ

khun ca phaa phʉ̂an pay nǎy khráp

ซากุระ saa-ku-ráʔ

พาไปอยุธยาและหัวหินค่ะ

phaa pay ʔa-yút-tha-yaa lɛ́ʔ hǔa-hǐn khâʔ

ธนานพ tha-naa-nóp

ผมขับรถพาไปได้นะครับ

phǒm khàp rót phaa pay dâay náʔ khráp

ซากุระ saa-ku-ráʔ

ขอบคุณค่ะ แต่คิดว่าจ้างรถดีกว่าค่ะ

khɔ̀ɔp khun khâʔ tɛ̀ɛ khít wâa câaŋ rót dii kwàa khâʔ

ไปด้วยกันนะคะ

pay dûay kan náʔ kháʔ

ธนานพ tha-naa-nóp

ครับ

khráp

タナーノップ	お友達がタイへ遊びに来るそうですね。
サクラ	そうなんです。友達が来月来ます。
タナーノップ	お友達をどこへ連れて行くんですか。
サクラ	アユタヤとフアヒンへ連れて行きます。
タナーノップ	私が車で連れて行くこともできますよ。
サクラ	ありがとう。でも，車を雇うほうがいいと思います。
	一緒に行きましょうね。
タナーノップ	はい。

180

会話に出てくる単語

ได้ข่าวว่า ~	dây khàaw wâa ~	～だそうだ	文法10課①
ใช่	chây	そうだ，そのとおりだ	文法2課②
เดือนหน้า	dɯan nâa	来月	
พา (~) ไป (…)	phaa (~) pay (…)	(～を) (…へ/に) 連れて行く	
อยุธยา	ʔa-yút-tha-yaa	アユタヤ	
และ	lɛ́ʔ	そして	
หัวหิน	hǔa-hǐn	フアヒン	
ขับรถพาไป	khàp rót phaa pay	車を運転して連れて行く	
คิดว่า ~	khít wâa ~	～と思う	文法10課①
จ้างรถ	câaŋ rót	車を雇う	
~ ด้วยกัน	~ dûay kan	一緒に (～)	

第７課　会話練習２

言い換え練習です。何度も繰り返して言ってみましょう。

ดิฉัน/ผม(จะ) di-chán/phǒm (ca)	พา phaa	1 เพื่อน phûan	ไป pay	a เที่ยวหัวหิน thîaw hǔa-hǐn	ค่ะ/ครับ khâʔ/khráp
เพื่อน phûan (ca)		2 ลูก lûuk		b ออกกำลังกาย ʔɔ̀ɔk kam-laŋ-kaay	
		3 ครอบครัว khrɔ̂ɔp-khrua		c ทำบุญ tham bun	
		4 แฟน fɛɛn		d กินข้าว kin khâaw	
		5 ดิฉัน/ผม di-chán/phǒm		e ไหว้พระ wâay phráʔ	

私は	1 友人	を	a フアヒンへ遊び	に連れて行きます。
友達は	2 子ども		b 運動	
	3 家族		c 僧侶に物を献じ（タンブン）	
	4 恋人		d 食事	
	5 私		e お詣り	

体調を言う

182

1 頭が痛い

ธนานพ tha-naa-nóp	เป็นอะไรครับ สีหน้าไม่ค่อยดี pen ʔa-ray khráp sǐi nâa mây khɔ̂y dii
ซากุระ saa-ku-ráʔ	ไม่ได้เป็นอะไร แค่ง่วงนอนและปวดหัวนิดหน่อยค่ะ mây dây pen ʔa-ray khɛ̂ɛ ŋûaŋ nɔɔn léʔ pùat hǔa nít nɔ̀y khâʔ
ธนานพ tha-naa-nóp	เป็นหวัดหรือเปล่า กินยาดีไหมครับ pen wàt rɯ́ plàaw kin yaa dii máy khráp
ซากุระ saa-ku-ráʔ	ไม่เป็นไรค่ะ กลับบ้านนอนก็หายค่ะ mây pen ray khâʔ klàp bâan nɔɔn kɔ̂ɔ hǎay khâʔ เพราะเมื่อคืนนอนไม่หลับ phrɔ́ʔ mɯ̂a-khɯɯn nɔɔn mây làp khâʔ
ธนานพ tha-naa-nóp	งั้นรีบกลับไปนอนพักผ่อนนะครับ ŋán rîip klàp pay nɔɔn phák phɔ̀n náʔ khráp

タナーノップ どうしましたか。顔色があまりよくないですね。

サクラ 何でもないです。眠くてちょっと頭が痛いだけです。

タナーノップ 風邪をひきましたか。薬を飲んだほうがよくありませんか（いいのではありませんか）。

サクラ 大丈夫です。帰って寝れば治ります。
なぜなら，夕べ寝られなかったんです。

タナーノップ それじゃあ，急いで帰って，（寝て）休んでくださいね。

183

会話に出てくる単語

□ เป็นอะไร	pen ʔa-ray	どうしましたか
□ สีหน้า	sǐi nâa	顔色
□ ไม่ค่อย ～	mây khɔ̂y ～	あまり～ない **文法 2 課①**
□ ไม่ได้เป็นอะไร	mây dây pen ʔa-ray	大丈夫，何でもない
□ แค่ ～	khɛ̂ɛ ～	わずか～だけ／しか **文法 5 課⑤**
□ ง่วงนอน	ŋûaŋ nɔɔn	眠い
□ ปวดหัว	pùat hǔa	頭が痛い
□ ปวด	pùat	痛い
□ ～นิดหน่อย	～ nít nɔ̀y	少し～
□ เป็นหวัด	pen wàt	風邪をひく
□ ยา	yaa	薬
□ กลับ	klàp	帰る，戻る
□ หาย	hǎay	治る
□ เพราะ ～	phrɔ́ʔ ～	なぜならば～だからだ **文法 13 課⑥**
□ เมื่อคืน	mʉ̂a-khʉʉn	昨夜
□ นอนไม่หลับ	nɔɔn mây làp	眠れない
□ รีบ	rîip	急ぐ
□ พักผ่อน	phák phɔ̀n	休む，休養をとる

184

文法解説

● ปวด pùat

内科的に痛い時には ปวด pùat を使います。傷や炎症などが理由で痛いという場合には เจ็บ cèp を使います。

- □ ปวดขา pùat khǎa
  足が痛い《筋肉痛など》
- □ ปวดคอ pùat khɔɔ
  首が痛い
- □ เจ็บแผล cèp phlɛ̌ɛ
  傷が痛い
- □ เจ็บคอ cèp khɔɔ
  喉が痛い

185

身体に関する単語まとめ

□ หัว	hǔa	頭
□ ผม	phǒm	髪の毛
□ หน้า	nâa	顔
□ ตา	taa	目
□ จมูก	ca-mùuk	鼻
□ ปาก	pàak	口
□ ฟัน	fan	歯
□ หู	hǔu	耳
□ คาง	khaaŋ	顎
□ คอ	khɔɔ	首，喉
□ ไหล่, บ่า	lày, bàa	肩
□ หน้าอก	nâa ʔòk	胸
□ ท้อง	thɔ́ɔŋ	お腹
□ หลัง	lǎŋ	背中
□ เอว	ʔew/ʔeew	腰 ウエスト
□ สะโพก	sa-phôok	腰 ヒップ
□ แขน	khɛ̌ɛn	腕
□ มือ	mɯɯ	手
□ ข้อมือ	khɔ̂ɔ mɯɯ	手首
□ นิ้ว	níw	指
□ นิ้วโป้ง	níw pôoŋ	親指
□ นิ้วชี้	níw chíi	人差し指
□ นิ้วกลาง	níw klaaŋ	中指
□ นิ้วนาง	níw naaŋ	薬指
□ นิ้วก้อย	níw kɔ̂y	小指
□ ขา	khǎa	脚
□ เท้า	tháaw	足
□ ข้อเท้า	khɔ̂ɔ tháaw	足首
□ ส้น(เท้า)	sôn(tháaw)	かかと

第 8 課　会話練習 1

次の質問に答えましょう。　(解答例 p.327)

(1) คุณเป็นอะไร ไม่สบายหรือเปล่า

khun pen ʔa-ray　mây sa-baay rɯ́ɯ plàaw

どうかしましたか。どこか具合が悪いんですか。

---

(2) ไปหาหมอดีกว่าไหม

pay hǎa mɔ̌ɔ dii kwàa máy

医者に行ったほうがいいですか。

---

(3) คุณปวดขาหรือเปล่า

khun pùat khǎa rɯ́ɯ plàaw

足の痛みはありますか。

---

(4) คุณเมื่อยตรงไหนไหม

khun mɯ̂ay troŋ nǎy máy

どこか凝っているところがありますか。

＊ เมื่อย mɯ̂ay：だるい，凝る

187

2 乗り物酔い

นามิ naa-míʔ	จอดรถหน่อยได้ไหมคะ cɔ̀ɔt rót nɔ̀y dâay máy kháʔ
พลับ phláp	ได้ครับ เข้าห้องน้ำหรือเปล่าครับ dâay khráp khâw hɔ̂ŋ náam rɯ́ plàaw khráp
นามิ naa-míʔ	รู้สึกเวียนหัวนิดหน่อยค่ะ rúu-sɯ̀k wian hǔa nít nɔ̀y khâʔ
พลับ phláp	เมารถหรือเปล่าครับ นี่ น้ำครับ maw rót rɯ́ plàaw khráp nîi náam khráp
นามิ naa-míʔ	ขอบคุณค่ะ khɔ̀ɔp khun khâʔ
พลับ phláp	พักที่ปั๊มน้ำมันที่นั่นก่อนนะครับ phák thîi pám-nám-man thîi nân kɔ̀ɔn náʔ khráp
นามิ naa-míʔ	ค่ะ khâʔ

ナミ	車を止めてもらえますか。
プラップ	いいですよ。お手洗いに入りますか。
ナミ	ちょっと頭がふらふらするんです。
プラップ	車に酔いましたか。はい，お水です。
ナミ	ありがとう。
プラップ	そこのガソリンスタンドで少し休みましょう。
ナミ	はい。

188

会話に出てくる単語

□ จอดรถ	cɔ̀ɔt rót	車を止める，駐車する
□ เข้า	khâw	入る
□ ห้องน้ำ	hɔ̂ŋ náam	お手洗い
□ รู้สึก	rúu-sɯ̀k	感じる
□ เวียนหัว	wian hǔa	目が回る，頭がふらふらする
□ เมารถ	maw rót	車に酔う
□ ปั๊มน้ำมัน	pám-nám-man	ガソリンスタンド

体調に関する語まとめ

ปวดหัว	pùat hǔa	頭が痛い
ปวดท้อง	pùat thɔ́ɔŋ	お腹が痛い
เจ็บคอ	cèp khɔɔ	喉が痛い
มีไข้	mii khây	熱がある
เป็นหวัด	pen wàt	風邪をひく
รู้สึกหนาว(สะท้าน)	rúu-sùk nǎaw (sa-tháan)	寒気がする
อ่อนเพลีย	ʔɔ̀ɔn phlia	だるい，かったるい
เบื่ออาหาร	bùa ʔaa-hǎan	食欲がない
ไอ	ʔay	咳が出る，咳をする
จาม	caam	くしゃみをする
น้ำมูกไหล	nám mûuk lǎy	鼻水が出る
คัดจมูก	khát ca-mùuk	鼻が詰まる
ท้องเสีย	thɔ́ɔŋ sǐa	おなかを壊す
ท้องผูก	thɔ́ɔŋ phùuk	便秘する
ปวดกระเพาะ	pùat kra-phɔ́ʔ	胃が痛い
อาหารเป็นพิษ	ʔaa-hǎan pen phít	食中毒
ง่วงนอน	ŋûaŋ nɔɔn	眠い
เมาค้าง/แฮ็ง	maw kháaŋ/héŋ	二日酔い（<hangover）
แพ้เกสรดอกไม้	phɛ́ɛ kee-sɔ̌ɔn dɔ̀ɔk-máay	花粉症
แพ้นม	phɛ́ɛ nom	ミルクアレルギー

第 8 課　会話練習 2

タイ語で言ってみましょう。　　　　　　　　　　　　　　　　　（解答例 p.327）

(1)　どうしましたか。

_____

(2)　どこが痛いですか。

_____

(3)　ちょっとお腹が痛いです。

_____

(4)　今日は頭が痛いです。なぜなら二日酔いだからです。

_____

(5)　私は卵アレルギーです。

_____

親族名詞

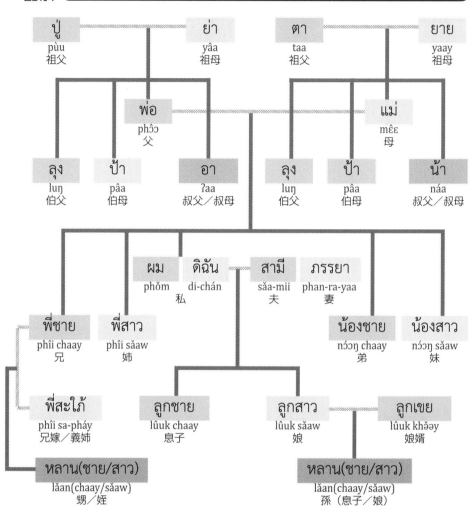

ปู่ pùu 祖父
ย่า yâa 祖母
ตา taa 祖父
ยาย yaay 祖母
พ่อ phɔ̂ɔ 父
แม่ mɛ̂ɛ 母
ลุง luŋ 伯父
ป้า pâa 伯母
อา ʔaa 叔父／叔母
ลุง luŋ 伯父
ป้า pâa 伯母
น้า náa 叔父／叔母
ผม phǒm
ดิฉัน di-chán
私
สามี sǎa-mii 夫
ภรรยา phan-ra-yaa 妻
พี่ชาย phîi chaay 兄
พี่สาว phîi sǎaw 姉
น้องชาย nɔ́ɔŋ chaay 弟
น้องสาว nɔ́ɔŋ sǎaw 妹
พี่สะใภ้ phîi sa-pháy 兄嫁／義姉
ลูกชาย lûuk chaay 息子
ลูกสาว lûuk sǎaw 娘
ลูกเขย lûuk khə̌əy 娘婿
หลาน(ชาย/สาว) lǎan(chaay/sǎaw) 甥／姪
หลาน(ชาย/สาว) lǎan(chaay/sǎaw) 孫（息子／娘）

父方の叔父・叔母 อา ʔaa 母方の叔父・叔母 น้า náa も，叔父であれば (ผู้)ชาย (phûu) chaay を，叔母であれば (ผู้)หญิง (phûu) yǐŋ を後ろにつけます。省略可。兄弟姉妹の配偶者は，姉妹など女性親族の配偶者には เขย khə̌əy を，兄弟など男性親族の配偶者には สะใภ้ sapháy をつけます。省略可。また，หลาน lǎan には孫のほかに甥，姪という意味もあります。

類別詞　ก ⇒ ฮ

- ☐ กระป๋อง　kra-pɔ̌ŋ　缶（に入った物）
- ☐ กรัม　kram　グラム
- ☐ กล่อง　klɔ̀ɔŋ　箱（に入った物）
- ☐ กลุ่ม　klùm　グループ
- ☐ ก้อน　kɔ̂ɔn　個（砂糖，石けんなど塊状の物）
- ☐ กิโล　ki-loo　キロ（グラム／メートル）
- ☐ แก้ว　kɛ̂ɛw　杯（グラスに入った物）
- ☐ ขวด　khùat　本（瓶に入った物）
- ☐ ขวบ　khùap　才（12 歳以下）
- ☐ คน　khon　人
- ☐ ครั้ง　khráŋ　回
- ☐ คัน　khan　台（ミシン，車など）　本（傘，スプーン，フォークなど）
- ☐ คำ　kham　口（一口，一言など）
- ☐ คู่　khûu　組，ペア
- ☐ เครื่อง　khrɯ̂aŋ　台（機械類，器具一般）
- ☐ จาน　caan　皿（皿に盛った料理）
- ☐ ฉบับ　cha-bàp　部，冊，通
- ☐ ช่อง　chɔ̂ŋ　～か所（窓口），チャンネル
- ☐ ชั้น　chán　階，層
- ☐ ชาม　chaam　杯（丼状の器に入った物）
- ☐ ชิ้น　chín　切れ（魚，肉，菓子，パンなど）
- ☐ ชุด　chút　セット，式
- ☐ ซอง　sɔɔŋ　箱（煙草，封筒状の袋に入ったもの）
- ☐ ดวง　duaŋ　天体／電球など丸い物，光を放つもの，枚（切手）

□	ดอก	dòɔk	本（花，鍵）
□	ด้าม	dâam	本（ペン，万年筆）
□	ต้น	tôn	本（木）
□	ตัว	tua	匹（動物），着（衣類），脚／個（椅子，机等），文字
□	ถ้วย	thûay	杯（カップ，小鉢などに入った食べ物）
□	ถัง	thǎŋ	杯（バケツ，タンクに入った物）
□	ถุง	thǔŋ	袋（袋に入った物）
□	ที่	thii	箇所，～人前／皿／杯など（食べ物，飲み物の注文できる 1 単位）
□	แท่ง	thɛ̂ŋ	本（鉛筆，チョーク等）
□	บท	bòt	課
□	แบบ	bɛ̀ɛp	型（スタイル，形式，デザインほか）
□	ใบ	bay	枚（紙，袋），個（鞄，野菜・果物）
□	ปี	pii	年
□	ผล	phǒn	個（野菜，果物など）
□	แผ่น	phɛ̀n	枚（紙，板，硝子，CD，DVD，レコードなど）
□	ผืน	phɯ̌ɯn	枚（タオル，布），区画（土地）
□	ฟอง	fɔɔŋ	個（卵）
□	มื้อ	mɯ́ɯ	食，回（食事）
□	เม็ด	mét	粒，錠
□	เมตร	méet	メートル
□	รอบ	rɔ̂ɔp	回，周（映画の上映時間など）
□	รูป	rûup	枚（写真），人（僧侶），体（仏像など）
□	เรื่อง	rɯ̂aŋ	話（小説，物語，映画など）
□	เรือน	rɯan	個（時計）
□	ไร่	rây	ライ（土地の広さ 1,600㎡）
□	ลำ	lam	隻（船），機（飛行機）

☐	ลูก	lûuk	個（果物，野菜，卵など丸い物）
☐	เล่ม	lêm	冊，本（ナイフ）
☐	วง	woŋ	組（楽団など），個（指輪など）
☐	สาย	sǎay	本（道路，川など），系統（路線バス，電車など）
☐	เส้น	sên	本（ネクタイ，ネックレス，ベルトなど）
☐	หลัง	lǎŋ	軒（家，ビル）
☐	ห่อ	hɔ̀ɔ	包み
☐	ห้อง	hɔ̂ŋ	部屋
☐	แห่ง	hɛ̀ŋ	箇所
☐	โหล	lǒo	ダース
☐	องค์	ʔoŋ	人（王族，貴族，僧侶）
☐	อย่าง	yàaŋ	種類
☐	อัน	ʔan	個（不特定の形の物，小さく細々とした物，ほかの類別詞の代用）

193

単位

☐	มิลลิเมตร	mi-li-méet	ミリ
☐	เซนติเมตร	sen-ti-méet	センチ
☐	เมตร	méet	メートル
☐	กิโลเมตร	ki-loo-méet	キロメートル
☐	วา	waa	ワー（=2 m）
☐	กรัม	kram	グラム
☐	กิโลกรัม	ki-loo-kram	キログラム
☐	ลิตร	lít	リットル
☐	ตารางเมตร	taa-laaŋ méet	平方メートル
☐	ลูกบาศก์เมตร	lûuk-bàat méet	立方メートル
☐	ไร่	rây	ライ（=1,600㎡）

子音字 44 文字

ก ไก่	kɔɔ kày	鶏
ข ไข่	khɔ̌ɔ khày	卵
ฃ ขวด	khɔ̌ɔ khùat	瓶《廃字》
ค ควาย	khɔɔ khwaay	水牛
ฅ คน	khɔɔ khon	人《廃字》
ฆ ระฆัง	khɔɔ ra-khaŋ	鐘
ง งู	ŋɔɔ ŋuu	蛇
จ จาน	cɔɔ caan	皿
ฉ ฉิ่ง	chɔ̌ɔ chìŋ	小シンバル
ช ช้าง	chɔɔ cháaŋ	象
ซ โซ่	sɔɔ sôo	鎖
ฌ เฌอ	chɔɔ chəə	樹木
ญ หญิง	yɔɔ yǐŋ	女性
ฎ ชฎา	dɔɔ cha-daa	冠
ฏ ปฏัก	tɔɔ patàk	牛追い棒
ฐ ฐาน	thɔ̌ɔ thǎan	台座
ฑ มณโฑ	thɔɔ mon-thoo	モントー
ฒ ผู้เฒ่า	thɔɔ phûu thâw	老人
ณ เณร	nɔɔ neen	未成年修行僧
ด เด็ก	dɔɔ dèk	子ども
ต เต่า	tɔɔ tàw	亀
ถ ถุง	thɔɔ thǔŋ	袋
ท ทหาร	thɔɔ tha-hǎan	兵士
ธ ธง	thɔɔ thoŋ	旗

□	น หนู	nɔɔ nǔu	ねずみ
□	บ ใบไม้	bɔɔ bay-máay	葉
□	ป ปลา	pɔɔ plaa	魚
□	ผ ผึ้ง	phɔ̌ɔ phʉ̂ŋ	蜜蜂
□	ฝ ฝา	fɔ̌ɔ fǎa	蓋
□	พ พาน	phɔɔ phaan	盤
□	ฟ ฟัน	fɔɔ fan	歯
□	ภ สำเภา	phɔɔ sǎm-phaw	ジャンク船
□	ม ม้า	mɔɔ máa	馬
□	ย ยักษ์	yɔɔ yák	鬼
□	ร เรือ	rɔɔ rʉa	船
□	ล ลิง	lɔɔ liŋ	猿
□	ว แหวน	wɔɔ wɛ̌ɛn	指輪
□	ศ ศาลา	sɔ̌ɔ sǎa-laa	東屋
□	ษ ฤาษี	sɔ̌ɔ rʉʉ-sǐi	修験者
□	ส เสือ	sɔ̌ɔ sʉ̌a	虎
□	ห หีบ	hɔ̌ɔ hìip	箱
□	ฬ จุฬา	lɔɔ cu-laa	チュラー凧
□	อ อ่าง	ʔɔɔ ʔàaŋ	たらい
□	ฮ นกฮูก	hɔɔ nók hûuk	ふくろう

会話練習解答例

▶ 第 1 課　会話練習 1　p.189

2 (1) ดิฉันชื่อฮางิวาระค่ะ di-chán chŵɯ *haa-ŋi-waa-ráʔ* khâʔ　私は萩原と申します。

ผมชื่อวรัตม์ครับ phǒm chŵɯ *wa-rát* khráp　私の名前はワラトと申します。

(2) ขอโทษค่ะ/ครับ คุณชื่ออะไรคะ/ครับ

khɔ̌ɔ thôot khâʔ/khráp khun chŵɯ ʔa-ray kháʔ/khráp

失礼ですが，お名前は何とおっしゃいますか。

(3) คุณมีชื่อเล่นไหมคะ/ครับ khun mii chŵɯ lên máy kháʔ/khráp

ニックネームは何とおっしゃいますか。

(คุณ)ชื่อเล่นชื่ออะไรคะ/ครับ (khun) chŵɯ lên chŵɯ ʔa-ray kháʔ/khráp

あだ名は何ですか。

(4) (ดิฉัน/ผม)ชื่อเล่นชื่อฟ้าใสค่ะ/ครับ

(phǒm/di-chán)chŵɯ lên chŵɯ *fáasǎy* khâʔ/khráp

私のニックネームはファッサイです。

《例えば名前が貴，義隆，貴子，多香美などの場合の一例》

(ดิฉัน/ผมไม่มีชื่อเล่น) เรียกว่าทากะก็ได้ค่ะ/ครับ

(di-chán/phǒm mây mii chŵɯ lên) rîak wâa *thaa-kàʔ* kɔ̂ɔ dâay khâʔ/khráp

(ニックネームはありません) タカと呼んでください。

▶ 第 1 課　会話練習 2　p.195

2 (1) นี่คุณซาโต้ เป็นเพื่อนที่บริษัท nîi khun *saa-tôo* pen phŵan thîi bɔɔ-ri-sàt

会社の友達の佐藤です。

นี่ก้อย เป็นเพื่อนดิฉัน/ผม nîi *kɔ̂y* pen phŵan di-chán/phǒm

友達のコイです。

(2) สวัสดีค่ะ ดิฉันชื่อนราวดี ยินดีที่ได้รู้จักค่ะ

sa-wàt dii khâʔ di-chán chŵɯ *na-raa-wa-dii* yin-dii thîi dây rúu-càk khâʔ

こんにちは。私の名前はナラワディです。会えてうれしいです。

สวัสดีครับ ผมชื่อทานากะ ยินดีที่ได้รู้จักครับ

sa-wàt dii khráp phǒm chûuɯ *thaa-naa-kàʔ* yin-dii thîi dây rúu-càk khráp

はじめまして。田中と申します。

▶ 第 1 課 会話練習 3 p.203

2 (1) คุณทำงานอะไร khun tham ŋaan ʔa-ray 職業は何ですか。

คุณเรียนอะไร(อยู่) khun rian ʔa-ray (yùu) 何の勉強をしていますか。

(2) ดิฉัน/ผมทำงานบริษัท di-chán/phǒm tham ŋaan bɔɔ-ri-sàt 私は会社で働いています。

ดิฉัน/ผมเป็นหมอ di-chán/phǒm pen mɔ̌ɔ 私は医者です。

ดิฉัน/ผมเป็นนักศึกษา เรียนเศรษฐศาสตร์(อยู่)

di-chán/phǒm pen nak-sɯ̀k-sǎa rian sèet-tha-sàat (yùu)

私は学生です。経済学を学んでいます。

▶ 第 1 課 会話練習 4 p.209

3 (1) วันหยุด คุณทำอะไรบ้าง wan yùt khun tham ʔa-ray bâaŋ 休日は何をしますか。

(2) วันหยุด ผมไปถ่ายรูปบ้าง เล่นฟุตบอลกับเพื่อนบ้าง

wan yùt phǒm pay thàay rûup bâaŋ lên fút-bɔn kàp phɯ̂an bâaŋ

休日中は写真を撮りに行ったり友達とサッカーをしたりします。

▶ 第 2 課 会話練習 2 p.220

(1) ไปชอปปิงดีกว่า pay chɔ́p-pîŋ dii kwàa 買い物がいいです。

ไปชอปปิงก็แล้วกัน pay chɔ́p-pîŋ kɔ̂ɔ lɛ́ɛw kan 買い物にしましょう。

(2) ไปตลาดน้ำดีไหม pay ta-làat náam dii máy 水上マーケットへ行くのはどうですか。

(3) ไปเครื่องบินดีกว่า pay khrɯ̂aŋ bin dii kwàa 飛行機で行くのがいいです。

ไปรถไฟก็แล้วกัน pay rót-fay kɔ̂ɔ lɛ́ɛw kan 電車で行きましょう。

▶ 第 3 課　会話練習 2　p.241

2 (1) ขอตั๋ว(รถไฟ)เที่ยว 7 โมง 40 นาที ค่ะ/ครับ

khɔ̌ɔ tǔa (rót-fay) thîaw cèt mooŋ sìi sìp naa-thii khâʔ/khráp

午前 7 時 40 分発の乗車券をください。

(2) ขอ(ซื้อ)ตั๋ว(รถทัวร์)ไปหัวหินเที่ยวสิบโมง สองที่ค่ะ/ครับ

khɔ̌ɔ (sɯ́ɯ) tǔa (rót thua) pay hǔa-hǐn thîaw sìp mooŋ sɔ̌ɔŋ thîi khâʔ/khráp

午前 10 時発ホアヒン行きの乗車券を 2 枚ください。

(3) ขอตั๋ว(รถไฟ)ไปอุบลฯ เที่ยว 2 ทุ่มครึ่งค่ะ/ครับ

khɔ̌ɔ tǔa (rót-fay) pay ʔu-bon(râat-cha-thaa-nii) thîaw sɔ̌ɔŋ thûm khrɯ̂ŋ khâʔ/khráp

午後 8 時 30 分発ウボンラーチャターニー行きの乗車券をください。

▶ 第 3 課　会話練習 3　p.245

2 (1) ตอนนี้ดิฉัน/ผมจองรถไฟไปเชียงใหม่เที่ยวหกโมงครึ่ง (อยากจะ)ขอเปลี่ยนเป็น(เที่ยว)ทุ่มสามสิบห้าค่ะ/ครับ

tɔɔn níi di-chán/phǒm cɔɔŋ rót-fay pay chiaŋ-mày thîaw pɛ̀ɛt mooŋ khrɯ̂ŋ

(yàak càʔ) khɔ̌ɔ plìan pen (thîaw) thûm sǎam sìp hâa khâʔ/khráp

6 時半発チェンマイ行きの電車を予約しましたが，午後 7 時 35 分に変更したいです。

(2) ตอนนี้ดิฉัน/ผมจองเครื่องบิน ไปหาดใหญ่เที่ยวหกโมง (อยากจะ)ขอเปลี่ยนเป็น(เที่ยว)บ่ายโมงยี่สิบห้าค่ะ/ครับ

tɔɔn níi di-chán/phǒm cɔɔŋ khrɯ̂aŋ bin pay hàat-yày thîaw hòk mooŋ

(yàak càʔ) khɔ̌ɔ plìan pen (thîaw) bàay mooŋ yîi sìp hâa khâʔ/khráp

6 時発のハートヤイ行きの飛行機を予約しましたが，午後 1 時 25 分に変更したいです。

(3) ตอนนี้ดิฉัน/ผมจองรถทัวร์ไปน่านเที่ยวเจ็ดโมงสี่สิบห้านาที (อยากจะ)ขอเปลี่ยนเป็น(เที่ยว)แปดโมงครึ่งค่ะ/ครับ

tɔɔn níi di-chán/phǒm cɔɔŋ rót thua pay nâan thîaw cèt mooŋ sìi sìp hâa naa-thii

(yàak càʔ) khɔ̌ɔ plìan pen (thîaw) pɛ̀ɛt mooŋ khrɯ̂ŋ khâʔ/khráp

午前 7 時 45 分発のナーン行き長距離バスを予約しましたが 8 時 30 分に変更お願いします。

▶ 第 4 課　会話練習 3　p.259

2 ฮัลโหล ถึงแล้วนะคะ/ครับ ตอนนี้อยู่ที่ไหน

hǎn-lǒo　thǔŋ lɛ́ɛw náʔ kháʔ/khráp　tɔɔn níi yùu thîi nǎy

こんにちは。到着しました。今どこにいますか。

▶ 第 5 課　会話練習 4　p.276

2 (1) ลดได้ไหม　lót dâay máy　値引きしてください。

(2) 3 ถุง 500 ได้ไหม　sǎam thǔŋ hâa rɔ́ɔy dâay máy　３袋 500 では（どう）？

▶ 第 6 課　会話練習 3　p.293

(1) สองที่ค่ะ/ครับ　sɔ̌ɔŋ thîi khâʔ/khráp　２名です。

(2) ขอน้ำแตงโมปั่นและน้ำมะนาวโซดาค่ะ/ครับ

khɔ̌ɔ nám tɛɛŋ-moo pàn lɛ́ʔ nám má-naaw soo-daa khâʔ/khráp

スイカのスムージーとライムソーダをお願いします。

(3) ขอผัดไทยกุ้งสดและข้าวผัดปูค่ะ/ครับ

khɔ̌ɔ phàt-thay kûŋ sòt lɛ́ʔ khâaw phàt puu khâʔ/khráp

新鮮な海老のパッタイと蟹炒飯をください。

(4) ชอบค่ะ/ครับ　(แต่กินเผ็ดไม่ค่อยได้)

chɔ̂ɔp khâʔ/khráp (tɛ̀ɛ kin phèt mây khɔ̂y dâay)

好きです。（でも辛いものはあまり食べられません。）

ไม่ค่อยชอบค่ะ/ครับ　mây khɔ̂y chɔ̂ɔp khâʔ/khráp　好きではありません。

1 (1) อยากไปค่ะ/ครับ yàak pay khâʔ/khráp ツアーバス / 長距離バスで行きます。

(2) ไปรถทัวร์ค่ะ/ครับ pay rót-thua khâʔ/khráp 観光バスで行きます。

(3) (ไป)เครื่องบิน(ดีกว่า)ค่ะ/ครับ

(pay) khrɯ̂aŋ bin (dii kwàa) khâʔ/khráp 飛行機で行きます。

2 (1) คุณอยากไป(เที่ยว)ไหน นครปฐม กาญจนบุรี หรือระยอง

khun yàak pay thîaw nǎy na-khɔɔn pa-thǒm kaan-ca-ná-bu-rii rɯ̌ɯ ra-yɔɔŋ

ナコンパトム，カンチャナブリ，ラヨーンのうちどこに行きたいですか。

ไปไหนดีคะ/ครับ　สุโขทัย เชียงใหม่ หรือ(ว่า) จันทบุรี

pay nǎy dii kháʔ/khráp sù-khǒo-thay chiaŋ-mày rɯ̌ɯ (wâa) can-thá-bu-rii

どこに行きますか。スコータイ，チェンマイ，またはチャンタブリー。

(2) ไป(รถไฟ)ชิงคันเซนดีกว่าค่ะ/ครับ

pay (rót-fay) chiŋ-khan-sen dii kwàa khâʔ/khráp

新幹線で行くのがいいです。

ไปเครื่องบิน(เร็วกว่า)ค่ะ/ครับ pay khrɯ̂aŋ bin (rew kwàa) khâʔ/khráp

飛行機で行けばより速く行けます。

▶ 第8課　会話練習1　p.311

(1) ดิฉัน/ผมเวียนหัวนิดหน่อยค่ะ/ครับ

di-chán/phǒm wian hǔa nít nɔ̀y khâʔ/khráp

少しめまいがします。

(2) ไม่เป็นไรค่ะ/ครับ mây pen ray khâʔ/khráp　大丈夫です。

ไม่ต้องไปหาหมอค่ะ/ครับ mây tɔ̂ŋ pay hǎa mɔ̌ɔ khâʔ/khráp

医者に行く必要はありません。

(3) ปวดนิดหน่อยค่ะ/ครับ pùat nít nɔ̀y khâʔ/khráp　少し痛みがあります。

ไม่ปวดค่ะ/ครับ mây pùat khâʔ/khráp　肩が凝っています。

(4) เมื่อยไหล่ค่ะ/ครับ mɨ̂ay lày khâʔ/khráp　肩が疲れたときです。

▶ 第8課　会話練習2　p.315

(1) เป็นอะไรคะ/ครับ pen ʔa-ray kháʔ/khráp

(2) ปวดตรงไหนคะ/ครับ pùat troŋ nǎy kháʔ/khráp

(3) ปวดท้องนิดหน่อยค่ะ/ครับ pùat thɔ́ɔŋ nít nɔ̀y khaʔ/khráp

(4) วันนี้ปวดหัวค่ะ/ครับ เพราะ(ว่า)เมาค้าง

wan níi pùat hǔa khâʔ/khráp phrɔ́ʔ (wâa) maw kháaŋ

(5) ดิฉัน/ผมแพ้ไข่ค่ะ/ครับ di-chán/phǒm phɛ́ɛ khày kháʔ/khráp

中山 玲子（なかやま・れいこ）
　東京外国語大学外国語学部卒業。タイ国立チェンマイ大学日本語学科講師を経て，東京外国語大学大学院修了。
東京外国語大学オープンアカデミー、MTC タイ語教室・横浜他講師。
著書：『書いて覚えるタイ語の初歩』（白水社　共著）

© Reiko Nakayama, 2023, Printed in Japan

入門タイ語の教科書

2023 年 8 月 31 日　　初版第 1 刷発行

著　者　中山 玲子
制　作　ツディブックス株式会社
発 行 者　田中 稔
発 行 所　株式会社 語研
〒 101 − 0064
東京都千代田区神田猿楽町 2 − 7 − 17
電　話　03 − 3291 − 3986
ファクス　03 − 3291 − 6749
振替口座　00140 − 9 − 66728
組　版　ツディブックス株式会社
印刷・製本　シナノ書籍印刷株式会社

ISBN978-4-87615-387-9 C0087
書名　ニュウモン タイゴノ キョウカショ
著者　ナカヤマ　レイコ

定価：本体 2,700 円+税（10%）（税込定価：2,970 円）
乱丁本，落丁本はお取り替えいたします。

株式会社 語研
語研ホームページ https://www.goken-net.co.jp/